Otto Bonhoff

Die letzte Begegnung

Militärverlag
der Deutschen Demokratischen
Republik

ISBN 3-327-00796-9

1. Auflage

Lizenz-Nr. 5
Printed in the German Democratic Republic
Lichtsatz: INTERDRUCK Graphischer Großbetrieb Leipzig – III/18/97
Druck und buchbinderische Weiterverarbeitung:
Druckerei des Ministeriums für Nationale Verteidigung (VEB)-Berlin – 32314-8
Lektor: Erika Walter
Umschlaggestaltung: Detlev Schüler
Typografie: Catrin Kliche
LSV: 7004
Bestellnummer: 747 225 9
00420

1.

Dr. Bachmann bleibt wie angewurzelt stehen. Er geht weder vorwärts noch rückwärts. Dazu fehlt es ihm auf einmal an Kraft. Ihm ist, als könne er neben sich treten und sich selbst beobachten. Wie hypnotisiert blickt er auf einen Mann von athletischem Körperbau, der plötzlich unter tiefer Sonnenbräune aschfahl geworden ist. Bachmann hat einen stark salzigen Geschmack in den Mundwinkeln und weiß, daß er seinen eigenen Schweiß schmeckt. Tatsächlich fühlt er sich am ganzen Leibe klatschnaß. Dieser Schweißausbruch rührt nicht von der sommerlichen Mittagshitze am Schwarzen Meer her. Auf die hat sich sein Organismus in verstrichenen herrlichen Urlaubswochen auf der bulgarischen Halbinsel Nessebar eingestellt. Das eben Erlebte bewirkt ihn.

Dies hat ihn getroffen wie ein Keulenschlag. Es ist wie ein Schock. Die Knie sind ein bißchen weich. Der Herzschlag trommelt in den Schläfen. Der Gaumen ist trocken. Das Schlucken fällt schwer. Und die Beine sind wie aus Blei. Aus einem sehr weichen, langsam schmelzenden Blei übrigens, das dem Gewicht des Körpers nachzugeben scheint. Taumelt er nicht sogar ein wenig?

Er lehnt sich an das nächststehende dieser seltsamen Häuser mit dem fensterlos aus Steinen gefügten Erdgeschoß, das ihnen etwas von Festungen gibt. Darüber springen die hölzernen oberen Etagen wie mit einem Ausfall vor. Solche Häuser flankieren zu beiden Seiten die etwas abschüssige Straße. Sie führt mit leichter Krümmung hinunter zum Meer wie fast alle Wege in Nessebar. Unten schaukeln drei Fischerboote. Sie wirken seltsam zeitlos mit ihren Lateinsegeln an längsschiffs stehenden schrägen Rahen, findet Bachmann, und mit ihren früher Vergangenheit entlehnten Namen. «Aphrodite» heißt das eine nach der griechischen Göttin der Liebe und Schönheit. Die anderen erinnern an Töchter des Meeresgottes Nereus – «Thetis» und «Galatea». Seefahrer aus Milet haben die griechische Mythologie einst hierher gebracht, fällt Bachmann ein.

Verrückt, jetzt gerade daran zu denken! Daß die Namen ihm beifallen, begreift sein zweites Ich, das ihn mit eigentümlich kühler Distanz unausgesetzt belauert, als sicheres Zeichen seiner Verwirrung. Er ist durcheinander, aufgewühlt, betroffen. Und voller Schmerz, ja, voller Wehsein, tiefer Enttäuschung und Verzweiflung. Etwas in ihm ist eingestürzt. Was er sehen mußte, wirkt nach und läßt ihn leiden. Vielleicht ist es eine Abwehrreaktion im Gehirn, daß es plötzlich Wissen freisetzt, als wollte es von dem ablenken, was ihn bewegt. Untauglicher Versuch! Bachmann stöhnt. Ein bißchen sträubt er sich dagegen zu glauben, was er gesehen hat. Das ist doch unfaßbar! Es wirft so viel über den Haufen, was ihm bis eben unumstößlich erschien und als gesichertes Wissen, auf das sich bauen ließ.

Doch nein. Es ist kein Alptraum gewesen. Ein Blick die Straße hinunter macht diesen Wunsch zunichte. Wo zwischen den Fassaden der letzten Häuser wie in einem Guckkasten das Meer erscheint, ist über die festgemachten Fischereifahrzeuge noch das Vorderkajütboot zu sehen, das sich mit dem sonnengebräunten Mann an Bord weiter und weiter entfernt. Schnell fahrend, zieht es auf der ruhigen See eine schaumbegrenzte Kielwasserspur hinter sich her. Nun schwenkt es zur Seite und wieder mehr aufs Land zu. Es verläßt den von Häuserfronten abgesteckten Gesichtskreis. Nur das Kielwasser bleibt noch eine kleine Weile, ehe das Meer es einebnet, es in sich aufnimmt und es tilgt, als hätte es das nie gegeben. Der Spuk, der keiner war, ist vorüber.

Dr. Georg Bachmann lehnt noch am sonnenwarmen Gemäuer, um zu sich zu kommen, um aufzutauchen aus dem Strudel aufwallender Empfindungen, die miteinander im

Streit liegen, um einen klaren Kopf zu bekommen. Tiefes Durchatmen allein schafft das nicht. Es braucht ein wenig Zeit, bis das sachlich analysierende, das logisch denkende und handelnde Ich Bachmanns stärker ist als das aufgewühlte andere im Wirbel von Erschrecken, Enttäuschung und daraus geborenem unbändigem Zorn.

Er ringt um diese Sachlichkeit. Von vornherein ist ihm klar, daß er es bei der bloßen Wahrnehmung des Vorgefallenen nicht bewenden lassen kann. Sie zwingt ihn, eine Entscheidung zu treffen. Sie muß rasch gefällt werden. Er darf sie nicht vor sich her schieben. Jedes Zögern würde den Schaden mehren. Was geschah, läßt nur eine einzige Deutung zu. Darüber zu schweigen hieße, sich mitschuldig zu machen an der Hintertreibung des Erfolges von viel mit Anstrengung, Ideenreichtum und – ja! – auch Hoffnung geleisteter Arbeit daheim. Einschließlich seiner eigenen. Und er, der Informationswissenschaftler Dr. Georg Bachmann aus Berlin, ist stolz auf die bisherigen Ergebnisse dieser Arbeit, von der er besessen ist und die er mit Hingabe leistet. Über das Vorgefallene Stille zu bewahren würde heißen, sich selbst in Frage zu stellen. Ein Stück Selbstaufgabe wäre das. Dazu ist er nicht bereit – und *deswegen* schon gar nicht. Er steht zu seiner Arbeit, zu der freiwillig übernommenen Verantwortung für ihr Gelingen und zu denen, die sie ihm vertrauensvoll übertragen haben. So einfach! Daß ihn die Entscheidung schmerzt, die zu treffen er sich veranlaßt sieht, steht auf einem anderen Blatt.

Was es zu tun gilt, ergibt sich von selbst. Dr. Reichert im Institut anrufen ... Dr. Reichert ist dafür verantwortlich, daß die Materialien des Instituts nicht in falsche Hände gelangen. Mit Dr. Reichert kann Bachmann die praktischen Schritte besprechen, die er selbst hier an der Schwarzmeerküste tunlichst unternehmen muß. Reichert wird wissen, zu wem er gehen oder mit wem er telefonieren kann und wer – damit rechnet Georg – bereits unterrichtet sein dürfte, wenn er anklopft. Er weilt ja in einem befreundeten

Land, und die vielfältige Zusammenarbeit zwischen diesem und dem eigenen erstreckt sich auch auf den Bereich der Sicherheit. Im Institut anzurufen ist effektiver, als sich an Ort und Stelle zum zuständigen Büro durchzufragen. Lange Erklärungen, Rückfragen, Zeitverlust. Lieber gleich Nägel mit Köpfen machen!

Er blinzelt zum blendend hellen Mittagshimmel hinauf. Der hat keine einzige Wolke, er steht ungeheuer hoch über dem Meer und der Halbinsel, die zu dieser Stunde wie erstarrt unter der lähmenden Hitze keucht. Sie hat die Straßen leergefegt. Einheimische wie Urlauber sind in den Schutz kühler Häuser geflüchtet. Deshalb hat außer ihm kaum jemand beobachtet, was Bachmann sah. Wenn überhaupt jemand in der Nähe der «Aphrodite», der «Thetis» und der «Galatea» gewesen ist. Nur ein alter Mann kommt jetzt die Straße herauf. Als er an Georg vorübergeht, sieht jener für einen Augenblick das Netzwerk aus Falten in einem freundlichen, tiefbraunen Gesicht unter zerfasernem Strohhut. Der Alte bleibt nicht stehen, doch er deutet mit einer Kopfbewegung hinunter zur Straßenmündung und sagt: «Tschernoje More – da!» Er lächelt ein wenig dabei und scheint zu denken, dieser seltsame Vogel mit der Unterwasserkamera in den Händen sehe sozusagen den Wald vor lauter Bäumen nicht. Lehnt da wie angewurzelt ...

Unbewußt lächelt Bachmann zurück. Murmelt ein Dankeschön in der Landessprache. Und denkt mit neu aufwallender Bitterkeit, daß er sich darauf gefreut hatte, um diese Stunde zu tauchen und zu filmen. Dafür ist die hoch im Zenit stehende Sonne gut. Ihretwegen hat er das Hotel drüben am Slantschew Brjag verlassen und ist in einem glühenden Bus auf die Halbinsel gekommen. Jennys Frage, ob sie ihn begleiten solle, hat er verneint. Sie taucht ja nicht. Warum sollte sie sich aus bloßer Zuneigung einer solchen Tortur aussetzen? Sie möge sich nur ein bißchen hinlegen und ihren Sonnenbrand pflegen, war seine Antwort gewesen.

Nachher würde er sie wecken. Sie hatte erwidert, sie werde von ihm träumen – als von einem Helden, der unverzagt auch der Sonne trotze. Lachend waren sie auseinandergegangen. Und dann, hier, wurde er unversehens Augenzeuge einer Begegnung, die wohl für diese Zeit vereinbart wurde, um unbemerkt zu bleiben. Das wäre sie auch gewesen, wenn nicht ausgerechnet heute er, Bachmann, ausgezogen sein würde, an einer Stelle zu tauchen, mit der er liebäugelt, seit er sie zum erstenmal gesehen hat.

Wie lange kann es dauern, bis eine Telefonleitung zwischen dem Hotel «Dunav» und dem Institut in Berlin hergestellt ist? Abgesehen davon, daß er erst wieder dort sein muß. Außerdem bleibt die Zeitverschiebung zu bedenken. Bis das Gespräch zustande kommt, ist Dr. Reichert vermutlich schon aus dem Hause. Es wäre wohl zweckmäßig, gleich seine Privatnummer anzuwählen. Dann erreicht er ihn mit Sicherheit.

Ja, so wird er verfahren. Meldet er sein Gespräch erst in zwei Stunden an, darf er gewiß sein, Reichert anzutreffen. Er atmet tief, als er seinen Plan gemacht hat. Der hat Hand und Fuß, meint Bachmann. Auf diese Weise läßt sich zuverlässig auslösen, was ausgelöst werden muß. Und dies zu denken schafft schon Erleichterung. Es befreit ein wenig von dem Selbstvorwurf, bis zu diesem Tage blind und taub gewesen zu sein.

Nun löst er sich von der weißen Wand. Hinauf in die Stadt wendet er sich. Die Bushaltestelle ist vor dem alten Stadttor ... Nach ein paar Schritten bleibt er wieder stehen und sieht über die Schulter zurück. Das Meer trägt unzählige blitzende Sonnenpunkte. Es lockt. Vorn wiegen sich leise die Fischerboote unter Segeln der Art, wie sie wohl schon über den Fahrzeugen des irrfahrenden Odysseus gestanden haben. Weit hinter ihnen erscheint im «Guckkasten» ein weißes Tragflächenschiff. Mit hoch aus dem Wasser gehobenem Bug zieht es schnell dahin, eine breite Spur aus wirbelnder Gischt hinter sich. Und außerhalb des Gesichtskreises liegt das Riff, das zu filmen Bachmann kaum noch eine Möglichkeit finden wird an den letzten Urlaubstagen, die ihm bleiben. Erst recht nicht nach seinem Telefonat. Daß er danach für Rückfragen durch die hiesigen Sicherheitskräfte zur Verfügung stehen muß, versteht sich für ihn von selbst. Sie sollen ihn nicht erst suchen müssen. Konsequent zu sein in seinen Entscheidungen ist eine der Anforderungen, die er an sich selbst immer gerichtet hat.

Er wiegt das Unterwassergehäuse seiner kleinen Kamera in den Händen und blickt auf die Uhr. Zwei Stunden Zeit hat er noch, zwei Stunden, die ihm allein gehören. Zwei kostbare Stunden, die mit untätigem Warten zu verbringen schade wäre. Wenn er sich ein wenig beeilen würde ... Es ließe sich doch noch schaffen, hinzugehen, zum Riff zu schwimmen und wenigstens ein paar Meter Super-acht-Film zu belichten. Natürlich hätte er dann lediglich die Möglichkeit zu ein paar Schnappschüssen, aber immerhin! Und ehe er ganz ohne Bilder des Riffs nach Hause fährt ...

Dieser Verlockung widersteht er nicht. Er läuft schon in Richtung Meer, sehr eilig und beinahe beschwingt. Wirklich fühlt er sich erleichtert und wieder in Form, seit er seine Schlüsse aus der unerwarteten Begegnung gezogen hat. Für ihn ist nichts qualvoller als Unentschlossenheit. Nun, da er sich über die notwendigen Schritte im klaren ist, fällt viel Beklommenheit von ihm ab. Der Schmerz einer großen Enttäuschung bleibt. Der sie ihm zugefügt hat, kannte ihn genug, um zu wissen, daß er sich mit seinem Handeln von vornherein gegen ihn, Bachmann, stellen würde. Er betrog Bachmann, ohne mit der Wimper zu zukken – und das zu erkennen macht es leichter, von ihm abzurücken. Leichter, nicht leicht ...

Während Dr. Bachmann die Straße hinunterhastet, biegen unten zwei junge Männer ebenso eilig in sie ein. Auch sie sind Taucher, sie haben Schwimmflossen und Brillen bei sich. Georg Bachmann jedoch beachtet sie nicht. Ihm fällt nicht auf, daß sie stehenbleiben, nachdem er an ihnen vorüber gegangen ist, leise ein paar Worte wechseln und ihm dann folgen. Er ist jetzt ganz auf die Erfüllung seines Wunschtraumes konzentriert, das Riff aufzunehmen.

Das tut er.

Dunkles Gestein wächst aus dem Meeresgrund empor. Auf dem grün bewachsenen Fels mit seinen Spalten, Graten und Vorsprüngen spielen Lichtkringel. Dicht unter dem Wasserspiegel verschwimmen die Farben noch nicht zu grauer Monotonie. Da behaupten sie sich. Sie malen eine zauberhafte Kulisse für den Fischschwarm, der sich hier tummelt – meterhoch über Muscheln am Grund. Es sind ebensolche Muscheln, wie sie die Andenkenhändler an Land mit schimmernder Nagellackglasur als Souvenir anbieten. Hier am Riff leben sie noch, haben noch nicht beim Auskochen infernalisch gestunken. Hier in ihrem Lebensraum sind sie doppelt sehenswert und schön.

Ganz versunken ist Georg Bachmann in diese bewegungsreiche Welt des Schweigens. Sie auf den Film zu bannen beschäftigt ihn einzig. Das Mundstück des Schnorchels zwischen den Lippen, gleitet er mit sachten Flossenschlägen dicht unter der Oberfläche dahin. Das scharfe, metallische Surren, mit dem der Mechanismus des Apparats den Film transportiert, ist das einzige Geräusch, das er wahrnimmt. Ein vertrautes Geräusch. So vertraut wie die Handgriffe, mit denen der Schwimmer Bildschärfe und Gummilinse der Kamera reguliert. Vielfach geübt ... Er kann sich ganz auf die Bilder konzentrieren, die er sieht und festzuhalten bemüht ist. Wie schön das ist, wie voller Frieden bei stetiger Bewegung! In diesen Augenblicken fühlt sich Georg sehr glücklich.

Er bemerkt nicht, daß plötzlich die beiden Taucher aus der Straße ganz nahe sind. Sie tun alles, um nicht entdeckt zu werden. Erst dicht hinter Bachmann pumpen sie ihre Lungen voller Luft und stoßen hinab. Alles andere geht sehr schnell. Eine weite Schlinge legt sich um Georgs linkes

Bein. Sofort wird sie zugezogen, und im selben Augenblick fühlt sich Bachmann nach unten gerissen. Dabei hält die Spannung des Seils an. Das Ziehen geht weiter, immer weiter in mörderischer Unentrinnbarkeit. Das macht es Bachmann unmöglich, mit den Händen an die Schlinge zu kommen und sie zu lösen. Er hat viel Sport getrieben in seinem Leben und ist noch immer körperlich fit, aber hier ... Diesen Angriff vermag er nicht abzuwehren. Er hat sich herumgeworfen, als er die Schlinge spürte. Da hielt er die laufende Kamera noch in den Händen. Jetzt läßt er sie fallen. Seine Luft wird knapp. Er hat während der Aufnahmen unentwegt durch den Schnorchel geatmet, ziemlich flach also und ohne tief Luft zu holen. Darauf hat er auch verzichtet, um die laufende Apparatur nicht unnütz zu erschüttern. Nun gerät er in Atemnot.

Nicht nur die größere Luftreserve haben ihm die Angreifer voraus. Offenbar sind sie zudem weit geübtere Taucher als Bachmann und gewohnt, auch ohne das Amateuren verbotene Atemgerät lange unter Wasser zu bleiben. Ungeachtet der physischen Belastung, der sie unterliegen, verstreichen lange Minuten, ehe einer von ihnen nach oben schießt, um Luft zu holen. Er kehrt gleich zurück, und dann schnellt der Kumpan an die Oberfläche. Bei alledem bleibt das Seil ständig gespannt – auch noch, als Dr. Georg Bachmann nach einer letzten verzweifelten Kraftanstrengung ohne Erfolg bereits das Bewußtsein verloren hat. Die beiden halten ihn weiter unter Wasser und schleppen ihn fort. Das tun sie, immer abwechselnd Luft schöpfend, noch, nachdem Bachmanns Herz stehen geblieben ist. Bis sie endlich die Schlinge lösen und den Toten treiben lassen, als sei ihr Interesse an seiner Person jäh erloschen.

Erschöpft und mit keuchenden Lungen gehen sie irgendwo an Land, reißen sich die Taucherbrillen herunter und tauschen einen kurzen Blick.

«Erledigt», sagt der eine trocken. «Der kann nicht mehr singen. Mach du die Vollzugsmeldung.»

«Und du?» fragt der andere.

«Ich gehe noch mal zum Riff und tauche nach der verfluchten Kamera. Er hat sie fahrenlassen, und wenn sie gefunden wird ... Weit weg kann sie nicht sein.»

«Nein», stimmt sein Kumpan zu. «Aber sieh zu, daß du weg bist, bevor er antreibt und es Bambule gibt.»

«Wir haben ihn ziemlich weit geschleppt.» Jener winkt ab. «Auf das Riff wird keiner achten.»

Sie trennen sich. Einer läuft am Strand entlang in Richtung des Felsens im Meer. Als er den antaucht, tanzen noch immer Sonnenkringel auf dem grün bewachsenen Gestein mit den vielen Rissen, Graten und Vorsprüngen. Natürlich sind die Muscheln da, und auch der Schwarm kleiner Fische tummelt sich vor der märchenhaften Kulisse. Die Szenerie ist so friedvoll wie vorhin, als an dieser Stelle Bachmanns Filmkamera surrte.

2.

Drückende Schwüle liegt über Berlin, als auf dem Zentralflughafen Schönefeld ein schlanker Jet der bulgarischen Fluggesellschaft BALKAN landet. Er rollt bis dicht an die Einreisehalle heran. Da gibt der Einweiser mit dem Kreuzen seiner Winkkellen das Zeichen zum Halten. Die eigene Fliehkraft der Maschine bewirkt, daß sie beim Anziehen der Bremsen für einen Moment die Nase senkt. Das sieht aus, als mache sie eine Verbeugung vor dem Einweiser. Der grüßt zum Cockpit hinauf. Der Kommandant des Flugzeugs erwidert. Das ist Brauch, die freundliche Geste beiderseits gehört dazu. Und nun erlischt das Lärmen der Düsentriebwerke mit einem orgelnden, in sich zusammensinkenden Ton. Das heißt nicht, daß es still werden würde. Andere Maschinen rollen zum Start, weit hinten setzt eine weitere gerade zur Landung an, und ganz vorn bugsiert ein gelber Traktor noch eine zur Ausreisehalle.

An den gelandeten «Vogel» fahren Gepäckwagen heran. Zentimetergenau werden Gangways an die Ausstiege gesteuert. Die Bodenstewardeß ist schon da, die die Passagiere des Charterfluges aus Burgas in die Halle geleiten wird. All dies vollzieht sich ohne viel Aufhebens, ist eingespielt, Routine, Alltag. Lediglich für die Zuschauer auf der Aussichtsterrasse des Flughafens mag es den Reiz des Neuen besitzen oder ihnen als Erinnerung an eigene Reisen gefallen. Natürlich sind Kinder da, und gewiß verbinden sie mit dem Anblick der Flugzeuge aus vieler Herren Ländern die atemberaubende Vorstellung von Ferne, Exotik und phantastischen Abenteuern. Flughäfen besitzen für Heutige eben die Lockung, die für ihre Großeltern die Fernbahnhöfe und die kolossalen Schnellzuglokomotiven mit ihren dampfspeienden Ventilen hatten. Es mußte ja nicht unbedingt der Orientexpress sein …

Einige Zuschauer auf der Terrasse sind nun sehr aufmerksam. Auch voller Ungeduld und Freude. Sie sind gekommen, Familienangehörige oder Bekannte abzuholen. Die suchen sie nun mit Blicken in dem bunten Pulk, der aus den Ausstiegen des BALKAN-Jets quillt. Da bricht auch Fröhlichkeit aus: über den ungeheuren Strohhut, auf dem Kopfe eines Vaters daherschwankend, und darüber, wie schwarzbraun die sonst so käsige Tante Liesbeth geworden ist. Ach ja, die Kleinen von Wiebke und Daniel schreiten gewichtig und mit glühenden Wangen nach dem herrlichen Erlebnis der Reise ans Schwarze Meer, und Guido, der Hallodri, hat sich «dort unten» selbstverständlich 'ne neue Freundin angelacht. Ob das nun endlich mal etwas von Dauer ist? Und aufgekratzt wirken sie alle, blendend erholt und gewissermaßen bereit zu großen Taten.

Mit einer Ausnahme: Auf Jennifer Bachmann, die von ihren Bekannten Jenny gerufen wird, wartet keiner. Es ist auch eine seltsame Leere um sie inmitten der frohgemuten anderen Reiseteilnehmer. Da wird eine eigentümliche Berührungsscheu spürbar. Die ist zusammengesetzt aus hilflosem Mitleid und der Furcht, sich selbst zu belasten. Aber es spielt wohl ebenso Zartgefühl mit, das es vermeiden will, frische Wunden neuerlich aufzureißen. So bleibt sie inmitten der fröhlichen Runde allein. Allein mit ihrer unsagbaren Traurigkeit.

Das ist ein auffälliger Gegensatz: Jenny ist nicht weniger sonnenbraun als die anderen. Hier wie dort scheint noch ein Hauch von Salzwasser und Meeresbrise zu wehen. Auch die weißen Hosen und die lustige bunte Bluse erzählen von Ferien und unterscheiden Jennifer nicht von den anderen Reisenden. Eher bewirkt ihr blondes Haar, daß sie noch dunkler und urlaubsgetönter erscheint als andere. Aber …

Ihr schönes, klares Gesicht mit den großen blaugrauen Augen und dem reifen Mund ist wie erloschen, als trage es eine Maske, als verschließe es ihre Empfindungen und Gedanken. Dabei scheint es sonst doch die Fähigkeit zu haben, höchst beredt widerzuspiegeln, was in der jungen Frau vorgeht. Heute erzählt es nur von grenzenloser Müdigkeit. So geht Jenny gleichgültig mit in die Einreisehalle. Eine lästige Pflicht, ein notwendiger Ablauf. Geschäftig entgegenkommender Hinweis, an welcher Grenzübergangsstelle Gruppen und an welchem Einzelreisende durchzugehen haben. Es sind auch Einzelreisende mit dem BALKAN-Jet eingetroffen. Die Reisebürogruppen füllten ihn nicht ganz, es gab noch freie Plätze.

Zügig abgefertigt, stehen die Ankömmlinge dann um das Kofferkarussell, auf dem ihr Gepäck ankommen muß. Noch läuft das Band leer, weil die Gepäckwagen eben erst das Flugzeug verlassen haben. Warten … Mit geschwätziger Hast werden Landungen angesagt, Stellplätze, Zeitverzögerungen durch ungünstige Wetterverhältnisse irgendwo, Bereitstellungen von Maschinen zu bevorstehenden Starts. Und beinahe drohend wird schon zum drittenmal ein Passagier der INTERFLUG-Maschine nach Havanna zur Abfertigung gebeten.

An Jennifer rauscht das alles vorbei. Sie sieht zur Decke empor. Nicht nur, weil sie diese Halle von früheren Auslandsreisen her kennt, sondern weil sie in zunehmendem Maße Furcht vor der Rückkehr in ihre Wohnung in sich wachsen fühlt. Sie meint, außerstande zu sein, allein durch die Räume zu gehen, in denen alles und jedes sie an Georg erinnert. Da gibt es nichts, was nicht vom Leben mit ihm erzählen würde. Es ist eine Neubauwohnung. Die haben sie nach langjähriger beengter Untermiete bekommen und gemeinsam eingerichtet. Kein Stück steht dort, das nicht irgendeine Geschichte erzählen würde. Und sei es die von der Suche nach einem bestimmten Möbelstück ihrer Wahl. Die reinste Jagd war das manchmal, geradezu ein Abenteuer. Es wird soviel gebaut, so viele junge Leute richten ihre erste Wohnung ein – da ist die Nachfrage in den Einrichtungshäusern groß. Und die schönsten Möbel sind erfahrungsgemäß immer am schnellsten verkauft. Ein bißchen haben Schorsch und sie einen Sport daraus gemacht, sich ohne Kompromisse ihre Wunschvorstellungen zu erfüllen. Es ist ihnen mit großem Aufwand an Zeit und Spürsinn auch geglückt. Deshalb gibt es sehr persönliche Beziehungen zu den Möbeln. Keines der Stücke hat Fremdheit. Jedes berichtet auf seine Weise von ihrem, von Jennys Leben mit Georg.

Bisher war das schön und schuf eine ganz eigene, geliebte Intimität. Jetzt ... Nein! Das erträgt sie nicht. Heute wird diese Wohnung sie erschlagen und eine Qual sein. Sie weiß, daß sie aus ihrer Klammer fliehen wird, sie meiden, bis sie ruhiger geworden ist. Bis nicht alles, was sie sieht und anfaßt, unvermeidbar an den schrecklichen Augenblick erinnert, in dem vor der Zimmertür im Hotel «Dunav» statt des Erwarteten ein Mann in der blauen Uniform der Miliz stand. Der schnurrbärtige Hüne hatte sich eine der sprachkundigen Empfangsdamen des Hauses als Dolmetscherin mitgebracht. Sie fragten nach Georg. Erst als Jenny seine Anwesenheit verneinte, sprach der Mann von einem Badeunfall, der sich ereignet habe. Touristen am Strand glaubten, sagte er, in dem Opfer einen Gast dieses Hotels erkannt zu haben. Er müsse sie bitten, zwecks Klärung des Sachverhalts mit ihm zu kommen ...

Der Milizionär hatte das so taktvoll und schonend vorgebracht, wie es ihm die Erfüllung seiner schweren Pflicht wohl überhaupt erlaubte. Doch dem dolmetschenden Mädchen liefen bereits die Tränen. Fassungslosigkeit ging von ihr aus, und sie zeigte so unverhohlen Mitgefühl, daß Jennifer mit einem Schlage klar war, es könnte sich nur um Georg handeln. Die Leute am Strand hatten ihn bereits erkannt. Die Miliz brauchte nur noch ihre Bestätigung. Da hatte sie sich angezogen und war wie eine Traumwandlerin zu dem Hünen in ein blaues Auto mit gelbem Längsstreifen und der Aufschrift «Narodnia Milizia» gestiegen. Das alles war ihr auf groteske Weise unwirklich und ganz unmöglich erschienen, gespenstisch und beinahe absurd. Bis sie Georg sah ... Was dann geschah, weiß sie nicht mehr. Alles war wie in Nebel gehüllt. In diesen Nebel hinein rief eine Stimme in gebrochenem Deutsch, die Leute sollten nicht stehen bleiben. Und durch den Schleier vor ihren Augen sah Jenny schemenhaft schwarze Gestalten zum Wasser gehen, gesichtslos, mit Flossen an den Füßen und Stahlflaschen auf den Rücken. Schwimmtaucher der Miliz in Neoprenanzügen und mit Atemgerät ... Aber das wurde ihr erst später klar. Damals war es lediglich Teil einer unwirklichen Bilderfolge von großer Unschärfe gewesen.

Das alles wird sie unausgesetzt vor sich sehen, wenn sie in der Wohnung ist. Sie muß erst Abstand gewinnen, mag der Versuch, aus der Wirklichkeit zu fliehen, auch untauglich und hilfloses Bemühen sein. Wohin? Zu ihren Eltern? Aber die werden es darauf anlegen, sie zu trösten und ihr über das Schreckliche hinwegzuhelfen – und das wird alles noch schwerer machen. Am besten wäre es, allein zu sein in einer Umgebung, die weniger belastet ist mit Erinnerungen, zur Ruhe zu kommen, sich selbst wiederzufinden. Sie hat ja noch Urlaub. Nachher, wenn der Arbeitsalltag wieder einsetzt, wird es schon leichter sein zurückzukehren.

Klingers fallen ihr ein. An die zu denken, scheint ihr ein glücklicher Einfall zu sein. Gar nicht erst in die Wohnung, sondern gleich zu ihnen fahren ... Sobald sie diese Halle verlassen hat, vom erstbesten Telefon aus da draußen anrufen und fragen, ob die Datsche ... Sie mag nicht in Erwägung ziehen, daß Klingers über ihr Wochenendhäuschen schon anderweitig verfügt haben könnten. Das liegt so wunderbar einsam, es wäre genau der richtige Platz. Diese Vorstellung setzt sich in ihr fest. So zwingend ist sie, daß Jennifer plötzlich ungeduldig zum Karussell sieht.

Die ersten Koffer kommen angewackelt, fahren auf dem Band im Kreis herum und verschwinden wieder, wenn sie nicht abgenommen werden. Um gleich darauf neuerlich ihre Rundreise anzutreten, so lange, bis der Besitzer sie ergreift. Die wartenden Reisenden drängen heran. Auf einmal haben es alle eilig. Jeder möchte in seine gewohnte Umgebung und zu den Freunden zurück.

Ein Stück von Jenny Bachmann entfernt steht ein junger Mann in einem verwaschenen Jeansanzug, ein zerknautschtes Hütchen aus gleichem Material auf dem Kopf, eine kunstlederne Umhängetasche als Handgepäck bei sich. Solche Taschen gibt es in gleichem Zuschnitt und aus demselben Material zu Tausenden. Sie sind beliebt und praktisch, viele benutzen sie, und auf den ersten Blick wundert niemanden, daß gleich drei der Wartenden sie mit sich führen: dieser junge Mann, Jenny Bachmann und ein älterer Herr. Georg Bachmann gebrauchte sie zur Aufbewahrung seines Filmgeräts und des -materials. Dieser Inhalt zwang Jenny, sie als Handgepäck bei sich zu tragen. Handgepäck wird auf andere Weise durchleuchtet als großes, im Koffer wären die schon belichteten Filme bei der Kontrolle auf dem Flugplatz Burgas das Opfer von Röntgenstrahlen geworden, unbrauchbar.

Der junge Mann gibt sich Mühe, Frau Bachmann nicht

aufzufallen. Doch er beobachtet, nein, er belauert sie ununterbrochen. Er hat sich einen Kofferwagen gegriffen und lehnt auf dessen Griff, als fasse er sich in Geduld, doch der häufige Wechsel des Standbeins und die Nervosität, mit der er seinen Kaugummi bearbeitet, verraten Erregung und Spannung. Die Koffer auf dem Band folgen einander nun in dichter Reihe. Ganz gewiß ist sein Gepäck inzwischen dabei. Aber er rührt sich nicht vom Fleck und läßt es Karussell fahren, bis Jenny aktiv wird.

Sie hat vergleichsweise viel abzunehmen, weil ihr Gepäck ja das von zweien ist. Um die Hände dafür freizuhaben, setzt sie die Umhängetasche neben einer Bank ab, auf der niemand sitzt, und geht zum Band.

Der junge Mann atmet für einen Augenblick auf. Das erleichtert alles. Daß es so einfach sein würde, hat er nicht im Traum zu hoffen gewagt. Er schiebt seinen Kofferwagen dicht an der Bank vorüber. Niemand schaut zu ihm hin. Da stellt er seine Umhängetasche neben die andere und geht dann zum Band vor. Er richtet es so ein, daß er neben Jennifer zu stehen kommt.

Das Gewicht zweier recht ausgewachsener Koffer und einer voluminösen Reisetasche hatte Georg Bachmann niemals vor Probleme gestellt. Es genügte, daß Jenny die Tasche und das Handgepäck übernahm. Die Koffer lud er sich auf. So verteilt, hatten sie die Sache immer gemeistert. Nun, für Jenny allein …

Sie wuchtet die Stücke vom Band herunter und steht etwas ratlos vor dem Berg. Wie soll sie das alles wegschaffen?

Unerwartet wird ihr Hilfe zuteil. Ein junger Mann in Jeanskleidung steht neben ihr, übersieht die Situation sozusagen auf einen Blick und fragt: «Gehört das alles Ihnen? Du liebe Güte!» Eine Antwort wartet er gar nicht erst ab. Er nickt, schiebt Jennifer den Kofferwagen hin und sagt auf burschikose und nette Art trocken: «Dann nehmen wohl besser Sie dieses Ding. Sonst kriegen Sie das Zeug ja gar nicht weg.» Damit beugt er sich schon zu den Koffern. «Darf ich?» Auch diesmal wartet er keine Bejahung ab. Er greift einfach zu, packt die großen Koffer übereinander und stellt die voluminöse Tasche, die mehr ein Sack mit Tragegriff ist, als Krönung obenauf. Dann betrachtet er sein Werk und ist damit zufrieden. Jennifer will sich bedanken, aber er wehrt gleich ab und wendet sich zum Band, seinen eigenen Kram zu greifen. Damit läuft er an Frau Bachmann vorüber, beugt sich an der Bank zu den Taschen und geht, eine davon umgehängt, der Zollkontrolle am Ausgang zu.

Auch Jenny greift ihre Tasche und folgt. Jetzt bildet sich beim Zoll eine Schlange. In ihr steht Jennifer ein Stück hinter dem jungen Mann, dessen Hilfsbereitschaft ihr gutgetan hat. Sie schenkt ihm weiter keine Beachtung. Sie sucht ihn erst mit dem Blick, als sie plötzlich eine peinliche Entdekkung macht.

Georgs Schultertasche hatte ihr Gewicht. Bachmann war ein ehrgeiziger Filmamateur. Natürlich nahm er stets ein Schulterstativ und eins mit Schwenkkopf mit auf die Reise, und das alles ist nicht eben federleicht. Der Trageriemen drückt. Also nimmt ihn Jenny von der Schulter und legt die Tasche mit auf den Wagen. Und da stutzt sie. Irgendwie sieht die Tasche anders aus. Was sie daran stört, wird ihr nicht sofort bewußt. Sie starrt mit gerunzelten Brauen darauf nieder und sucht zu ergründen, was den Unterschied ausmacht. Dann erkennt sie ihn. Sie hebt den Blick und mustert die Tasche des Hilfsbereiten. Die gleicht der eigenen bis aufs Haar. Mit einer winzigen Abweichung. Auf einmal geht sie, während die Schlange vor der Zollabfertigung langsam weiterrückt und kürzer wird, nach vorn und spricht den jungen Mann mit dem zerknautschten Hütchen an. «Entschuldigen Sie», sagt sie freundlich und ohne Arg. «Ich glaube, wir haben unsere Taschen verwechselt. Da an der Bank.»

Der Mann ist größer als sie. Breitschultrig überragt er sie beträchtlich. Ganz zwangsläufig blickt er auf sie nieder, als er kopfschüttelnd erwidert: «Das ist meine. Die habe ich nicht erst seit gestern, da werde ich sie ja wohl kennen.» Das klingt abweisend und schroff. Zu schroff, meint er anscheinend selbst, denn wie um einzulenken fährt er fort: «Ihre auf dem Wagen sieht zwar genauso aus, aber ... Sie irren sich.»

Jennifer bleibt stehen. Sie kann erklären, was sie ihrer Sache sicher macht. «Nein. An unserer habe ich mal den Trageriemen verkürzt, weil mein Mann keinen so langen brauchte. Der an der Tasche auf dem Wagen hat die Originallänge. Der an Ihrer dagegen ...» Sie schlägt vor: «Bitte, machen Sie diese mal auf und sehen Sie hinein. Ich kann Ihnen, ohne hinzuschauen, genau beschreiben, was darin ist. Jedes Stück.»

Umstehende werden aufmerksam und schauen her. Einige drängen neugierig näher heran. Der Mann, dessen gigantischer Strohhut vorhin belacht worden ist, denkt laut, daß man vielleicht einen Grenzer herbeirufen sollte. Oder wenigstens einen von der Interflug. Ein solcher läuft gerade, Papiere in der Hand, eilig durch die Halle.

Das Aufsehen, das entsteht, ist dem jungen Mann äußerst unangenehm. Jetzt will er aus der Sache raus. Sehr betont nimmt er die Tasche ab und betrachtet sie, als sehe er sie zum erstenmal. Vor allem den Riemen unterzieht er einer umständlichen Besichtigung. Nun schüttelt er den Kopf. Ihm scheint unbegreiflich zu sein, daß er die Verkürzung des Riemens vorhin hat übersehen können. Sehr auffällig ist sie freilich nicht, aber erkennbar. Alle, die mitgehört und zugeschaut haben, nehmen sie wahr. Sie nicken sich zu und sind auf Jennys Seite.

«Na, tun Sie doch, was die Frau vorgeschlagen hat», ruft jener Guido, der unter den Urlauberinnen am Schwarzen Meer seine x-te Freundin «angemacht» hat. «Dann werden wir ja sehen!»

Der junge Mann läßt es darauf nicht ankommen. «Tatsächlich», räumt er kleinlaut ein. «Ich habe mich wirklich vergriffen.» Er hält Jennifer die Tasche hin. «Das ist mir vielleicht peinlich ... Ich kann gar nicht sagen, wie sehr, Frau ..., 'tschuldigung!»

Jennifer Bachmann nimmt die Tasche ihres Mannes entgegen und händigt dafür die andere aus. Bedeutung mißt sie dem Vorfall keine zu. Er ist für sie abgetan und erledigt. «Sie sehen eine wie die andere aus», wehrt sie die Entschuldigung müde ab. «Es kann ja mal vorkommen. Und schließlich haben wir es bemerkt. Damit hat es sich.»

Ein Kavalier in der weiterrückenden Schlange hat ihren Kofferwagen mitgebracht. Sie braucht nicht nach hinten zu laufen, um ihn zu holen.

Jetzt geht der junge Mann bereits am Zolltisch vorüber. Nun rennt er in die Vorhalle. Auch das ist nichts Besonderes. Viele, die draußen keinen wartenden Abholer mit Fahrzeug wissen, haben es plötzlich sehr eilig. Es gibt immer zu wenig Taxis in Schönefeld, und manchmal dauert es lange, bis sie von ersten Fahrten zurückkehren. Da heißt es sich sputen für den, der weder warten noch mit dem Bus zum S-Bahnhof hinüberfahren will.

Jenny Bachmann beeilt sich nicht, hinaus zum Taxistand zu gelangen. Sie schiebt den Kofferwagen an eines der öffentlichen Telefone in der Vorhalle und tritt unter dessen halbkugelförmiges Plexiglasdach. Klingers anrufen ... Alles Weitere wird sich finden.

3.

Wer Anne Klinger kennt, rühmt ihr nach, daß sie, wenn sie nicht tätig ist, bestimmt krank sei. Seit kurzem Rentnerin, hat die rundliche Frau mit dem gleichfalls runden, frischen Gesicht immer etwas zu tun, ständig etwas zu richten, zu besorgen oder zu regeln. Die Hände in den Schoß zu legen ist ihr nicht gegeben. Still zu sitzen vermag sie nicht. Das widerspräche ihrer Natur, deren Hauptmerkmal ein unverwüstlicher, fröhlicher Tatendrang ist, eine heitere Freude daran, zu schaffen und Ergebnisse zu sehen. Diesen Tatendrang, früher bewundert von ihren Eisenbahnerkollegen, gelegentlich wohl auch gefürchtet, hat sie nach ihrem Ausscheiden ungeschmälert auf ihren privaten Bereich übertragen.

Sie steht auf einer Klappleiter im großen Zimmer des Wochenendhäuschens in der Laubenkolonie «Neuer Garten II» am Rande der Kleinstadt nicht weit von Berlin. Abgenommene Gardinen liegen in einem Wäschekorb am Fuße der Leiter. Neue, blitzsaubere bringt sie gerade an. Das Fenster vor ihr, ein großes, breites, sieht auf die überdachte Terrasse der Frontseite des in Montagebauweise errichteten Fertigteilhäuschens hinaus. Es macht den mehr tiefen als breiten Garten ganz überschaubar, weil es an dessen Rückseite steht. Seine Maße sind bescheiden. Arbeit macht er trotzdem genug. Er ist liebevoll angelegt und ein Schmuckstück. Doch das unterscheidet es nicht von denen zu beiden Seiten und gegenüber. Wer sich hier ein Wochenendparadies schuf, hat es mit Ehrgeiz, Lust, Liebe und viel Schweiß getan. Aus Spaß an der Freude. Das ist ablesbar.

Das Bild ist bunt. Abwechslungsreich. Zwischen den sehr verschieden strukturierten neueren, industriell gefertigten Datschen aus dem Fertighauskatalog stehen ältere. Sie lassen deutlich höchst unterschiedliche Maurer- und Zimmermannstalente ihrer Eigner erkennen. Aber gepflegt sind bis auf wenige unrühmliche Ausnahmen alle, die hier von erfüllten Sehnsüchten nach einer Bleibe bei Mutter Grün erzählen, von keineswegs mit Leichtigkeit erfüllten. Und gerade das macht sie den Eigentümern der Freizeitidylle wertvoll.

Direkt vor der Terrasse steht der Kleinroller von Erich Klinger. Der wirtschaftet draußen im Garten und trägt noch die Uniformbluse und Eisenbahnerhosen. Direkt vom Dienst kommend, hat er die von Anne hinterlassene Bitte befolgt. Auf einem Zettel stand: «Komme sofort in den Garten. Anne.» Nicht einmal umgezogen hat er sich. Aber das hat seine Frau auch nicht erwartet. Erich mag ja als Zugführer ein tüchtiger Fachmann sein, na sicher ist er das, aber zu Hause … Zu Hause hat sie das Sagen und Regieren. Bisher sind die Klingers damit recht gut gefahren. So gut, daß ihre Susanne – auch sie wurde Eisenbahnerin – versucht hat, das erprobte System auf ihre eigene Ehe zu übertragen, was sich allerdings nicht so ganz bewerkstelligen ließ. Susanne hat sich damit abgefunden.

Einen Strauß Rosen in der Hand, kommt Erich jetzt ins Haus. Dabei geht er über die Terrasse vor dem Fenster. Der Hauseingang liegt links vom großen Zimmer, das mehr als die Gesamtbreite des Häuschens zur Hälfte in Anspruch nimmt. Hinter ihm befindet sich nur noch die handtuchschmale Küche auf dieser Seite des Korridors. Gegenüber liegen zwei bescheidene kleine Schlafräume und – in einer Höhe mit der Küche an der Rückwand – die Toilette mit Duschkabine. Unter den Fertigteil-Wochenendhäuschen ist dies ein großes. Folgerichtig stecken die Ersparnisse aus vielen Arbeitsjahren darin, zuzüglich der beim Ausschachten und der Schaffung des Fundaments geleisteten Eigenarbeit. Aber all diese Schinderei war vergessen, als termingemäß Autokran und Plattenwagen vorfuhren und die Monteure mit routinierter Schnelligkeit die Teile zusammenfügten, das Dach aufsetzten, ein paar Flaschen Bier tranken und wieder abfuhren. Der Ausbau dauerte dann etwas länger. Das ist ebenfalls längst Vergangenheit.

Klinger kommt herein und zeigt seinen Strauß. «Fünf Rosen, Anne. Die schönsten, wie du's gewollt hast.»

Sie nickt ihm zu. «Na ja und?» fragt sie. «Willst du nun als Blumenständer stehenbleiben? Ich würde 'ne Vase holen.»

Das hat zumindest Logik. Vielleicht erwartet Anne, daß er über ihre spitze Zunge lacht wie meist. Aber das tut er nicht. Er geht zwar brav in die Küche und läßt Wasser in eine Vase laufen, aber dabei ruft er durch die geöffneten

Türen mit unverhohlenem Vorwurf herüber: «Wir hatten doch eigentlich vor, selbst den Sommer über draußen zu bleiben, Anne. Zum erstenmal den ganzen. Aber nein – Anruf genügt, und wir flitzen!»

Daß Frau Bachmann für ein paar Tage einziehen will, weiß er bereits. Jetzt staucht er die Rosen ziemlich unsanft in seine Vase und mault weiter: «Bloß zur Erinnerung, Anne – die Schulden, die wir gemacht haben, sind abgezahlt, mitsamt den Zinsen. Jetzt ist es wirklich unsere Datsche. Wir brauchen keine Sommergäste mehr zu nehmen.» Und mit dieser Feststellung kehrt er zu seiner Frau zurück. «Wohin mit der Pracht?»

«Aufs Klo nicht», erwidert sie trocken. «Ans Fenster auf den Korbtisch. Das war immer ihr Lieblingsplatz.» Sie fährt fort zu reden. Weil sie dabei noch immer mit der hübschen Wolkengardine beschäftigt ist, mutet es an, als spreche sie zu dieser. «Es ist das letztemal, Erich! Bestimmt. Wenn's nicht die Bachmann wäre ... Aber die Bachmanns waren dreimal hier und nie kleinlich. Da kann man nicht so sein. Fertig!»

Dieses «Fertig» bezieht sich auf die Wolkenstores. Anne steigt von der Leiter herab, betrachtet kritisch ihr Werk, zupft hier und fummelt da und ist zufrieden. Nebenbei tadelt sie: «Könntest ruhig begreifen, daß Jenny jetzt erst mal allein sein will! Ich an ihrer Stelle, ich würde mich wohl auch fürchten, allein in der Wohnung zu sein. Na, vielleicht fehlt euch Männern dafür 'n Nerv. Dort erinnert sie doch alles an ihn. Und sie hatten sich lieb. Das hat dir doch auch sehr gefallen. Und auf einmal ...» Sie seufzt, nimmt ihren Wäschekorb auf und weist mit einer Kopfbewegung zur Leiter. «Bring sie rüber, Erich. Frau Bachmann kann jeden Moment hier sein.» Damit ist sie bereits auf dem Wege ins vordere Schlafzimmer. Die Betten dort sind schon frisch bezogen. Sie nimmt die alten Bezüge und legt sie mit in den Korb.

Erich sieht sie verdutzt an. Er durchschaut die Zusammenhänge in keiner Weise. Alles, was er bisher weiß, ist, daß Jenny Bachmann Susanne auf dem Bahnhof angerufen und nach der Datsche gefragt hat. Susi ist daraufhin in die Bahnhofstraße gelaufen – Klingers wohnen nur einen Steinwurf entfernt –, um ihre Mutter zu unterrichten. Anne hat denn auch alles gutgeheißen, den bewußten Zettel verfaßt und den nächsten Bus genommen. Der hält am Eingang zur Kolonie. Zurück würde sie ja auf Erichs Kleinroller fahren.

Er verstaut die Leiter am gewohnten Platz auf der Toilette. Dabei wirft er hin, er sei immerhin wieder mal Zugführer auf dem D-fünfundachtzig und zwei Tage weg gewesen. Infolgedessen verstehe er von allem, was sie rede, bloß Bahnhof. «Ich komme her, sehe dich packen und kriege Brocken an den Kopf geschmissen, die ich nicht verdauen kann. Werde doch mal 'n bißchen deutlicher! Was ist denn mit den Bachmanns? Eben noch mopsfidele Kartengrüße aus Nessebar ...»

Anne räumt ein, daß seine Vorwürfe eine gewisse Berechtigung besäßen. Also erklärt sie bereitwillig, Jenny hätte am Telefon mitgeteilt, ihr Mann sei beim Baden vor Nessebar ertrunken und deshalb ... «Das hat sie so gesagt, daß unserer Kleinen gleich die Tränen gekommen sind. Susi hat ja 'n weiches Herz. Und mir ist's auch durch und durch gegangen. Hab die beiden sofort vor mir gesehen, dieses Pärchen wie aus dem Bilderbuch. Er so'n stattlicher Mann und sie so zierlich ... Da war ich auch dafür, daß sie herkommt. Und ich muß doch immer alles allein entscheiden. Du bist ja nie da, wenn mal was passiert.»

Die letzten Worte überhört er glatt. Das andere ... Er macht ein Gesicht, als traue er seinen Ohren nicht. Ein ungläubiges Staunen geht über seine Züge. Er schüttelt den Kopf, er schluckt mehrmals. Setzt sich auf den Hocker und kramt, ohne sich dessen bewußt zu werden, die Blechdose aus der Tasche, in der Tabak und Zigarettenblättchen sind. So verwirrt ist er. Und alles, was er hervorbringt, ist: «Ertrunken? Der? Hat sie wirklich ‹ertrunken› gesagt? Ein Schwimmer wie der? Das kann doch nicht wahr sein! Du machst 'n schlechten Witz, wie?»

«Ertrunken! Das hat Susi genau verstanden», bestätigt Anne. Aber dann deutet sie auf die Blechschachtel. «Nicht hier, Erich! Unsere Gardinen sind immer gelb. Eine Schande ist das.» Im gleichen Ton fragt sie: «War's falsch, daß ich damit einverstanden war, daß sie kommt?»

Die Antwort kennt sie im voraus. Ihr Mann verneint.

«Wenn es sich so verhält ...», sagt er. «Bin ich ein Unmensch? 's war richtig. Und du bist das beste aller Mädchen.»

Große Liebeserklärungen sind nicht üblich unter ihnen. Diese wiegt daher doppelt schwer. Für einen Augenblick hat die rundliche Frau mit dem ergrauenden Haar ein ganz kleines, ein frohes Lächeln. Sie haben sich immer gut verstanden, sie beide.

Erich steht auf. Nun ist er bereit, sich an Annes Geschäftigkeit zu beteiligen. «Was nehmen wir noch mit?»

Sie erklärt, sie habe schon alles in den Anhänger gepackt, der in dem kleinen Schuppen seitlich vom Haus steht. Bloß der Wäschekorb müsse noch mit. Ach ja, und ihrer Meinung nach habe das linke Rad zu wenig Luft. Das müsse er sich mal ansehen.

Er geht sofort hinüber. Frau Bachmann kann ja jeden Moment eintreffen und allein sein wollen. Den Wäschekorb nimmt er gleich mit.

Jennifer Bachmann ist tatsächlich schon sehr nah, aber nicht allein. Als sie mit der Klingertocher Susanne Drechsler gesprochen hatte, war auch das letzte Taxi vor dem Zentralflughafen längst abgefahren. Am Stand hatte sich bereits eine Schlange Wartender gebildet, die der Rückkehr der Fahrzeuge entgegenhoffte. Schlangestehen ist Jenny ein Greuel. Und ihr Wunsch, aus diesem Umfeld ständiger Unrast, voller Stimmen und Geräusche herauszukommen, wuchs. So hat sie noch einmal telefoniert. Diesmal mit dem

Institut für wissenschaftlich-technische Information, ihrer und Georgs gemeinsamer Arbeitsstelle.

Reik Arnold meldete sich. Er lag bereits wieder in den Sielen. Natürlich – Familie Arnold hatte Bulgarien schon vor Tagen verlassen. Reiks Urlaub war abgelaufen. Sie hatte ihn gefragt, ob er sie zu Klingers hinausfahren würde, und angedeutet, warum sie dorthin wolle. Die Nachricht vom Tode seines Freundes mußte ihn getroffen haben wie ein Schlag aus heiterem Himmel. Die Fassungslosigkeit, mit der er seinem Erschrecken Ausdruck verlieh, verriet das. Selbstverständlich, hatte er versichert, werde er sich sofort freimachen und nach Schönefeld kommen. Das sei doch selbstverständlich. Und sein Auto stehe vor der Tür, er werde gleich bei ihr sein.

Nun fahren sie auf die Kolonie «Neuer Garten II» zu. Reik hat unterwegs wenig gesprochen. Er hat auch Jenny nicht bedrängt zu erzählen. Sie quälen wollte er nicht. Er hat es ihr überlassen, mitzuteilen, was zu berichten sie für notwendig hielt. Es war eine schweigsame Fahrt.

Jennifer hat nur erklärt, was sie dazu treibt, fürs erste die Wohnung zu meiden. Und auch das erst kurz vor dem Ziel. Sie fahren schon durch die kleine Stadt und am Bahnhof vorüber und müssen bald in den holprigen Feldweg einbiegen, der in die Kolonie führt, als sie ihre Darstellung beendet.

Reik Arnold sieht sie nicht an. Er blickt über sein Lenkrad hinweg konsequent nach vorn, als er behutsam ansetzt: «Es ist dein Entschluß, Jenny. Aber ob er gut ist ...?»

Ihre Antwort wischt das Fragezeichen weg. «Ich muß allein sein, sonst finde ich mich nicht wieder.»

Er vermeidet es weiter, sie anzusehen. Aber er spricht wieder, und seine Stimme klingt noch leiser und werbender als zuvor. Viel teilnehmendes Verständnis schwingt darin mit. «Ich fürchte, du wirst dich nur quälen. In der Stadt könnten wir uns um dich kümmern. Wozu hat man denn

Freunde? Komm ein paar Tage zu uns! Platz ist genug, und Petra würde sich freuen. Ihr könntet reden. Das erleichtert einen, und du wärst nicht allein mit ... Petras Babyjahr dauert noch. Ihr habt euch immer gut verstanden. Überleg es dir noch mal, ob es klug ist, sich hier am Ende der Welt zu vergraben.»

«Du meinst es gut», erwidert sie bloß. «Aber ich möchte eine Weile lang einfach keinen Menschen sehen. Versteh mich doch, bitte.»

Wieder Schweigen. Dann, schon unmittelbar vor der abzweigenden Nebenstraße zum Wochenendhaus, Reiks beharrendes: «Jedoch ..., sobald du wen sehen oder dich einfach mal aussprechen willst, Jenny ...»

«... rufe ich euch an», verspricht sie. Offen bleibt, ob sie das nur tut, um seinem Zureden ein Ende zu bereiten, oder ob sie schon glaubt, sich in absehbarer Zeit mitteilen zu wollen. «Vielleicht kommt ihr dann raus?»

«Wann immer du willst und uns brauchst», versichert er sofort. «Petra und ich sind immer für dich da. Das versteht sich doch wohl.»

Jennifer weicht gleich wieder zurück. «Später. Irgendwann. Vielleicht. Du begreifst das doch?»

Ja, er versteht es. Ohne ein weiteres Wort biegt er von der Hauptstraße der kleinen Stadt ab. Unmittelbar hinter den Höfen an der Rückseite der Häuserzeile von ländlichem Zuschnitt beginnen die Gärten. Noch ein paar hundert Meter hin befindet sich Klingers Wochenendhaus zwischen einer weißen Finnhütte auf rotem Backsteinsockel und einer Eigenbaulaube. Die Finnhütte wirkt zur Zeit verwaist. Auf der anderen Seite schiebt ein Mann seinen brummenden Rasenmäher vor sich her. Die Fahrstreifen des Geräts sind so schnurgerade, als wären sie mit einem Lineal gezogen.

Reik Arnold bedarf keines Hinweises, wo er halten soll. Er kennt sich aus. Gemeinsam mit seiner Frau hat er Bachmanns hier schon einmal besucht. Er stoppt an der Gartentür. Vor der Datsche wenden sich Klingers um. Der Anhänger ist in Ordnung gebracht und bereits beladen an den Kleinroller angehängt. Der Hänger sieht aus, als habe er eine Menge hinter sich. Mit ihm ist alles hierher gebracht worden, was heute zum Inventar des Grundstücks gehört. Das fing schon mit Zementsäcken und einem ausgeliehenen Mischer an. Wenn der Hänger reden könnte, Geschichten könnte der erzählen …

Anne läuft gleich zur Gartentür. Ihr Mann folgt langsamer. So recht weiß er nicht, wie er Frau Bachmann entgegentreten soll. Was sagen, ohne in frischen Wunden herumzubohren? Und doch zeigen, wie sehr ihn die Nachricht vom Tode ihres Mannes getroffen hat und daß er mit ihr fühlt? Schwer …

Seine Frau kennt solche Schwierigkeiten nicht. Ihre resolute Güte läßt sie einfach auf die aussteigende Jenny zutreten und sie auf ihre mütterliche Weise in die Arme nehmen. «Willkommen! Nichts sagen, Frau Jenny! Das versteht sich doch alles von selbst. Natürlich bleiben Sie hier.» Und als solle ja keine Zeit bleiben, komplizierte Erklärungen auszutauschen, ruft sie Erich zu: «Steh nicht rum, Mann! Die Koffer!»

Damit hilft sie ihm sehr, seine Verlegenheit zu verbergen. Aber gar nichts zu sagen, bringt er doch nicht fertig. Beim Handschlag mit Jennifer setzt er unsicher an: «Mich hat's auch getroffen. Voriges Jahr waren wir noch zusammen am Kanal … Auf Plötzen. Wir haben uns gut verstanden. Und jetzt … Ich kann es nicht fassen.»

Anne findet, er tue genau das Falsche mit dieser Äußerung. So macht sie dem Ganzen ein jähes Ende, faßt Jenny um und führt sie in den Garten hinein mit der sachlichen Anweisung für ihren Mann: «Die Koffer, Erich! Wir gehen voraus.»

Die Begrüßung Reik Arnolds läuft nebenher und beiläufig ab. Man kennt sich, man weiß auch von der Geburt der kleinen Alexandra und hat dabei Glückwünsche und Dankesgrüße ausgetauscht. Dies ist nicht der Moment, nach dem Wohlergehen des Kindes zu fragen. Im Augenblick ist nur Jennifer Bachmann wichtig.

«Kommen Sie», ermuntert Anne. «Was zu machen ist, erledigen die Männer schon.» Sie führt die junge Frau mit sanfter Gewalt vom Wagen weg auf das Häuschen zu. Die beiden Männer bleiben zurück.

Reik öffnet die Kofferklappe und deutet auf ihren Inhalt mit dem Hinweis, da liege das ganze Urlaubsgepäck der Bachmanns. So, wie es aus Bulgarien zurückgekommen ist. Die Anhänger mit Flugnummer und Zielort sind noch dran.

Erich wirft ein, sie könnten den Transport ja ruhig angehen und notfalls den Weg zweimal machen. Damit hat er's nicht eilig. Er überzeugt sich mit raschem Blick, daß seine Frau und Jennifer schon weit genug entfernt sind, um ihn nicht mehr zu hören, bevor er herausplatzt: «Daß er ertrunken sein soll, hat mich getroffen wie ein Hammer.»

Reik versteht das. Er, der auch in Hemd und Hose elegant und wie aus dem Ei gepellt wirkt, nickt dem alten Eisenbahner verständnisvoll zu. «Jeden, der ihn kannte», bestätigt er ohne weiteres. «Mich vielleicht am meisten. Schon während unseres gemeinsamen Studiums habe ich ihn wer weiß wie oft bei Schwimmeisterschaften auf dem Treppchen gesehen. Vielfach auf der höchsten Stufe. Auch später noch. Bis er aus dem aktiven Sport ausschied, weil ihn unsere Arbeit mit Haut und Haaren verschlang. Wenn jemals einer seinen Beruf geliebt hat, dann er.» Reik Arnold schweigt, sieht zum Himmel hinauf, der eine Spur beginnender Quellbewölkung zeigt, und fährt dann unvermittelt fort: «Wahrscheinlich bin ich der letzte gewesen, der ihn lebend gesehen hat. Ein paar Stunden vorher. Seit ich das weiß, frage ich mich immer wieder, ob er nicht noch leben würde, wenn ich mir ein bißchen mehr Zeit genommen hätte.» Nun sucht er Klingers Blick. «Können Sie sich vorstellen, wie einen das mitnimmt?»

Dies nachzufühlen bereitet keine Schwierigkeiten. Es

liegt gewissermaßen auf der Hand. Aber Erich mustert Arnold mit neuem Interesse. Ja, der ist ebenso sonnenbraun wie Frau Bachmann, ist es mit jener Tönung, welche allein Seeluft und -sonne verleihen. «Sie waren zusammen dort?»

«Gleichzeitig», berichtigt Reik. «Oder besser: fast gleichzeitig. Ich war ein paar Tage früher am Schwarzen Meer und bin auch eher abgereist als sie. Genau an dem verfluchten Tage, an dem Schorsch ... Wir haben übrigens nicht am selben Ort gewohnt. Bachmanns sind mit dem Reisebüro dort gewesen, und ich hatte mir 'n Privatquartier besorgt und bin natürlich mit dem Auto gefahren.»

«Natürlich», echot Klinger. Daß Reik Arnold das ist, was man einen Autonarren nennt, hat er voriges Jahr schon mitgekriegt. Arnold bekommt blanke Augen, wenn er ein schönes Fahrzeug sieht. Sein eigenes ist gut gepflegt und tadellos in Schuß, obwohl er viel fährt. Wahrscheinlich kennt er öffentliche Verkehrsmittel nur noch vom Hörensagen. Eine Reise wäre wohl gar keine solche für ihn, wenn er sie nicht mit seinem blauen Lada unternehmen würde.

Dr. Bachmann hatte ihn manchmal deswegen gefrotzelt. Seine Welt waren Automobile nicht. Er besaß zwar eines, aber es bedeutete ihm nicht mehr als ein Transportmittel, mit dem sich lange Wege schneller und Besorgungen leichter bewältigen ließen. Daran mochte es gelegen haben, daß er nicht wie Arnold auf ein neuestes und modernes Modell erpicht war. Das alte, längst nicht mehr produzierte Wartburg-Coupé, das er hatte, genügte seinen Ansprüchen vollauf und ließ ihn ohne alle Ungeduld darauf warten, daß seine vor Jahren aufgegebene Neubestellung fällig werde. Mit dem Wagen bis in den Balkan zu kutschieren wäre ihm sicherlich nicht im Traum eingefallen. Das hätte er schlicht für unrationell gehalten. Das Flugzeug brachte einen doch viel schneller und bequemer ans selbe Ziel. Jenny hatte Reik gebeten, sie zu fahren, weil sie die Garage so wenig wie die Wohnung betreten wollte.

Auf einmal muß Reik Arnold reden und sich offenbar

vom Herzen sprechen, was ihn beschäftigt. Er holt Zigaretten heraus. Neben der geöffneten Kofferhaube stehend, rauchen sie. «Bachmanns», fängt er übergangslos an, «haben in der Hotelstadt Slantschev Brjag gewohnt, ich weiter auf Burgas zu. In Pomorie, wissen Sie? Mit dem Auto ist das keine Entfernung. Also haben wir uns manchmal getroffen und gemeinsam was unternommen. Am bewußten Tage nun ...» Er bricht ab, raucht hastig ein paar Züge und fährt dann fort: «Es ist mein Abreisetag gewesen. Wir wollten nachts fahren. Da ist es kühler. Und wir mußten ja auch Rücksicht auf die Kleine nehmen. Die müßten Sie jetzt mal sehen, Herr Klinger. Ein Afrikanerbaby, könnte man denken! Petra und unser Schätzchen haben Vorrat geschlafen. Ich ... Ich kriege bei Tag die Augen nicht zu. Da bin ich noch mal rüber nach Nessebar gesaust. Um ganz allein und für mich Abschied zu nehmen. Ich mag diese Museumsstadt auf der Halbinsel. Uralte Festung aus byzantinischer Zeit. Mauern wie für die Ewigkeit. Kein Stein, der nicht Geschichte und Geschichten erzählt ... Ja, und da traf ich ihn. Er wunderte sich nicht mal, daß ich da ging. Fand's normal. Na ja. Er ist's schließlich gewesen, der mein Interesse für antike Spuren geweckt hat. Haben Sie gewußt, daß die sein Hobby waren? Natürlich neben seiner Filmerei. Beides ist ihm so 'ne Art Ausgleich gewesen. Wir haben ja einen allein auf die Ratio und die Beherrschung technischer Hilfsmittel gestellten Beruf. Einen zwar anspruchsvollen, aber eben einseitig strukturierten, wenn Sie so wollen. Schorsch jedenfalls hat der Gefahr entgegengewirkt, ein trefflich funktionierender Nur-Spezialist zu werden. Er schuf sich Gegengewichte, und wie schmackhaft er die einem zu machen wußte ...

Einmal saßen wir zusammen in einem Restaurantgarten mit Blick auf das Meer. In Sosopol, wenn ich mich nicht irre. Er sah einem Fischerboot mit einem knallroten Lateinsegel nach, und auf einmal fing er an – leise erst, dann jedoch mit kräftiger Stimme –, aus der alten ‹Odyssee› zu rezitieren. Ich denke, die Verse des überlieferten Epos rissen ihn einfach mit. Es war beeindruckend. So sehr, daß es rings um uns still wurde. Die Leute, DDR-Touristen wohl in der Mehrzahl, wandten sich um und lauschten gefesselt der herrlichen Sprache des Dichters aus vorchristlicher Zeit. Es hatte was Elementares, so wahr ich hier stehe! Nachher klatschten ihm die Zuhörer Beifall wie einem Filmstar. Das wiederum war ihm so unangenehm und peinlich, daß wir gleich darauf gegangen sind. Aber das ist Schorsch gewesen, wie er leibte und lebte.» An dieser Stelle wird Reiks Stimme brüchig und versagt den Dienst. Arnold wischt sich mit dem Taschentuch übers Gesicht, des Schweißes wegen, der an diesem schwülen Tag jedem in Strömen fließt, oder weil er Tränen hat ...?

Klinger jedenfalls ist taktvoll genug, nicht hinzusehen. Der Mann ist so fassungslos wie er, und das liegt nahe.

Als schäme er sich seines Gefühlsausbruchs, räuspert sich Reik mehrmals energisch und spricht dann weiter: «Als wir uns trafen, war Schorsch quietschfidel. Er hatte seine Unterwasserkamera bei sich und sagte gleich, den wunderschönen Motiven, die er an Land aufgenommen habe, würde er nun noch ein paar submarine hinzufügen. Was sein müsse, müsse sein. Ob ich mitkommen wolle. Wenn es nicht der Abreisetag gewesen wäre ... Aber so? Wir haben noch 'n Kaffee miteinander getrunken und uns verabschiedet. In ein paar Tagen würden wir uns ja in Berlin wiedersehen. Ich bin nach Pomorie zurückgekehrt. Meine ‹Weiber› waren inzwischen wach und hatten schon Hummeln. Also sind wir aufgebrochen. Ganz gemächlich und mit 'nem Zwischenaufenthalt am Slantschev Brjag. Das liegt an der Strecke. Petra wollte sich unbedingt von Jenny verabschieden. Das haben wir denn auch getan.» Er schlägt sich mit der flachen Hand gegen die Stirn. «Sich vorzustellen, daß es vielleicht gerade da passiert ist ... Wir sind längst auf der Heimfahrt gewesen, als die Miliz an die Hotelzimmertür geklopft hat. Und niemand, der Jennifer beistand!»

Erich Klinger vergräbt mit der Schuhspitze die Zigarettenkippen im Sand. Das Aussehen der Straße verrät die Mark auf den ersten Blick. Märkische Heide, märkischer Sand … «Und wie haben Sie's erfahren?»

Arnold wuchtet jetzt die Koffer aus dem Gepäckraum, die Reise- und die Umhängetasche. Jeder nimmt zwei Stücke. So gehen sie aufs Haus zu. Unterwegs erhält Klinger Antwort. «Eben erst. Jenny hat's mir am Telefon gesagt. Bis dahin habe ich ihn noch darum beneidet, daß er ein paar Tage länger in Nessebar bleiben kann. Es ist wie ein Schlag aus heiterem Himmel gewesen.»

Sie haben die Terrasse erreicht, sind in das vordere Schlafzimmer gegangen und stellen das Gepäck dort ab. Da stößt Frau Klinger zu ihnen und wendet sich mit der tadelnden Frage an ihren Mann, wo er denn bleibe. Für sie beide sei es höchste Zeit, Frau Jenny nicht länger zu belästigen. So nennt sie das – «belästigen».

Erich wendet sich brav nach draußen. Seiner Frau verstellt Reik den Weg und drückt ihr eine Visitenkarte in die Hand. «Ich gebe Ihnen mal für alle Fälle meine Telefonnummer, Frau Klinger. Wenn Sie meinen, es wäre gut, daß jemand käme …»

«… rufe ich Sie an. Abgemacht. Alleinseinkönnen stand schon immer auf 'nem anderen Blatt als Alleinseinwollen.» Anschließend bittet sie Arnold, sich mit dem Kaffee Zeit zu lassen, den Frau Bachman sofort kochen gegangen sei, damit Reik nicht mit trockenem Hals zurückfahren müsse.

Er nickt und versichert, er fahre sowieso am liebsten nachts, der freieren Straßen wegen. Ja, und er wird auch Grüße an Petra und das Baby bestellen, natürlich.

Die Klingers verlassen ihr Wochenendhaus, Erich tritt den Roller an, sie steigen auf und fahren ab. Arnold sieht ihnen noch nach. Er hat es nicht eilig, ins Zimmer zu Jennifer zu gehen. Ein wenig fürchtet er sich wohl davor. Es wird nicht leicht sein, über das zu sprechen, was ihnen beiden nahegeht. Etwas zögernd wendet er sich hinüber.

4.

Die Sekretärin im Vorzimmer steht gleich auf und öffnet die Barriere, die den Raum in zwei Hälften teilt. «Gehen Sie nur hinein, Genosse Reichert», empfängt sie den Besucher. «Er ist allein.»

Dr. Reichert folgt der Einladung. Nebenan sind die Jalousien heruntergelassen und geben nur gedämpftem Licht Raum. Kühl können sie das Dienstzimmer nicht halten. Es liegt an der Südseite des Gebäudes. Die Sonne bescheint es von früh bis spät. Die gedämpfte Helligkeit täuscht schattige Kühle mehr vor, als sie welche schafft. Die drückende Wärme dieses Tages lastet hier auch. Der surrende Tischventilator quirlt sie mehr, als daß er sie verringert.

Hauptmann Berger scheint sich entschlossen zu haben, sie einfach zu ignorieren. Er sieht einen Stoß Akten durch, die sich in dünnen Heftern vor ihm türmen. Durchschläge sind es, die er sichtet, schwer lesbar zum Teil. Sonst ist der Schreibtisch leer bis auf die Wechselsprechanlage, einen Becher voll mit Kugelschreibern und Bleistiften und das aufgeschlagene Dienstbuch. Das klappt Berger gewohnheitsmäßig zu, als die Tür aufgeht. Eine Keramikschale dient als Ascher. Daneben die Pfeifentasche des Offiziers. Als er feststellte, daß sein Zigarettenkonsum beklemmende Ausmaße annahm, griff er zur Pfeife. Früher haben ihm Pfeifen nicht geschmeckt, und er hat gedacht, der Schritt zur Pfeife sei der erste, sich das Rauchen ganz abzugewöhnen. Die Rechnung ist nicht aufgegangen. Es war ein untauglicher Versuch. Aber er beließ es dabei.

«Störe ich dich, Albrecht?» begrüßt ihn Dr. Reichert. «Ich bin gerade im Hause, und da dachte ich ...»

Sie begrüßen sich, wie das Männer tun, die sich seit langem kennen und durch gemeinsame Arbeit verbunden sind. In einer Zimmerecke, etwas abseits von dem Schreibtisch, gibt es drei kleine Sessel um einen runden Klubtisch. Auf dem stehen immer Blumen aus dem Hausgarten der Sekretärin. Zimmer ohne Blumen sind ihr ein Greuel. In diese Ecke dirigiert Berger seinen Gast. «Nur so im Hause oder ...?» fragt er dabei und geht noch einmal zurück, der Pfeifentasche wegen.

«‹Nur so› gerade nicht», räumt Dr. Reichert ein. «Mag ja sein, daß ich nur das Gras wachsen höre. Aber im Institut verbreitet sich wie ein Lauffeuer eine Neuigkeit, die mir zumindest seltsam erscheint. Vielleicht sollten wir mal drüber reden.»

«Schieß los», ermuntert der andere. «Ein Glas Bitter-Tonic?»

«Gern.»

Berger nickt, nimmt Gläser aus dem Schrank und holt eine unter fließendem Wasser in der Waschnische kalt gestellte Flasche. «Wie wär's», sagt er nebenher, «wenn du die Vorrede einfach weglassen würdest und gleich zur Sache kämst? Sortieren läßt sich's immer noch.»

Bei jeder Begegnung mit Berger stellt Dr. Reichert fest, daß er ihn gern sprechen hört. Reichert ist Berliner und hat den entsprechenden Tonfall nie ablegen können. Vielleicht deswegen gefällt ihm das saubere, glasklare Hochdeutsch des gebürtigen Mecklenburgers so gut. Das hat etwas Behutsames, ja, Zögerliches, Zurückhaltendes, aber Reichert findet es ungemein vertrauenerweckend. Er wartet, bis Berger sich zu ihm gesetzt und angefangen hat, seine Pfeife zu stopfen. Dann erklärt er, ein Anruf im Institut habe unter den Mitarbeitern beträchtliche Aufregung ausgelöst. Mit diesem Anruf, fährt er fort, hätte eines unserer «Computermäuschen», Frau Bachmann, einen Freund ihres Mannes gebeten, sie vom Zentralflughafen abzuholen. «Sie ist – ich muß sagen: war – mit einem Abteilungsleiter im Institut, dem Systemprogrammierer Doktor Georg Bachmann, verheiratet. Er sei, deutete sie an, während des Urlaubs am Schwarzen Meer beim Baden ertrunken. Der Angerufene gab das wieder, um seinen schnellen Aufbruch zu erklären. Es handelt sich um den Informationswissenschaftler Arnold, Reik Arnold. Natürlich hat ihn der Professor sofort fahren lassen, obwohl es gerade viel Arbeit gab. Auf die Zurückbleibenden hat die Neuigkeit wie ein Schock gewirkt. Die Bachmanns genießen Sympathie und Ansehen. Er war einer unserer besten Leute. Aber das ist es nicht allein.»

«Sondern?» Die Pfeife qualmt. Ihre träge ziehenden Rauchschwaden zerflattern im Sog des Ventilators.

«Vor allem erscheint es jedem unfaßbar, daß Doktor Bachmann ertrunken sein soll. Ertrunken! Ausgerechnet er!»

«Warum er nicht, Heinz?»

Dr. Reichert nimmt einen großen Schluck Bitter-Tonic. «Wenn du dich mal für Schwimmsport interessiert hättest, wäre dir Georg Bachmann ein Begriff, Albrecht. Unter anderem war er mal Spartakiadesieger und mehrmals Studentenmeister im Lagenschwimmen. Auch international hat er in seiner aktiven Zeit von sich reden gemacht. Nun wollen seine Kollegen einfach nicht glauben, daß ein Fischmensch wie er mir nichts dir nichts ertrinkt. Ich finde, das hat eine gewisse Berechtigung.»

«Er ist ertrunken», erwidert Berger in seiner ruhigen Art. Er steht auf, geht an den Schreibtisch und zieht nach kurzem Suchen einen der Schnellhefter hervor. «Ich habe den Vorgang da. Ich konnte noch nicht feststellen lassen, ob darin Namen auftauchen, die unsere Arbeit tangieren. Das ist Routine, wie du weißt.»

Dr. Reichert nickt und fährt fort: «In diesem Fall werden deine Jungs fündig. Deshalb bin ich hier. Ich war es, dem Doktor Bachmann seinerzeit den Versuch gemeldet hat, ihn während einer Dienstreise ins kapitalistische Ausland abzuwerben. Er hat die Kerle abfahren lassen. Kann sein Tod damit in Verbindung stehen?»

«Ein Racheakt? Das wäre aber sehr spektakulär – und entspricht auch nicht den Gepflogenheiten solcher Leute. Die erregen ungern Aufsehen. Und welchen Nutzen sollten sie von einem solchen Mord haben? Sie sind längst auf der

Jagd nach anderen Opfern und haben Bachmann als untaugliches Objekt aus ihrer Liste gestrichen.» Er kehrt zurück. «Erfahrungswert, Heinz. Sind im Institut solche Vermutungen aufgetaucht?»

Das verneint Dr. Reichert mit dem Hinweis, Bachmanns damalige Meldung sei diskret behandelt worden. Nur wenige wüßten überhaupt davon, und die wären keine Klatschtanten. Nein! Bachmanns Institutskollegen erscheine einfach unfaßbar, wie jemand, der dermaßen mit Wasser vertraut war …

Hauptmann Berger blättert in dem Durchschlag. «Dies», erklärt er sachlich, «ist die Übersetzung des der VP zugegangenen Berichts der Miliz in Bulgarien. Ihm zufolge ist er eindeutig ertrunken. Erhöhter Salzgehalt in der linken Herzkammer – und andere klassische Merkmale des Ertrinkens auf offener See. Für die Miliz ließ die medizinische Diagnose keine Fragen offen.»

«Zu Recht», räumt Dr. Reichert bereitwillig ein und gibt im gleichen Atemzug zu bedenken: «Aber sie kannte weder Doktor Bachmanns Schwimmerkarriere, noch konnte sie wissen, daß ihn gewisse Geheimdienste im Fadenkreuz hatten. Sie hat einen objektiven Tatbestand an sich festgestellt. Meinst du nicht, Albrecht, daß das der springende Punkt ist?»

«Wenn ich dich recht verstehe», setzt Berger zögernd neu an, «willst du darauf hinaus, daß dem Eintreten des geschilderten Sachverhalts möglicherweise etwas, sagen wir: nachgeholfen wurde? Aber warum, um alles in der Welt?»

Sein Gegenüber hebt beredt die Schultern. «Das läßt sich meines Erachtens nicht an der Schwarzmeerküste, sondern nur hier feststellen, Albrecht. Weil hier eines der Zielobjekte der bewußten Dienste liegt. Ich muß dir doch nicht sagen, daß ihre Aktivitäten sich sehr kontinuierlich und mit zunehmender Konzentration auf Materialien unseres Instituts richten. Doktor Bachmann hatte eine Schlüsselstellung inne. Deretwegen traten sie ja an ihn heran. Vielleicht haben sie den Versuch, ihn für sich zu gewinnen, wiederholt ... Wenn sie fürchten mußten, er würde sie auffliegen lassen, in einem sozialistischen Land ...»

Berger klopft die Pfeife aus und fängt an, mit dem Pfeifenbesteck in deren Kopf herumzukratzen. «Das sticht nicht», sagt er trocken. «Ich glaube nicht, daß sie auf so heißem Boden zum zweitenmal an einen Mann herangetreten wären, der ihnen schon einmal eine Abfuhr erteilt hatte. Zu großes Risiko ... Freiheitsmüde sind sie bestimmt nicht. Andererseits ...» Er zieht eine zweite, eine kalte Pfeife aus ihrer Schlaufe in der Transporttasche und stopft nun diese. «Sich mit Verbindungsleuten und Informanten, deren man sich sicher fühlt, am Schwarzen Meer zu treffen, wäre so abwegig nicht. Der riesige Touristenstrom, der Jahr für Jahr dort ist, ermöglicht es, unerkannt in ihm mitzuschwimmen. Organisierte Treffs gehen unter in einer Fülle von Zufallsbegegnungen, Urlaubsaktivitäten nivellieren gezielte Aktionen. Mal angenommen, Doktor Bachmann selbst sei gar nicht Objekt einer solchen Aktion gewesen, habe sich aber unversehens einem alten Bekannten von der anderen Seite gegenübergesehen ... Der Zufall, Heinz ...»

«... ist, philosophisch betrachtet, eine Erscheinungsform, beziehungsweise eine Ergänzung der Notwendigkeit», nimmt Dr. Reichert den Satz auf und vollendet ihn. «Er muß nicht notwendig auf eine bestimmte Weise eintreten, nicht gesetzmäßig, aber es besteht eine gewisse Wahrscheinlichkeit, daß er zu einem nicht vorauszuberechnenden Zeitpunkt eintritt.» Er holt tief Luft. «Die Bedingungen, die das Eintreten einer solchen Zufallsbegegnung begünstigen, waren ja wohl gegeben. Also?»

Hauptmann Berger antwortet nicht sofort. Er hat die gestopfte Pfeife kalt beiseite gelegt und blättert wieder in dem Polizeibericht. «Hier heißt es, die See sei ‹glatt wie ein Spiegel› gewesen, ohne Bewegung, still. Doch es wird auch ausdrücklich betont, daß Bachmann mittags badete, zur Zeit der größten Hitze. Die Sonne stand im Zenit, die Lufttemperatur betrug sechsunddreißig Grad, sie war ungewöhnlich hoch für die Vorsaison, der Unterschied zwischen Luft- und Wassertemperatur demzufolge beträchtlich. Die Möglichkeit, daß Bachmann stark erhitzt ins Wasser gegangen ist und einen Herzanfall bekommen hat, besteht.»

Sein Gegenüber schüttelt den Kopf und beharrt auf seiner Ansicht, ein so erfahrener Schwimmer wie Bachmann hätte gewußt, wann ihm Gefahr droht und was er sich zutrauen darf. Und außerdem sei der Systemprogrammierer in so exzellenter körperlicher Verfassung gewesen, daß ihn der Betriebsarzt allen anderen Mitarbeitern immer wieder als leuchtendes Vorbild hingestellt habe, als ein wahres Bild der Gesundheit. So oft, daß das schon keiner mehr hören konnte ... Und erst recht nicht hören mochte.

Alle diese Auslassungen ließ Albrecht Berger geduldig über sich ergehen. Jetzt steht er abrupt auf und fängt an, kreuz und quer durch das Dienstzimmer zu laufen. Das macht er ziemlich schnell, mit gleichmäßigen Schritten, energisch.

Dr. Reichert verblüfft das nicht. Er kennt Bergers Neigung zu solchen Wanderungen und auch seine Behauptung, dabei könne er am besten nachdenken. Der Besucher bleibt also ruhig sitzen und sieht ihm zu – einem großen, breitschultrigen Mann von eher schlankem als stämmigem Körperbau und mit sehr ruhigen, freundlichen Augen. Daß er an den Schläfen grau wird, hat er mit Reichert gemein. Keiner wird mit den Jahren jünger – zumal, wenn es arbeitsreiche Jahre waren, die den ganzen Mann forderten. Und so sind sie gewesen. Ein bißchen in sich gekehrt wirkt er bei seinem Gehen, nachdenklich und sehr konzentriert. Sein Gesichtsausdruck sagt deutlich, daß er dabei nicht gestört werden möchte. Der andere respektiert das. Endlich nickt Albrecht Berger vor sich hin. Er ist zu einer Entscheidung gekommen. So plötzlich er zu wandern begonnen hat, bleibt er stehen. «Ja», sagt er einfach. «Daß du hergekommen bist, ist gut. Ein bißchen seltsam ist dieser Badeunfall schon. Ich danke dir für die Information, Heinz. Zumindest überprüft werden muß der Vorfall.»

Dr. Reichert trinkt sein Glas leer und steht auf. Er habe gehofft, daß Berger so befinden werde, äußert er und wirkt zufrieden. Natürlich stehe er dem Hauptmann oder dessen «jungen Leuten» jederzeit zur Verfügung, wenn sie Auskünfte oder Unterstützung im Institut brauchten. Das ist eine bloße Höflichkeitsfloskel, weil sich das Gesagte von selbst versteht und zu seinen beruflichen Obliegenheiten gehört, doch Dr. Reichert legt Wert auf Umgangsformen.

Da Berger das weiß, verzieht er keine Miene und bedankt sich artig, bevor er seinen Besucher durch die Vorzimmerbarriere hindurch bis auf den Flur begleitet.

Zurückkehrend, trägt er der Sekretärin die notwendigen Schritte auf.

Dann sitzt er wieder am Schreibtisch und nimmt sich den Durchschlag noch einmal vor. Die vorhin gestopfte und kalt gebliebene Pfeife qualmt jetzt. Ihre Füllung ist noch nicht ausgebrannt, als der Hauptmann in die Tastatur der Wechselsprechanlage die Nummer seines Vorgesetzten eingibt. Major Waldeck ist noch im Hause, obwohl er nicht wie die Arbeitsgruppe Berger Bereitschaftsdienst hat. Berger kann sein Anliegen vortragen.

Er unterrichtet kurz über den Sachverhalt. Der Verdacht einer gezielten Fremdeinwirkung liege nahe. Mehr als eine unbewiesene Vermutung sei dies bislang nicht, jegliche sie stützenden Beweismittel fehlten noch, aber …

Hier unterbricht ihn Waldeck und billigt die Einleitung von Nachforschungen. Allein die von Bachmann innegehabte Position im Institut für wissenschaftlich-technische Information und dessen Bedeutung für die Volkswirtschaft verlangten zweifelsfreie Erhellung des Tatbestandes, sagt er, und wenn sich der Verdacht als unbegründet erweise – um so besser!

Albrecht Berger nickt. Dann teilt er mit, daß laut VP-Unterlagen der Leichnam Bachmanns an Bord der INTER-

FLUG-Linienmaschine nach Berlin überführt werden solle. Er, Berger, schlage vor, eine staatsanwaltliche Verfügung zur Obduktion zu erwirken. Dies, weil in Bulgarien ausschließlich die Merkmale des Todes durch Ertrinken festgestellt wurden und kein Anlaß bestanden hätte, weitergehende Untersuchungen vorzunehmen. Das spreche dafür, daß keine Anzeichen einer Fremdeinwirkung zu erkennen gewesen wären, denn sonst ... Fremdeinwirkung stand nicht zu vermuten. Vielleicht, daß bei gezielter Suche ...

Waldeck hält das für möglich. Er werde alles Notwendige veranlassen. Weitere Erklärungen sind überflüssig. Das alles ist eingespielt und geht seinen vorgeschriebenen Gang. Präzise. Schnell. Ohne Aufhebens.

Danach ruft Berger seine Mitarbeiter herüber, seine «jungen Leute», wie Dr. Reichert zu sagen beliebte. Drei Offiziere sitzen vor ihm am Konferenztisch – rechts Silke Wagner mit den Katzenaugen und der drahtige, mehr hagere als schlanke Rolf Kuhnert, links behäbig und etwas in die Breite strebend Harry Mahnau. Der Hauptmann berichtet ihnen vom Tod Georg Bachmanns, von den Vermutungen des Sicherheitsbeauftragten im Institut und von dem Sachverhalt, der ihnen Nahrung gibt. Ihre Gesichter verraten, daß sie den von Dr. Reichert geäußerten Verdacht als begründet ansehen.

Lediglich Mahnau schüttelt kaum merklich den Kopf. Er denkt wie vorhin sein Chef, daß Mord eigentlich untypisch sei für das Handeln geheimdienstlicher Leute. Dieser Täterkreis werde ja wohl ins Kalkül gezogen – der gescheiterte Abwerbeversuch bei Bachmann und die Erwähnung des Instituts als ständiges Zielobjekt deuten darauf hin. Mahnau ist schon mit Erpressung, Bestechung, Täuschung und Verführung durch Wirtschaftsspione konfrontiert gewesen, das sind die gängigen Methoden – mit Mord noch nicht. Mord ist ein «lautes» Verbrechen, das immer Staub aufwirbelt ... Es entspricht nicht dem zwar mit Härte, aber so leise wie möglich im Verborgenen geführten Kampf der anderen

Seite um Informationen und Forschungsergebnisse, Pläne und Patente.

Berger weiß genau, was in Mahnau vorgeht. Er deutet den Zufall an, der zu einer Panikreaktion geführt haben könne. Immerhin: Den Sicherheitsorganen des Bruderlandes zugeführt, wäre den Gegnern eine Aburteilung und langjährige Haftstrafe sicher gewesen, sobald weiterführende Ermittlungen frühere Aktionen ihrerseits ans Licht gebracht hätten. Was im Bereich der Wahrscheinlichkeit läge.

Dann steht er wieder auf und läuft in der bekannten Weise. Daß es zunächst darauf ankomme, sagt er, Zeugen für mögliche Begegnungen Bachmanns in Nessebar zu finden. Und Menschen, denen er sich anvertraut und mit denen er über Beobachtungen gesprochen haben könnte, die ihn beschäftigten. Zu diesem Personenkreis gehörten logischerweise außer seiner Ehefrau die Teilnehmer der Reisegruppe als Landsleute und durch gemeinsame Erlebnisse bekannte Gefährten. «Genossin Wagner», fährt er fort, «beschafft beim Reisebüro die Liste der Bürger, die derselben Gruppe angehörten. Und die der Angehörigen möglicher weiterer Reisegruppen, welche zeitgleich am selben Ort und gegebenenfalls im selben Hotel ‹Dunav› weilten.»

«Ist klar, Genosse Berger», bestätigt sie ruhig.

«Genosse Kuhnert ergänzt das mit Erkundigungen darüber, welche Einzelreisenden für die fragliche Zeit ein Visum erhalten haben und wo sie sich aufhielten. Da wird ein großer Teil von vornherein uninteressant sein. Es ist aber möglich, daß von den anderen dieser oder jener mit Bachmann in Berührung gekommen ist.»

«Verstanden», erwidert Kuhnert knapp.

Vor Mahnau bleibt der Hauptmann stehen. «Sie gehen ins Institut. Versuchen Sie herauszufinden, ob Doktor Bachmann im Hinblick auf den Urlaub von Freunden sprach, die er dort unten zu treffen hoffte, vielleicht von Plänen und Vorhaben, die sie gemeinsam verwirklichen wollten. Darüber redet man ja mit Kollegen in der Vorfreude auf die Ferien, die nachher immer so schnell vorüber sind.» Er lächelt flüchtig. «Erst mal das. Als Grundlage. Genaueres können wir erst festlegen, wenn das Ergebnis der Gerichtsmedizin vorliegt. Mit Frau Bachmann spreche ich selbst. Das wär's, Genossen.»

Als die drei sich entfernen, steht die Sekretärin im Türrahmen, die Unterschriftenmappe unterm Arm und einen Plastschnellhefter in der Hand. Die Mappe legt sie aufgeschlagen auf den Schreibtisch.

Berger setzt sich hin und unterschreibt. Ein fragender Blick auf den Schnellhefter führt zu der Erklärung, er enthalte das vom Archiv angeforderte Material zu Bachmanns Meldung eines Abwerbeversuchs. Der Hauptmann nimmt es entgegen und verlangt dann einen Wagen. Nichts Besonderes, nur eine Stadtfahrt ...

5.

Neben dem Knopf des Türgongs steckt hinter dem Namensschildchen «Bachmann» ein Zettel. «Bitte bei Hansch melden!» steht darauf. Und damit der Unkundige weiß, wo er Hansch suchen soll, wurde daneben ein roter Pfeil gemalt. Der weist nach oben.

Albrecht Berger hatte sich zur Treppe gewandt, weil der Fahrstuhl des elfgeschossigen Neubaus gerade abgefahren war. Er hörte ihn irgendwo halten. Für einen Moment ließen sich fröhliche Kinderstimmen hören. Eine Wohnungstür klappte. Danach war es wieder still. Aber da stand der Hauptmann schon vor der Bachmannschen Wohnung.

Jetzt klingelt er bei Hansch. Eine Frau Ende Dreißig öffnet ihm und führt ihn in ihr Wohnzimmer. Frau Hansch sieht den Besucher aufmunternd an. «Na, nicht 'n kleinen Klaren?» drängt sie.

«Danke!» sagt Berger, und er kehrt zu der Antwort zurück,

die sie ihm auf seine Eingangserkundigung gegeben hat: «Frau Bachmann hat Sie also angerufen?»

«… um mitzuteilen, daß sie wieder im Lande, aber erst mal auf der Datsche sei, weil der Doktor … Schrecklich, nicht wahr? Ich habe ihre Schlüssel. Wir machen das immer so, wenn sie oder wir verreisen. Es könnte doch sein, daß mal was mit dem Wasser ist oder so.» Sie deutet auf den Fußboden, unter dem sich Bachmanns Wohnung befindet, als sei das eine ausreichende Erklärung für gutnachbarliche Beziehungen zwischen zwei Mietsparteien in diesem großen Haus. Aber die Bartür hat sie noch immer nicht zugemacht. «Nicht doch 'n Klaren?»

Diesmal schüttelt er nur den Kopf und möchte wissen, ob die Anruferin vielleicht noch ein besonderes Anliegen gehabt habe, eine Bitte vielleicht …

Da seufzt Frau Hansch und schließt endlich die Barteiltür. Auf einmal tritt an die Stelle ihrer betriebsamen Gastlichkeit herzliche, mitfühlende Anteilnahme. «Denken Sie, die kümmert sich jetzt um Kinkerlitzchen?» fragt sie mit einem Anflug von Vorwurf. Aber den nimmt sie gleich zurück. «Na ja, Sie kennen Jenny eben nicht. Schade!» Weil das eine Erklärung geradezu herausfordert, fährt sie fort: «Es war 'ne gute Ehe, Herr Berger. Gar nicht wie sonst in vielen Ehen, wo immer einer fremd geht und der andere sich untergebuttert fühlt, beide aber total unverstanden sind. So'n Schiet gab's bei den Bachmanns nicht. Wir kennen sie ganz gut. Die sind immer eine Kieke und ein Ei gewesen, wie man so sagt. Haben sich im Institut kennengelernt. Na schön, der Doktor war da schon wer und sie ein ‹Computermäuschen›, das eben anfing, und sie ist demzufolge 'n paar Jährchen jünger, aber … Die haben sich gesucht und gefunden! 's war schön, sie beide zu kennen.» Damit verfällt sie wieder in ihren Gastgeberton: «Nehmen Sie mir wenigstens 'n Kaffee ab? Das macht keine Mühe. Ich habe die Thermoskanne immer voll.»

Er denkt, mit einer neuerlichen Ablehnung werde er sie

nervös machen und sie nach einer weiteren Möglichkeit suchen lassen, Freundlichkeit zu zeigen. Er will aber, daß sie zur Ruhe kommt und sich auf die Sache konzentriert. Außerdem gehört er zu den Menschen, die zu jeder Tages- und Nachtzeit, und sei es unmittelbar vor dem Schlafengehen, Kaffee trinken können. Das mag damit zusammenhängen, daß der Arzt ihm etwas zu niedrigen Blutdruck bescheinigt und gegen anregendes Koffein keine Einwände hat. Also wirft er hin, ein solches Angebot lehne er niemals ab.

Frau Hansch befriedigt es sichtlich, diesmal keinen Korb zu bekommen. Geschwind stellt sie Tassen hin und schenkt aus der Thermoskanne ein. Nebenher versichert sie, daß es Frau Bachmann «da draußen bei Klingers» gut habe. Das wären nette Leute, und deren Datsche – hübsch! Was sofort die Frage nach sich zieht, ob sie dort gewesen sei.

Dies verneint sie mit dem Hinweis, daß sie einen schichtarbeitenden Mann und einen schulpflichtigen Jungen habe, woraus sich wie von selbst ergebe, daß die Ferien der Eheleute Hansch den Schulferien angepaßt würden. Sie lägen nie zeitgleich mit denen von Bachmanns, die noch ohne Nachwuchs gewesen und gewöhnlich in Vor- und Nachsaison weggefahren wären. Aber ...

«Mein Mann und Bachmann sind beide Schmalfilmer. Dadurch kennen wir uns überhaupt. Manchmal haben sie einander ihre Aufnahmen gezeigt. Der Künstler braucht ja Publikum und muß mal gelobt werden. Wir haben dann und wann 'n kleinen Filmabend veranstaltet. Daher ... Möchten Sie 'n Keks? Kuchen habe ich nicht.»

Er möchte nicht, kaschiert seine Ablehnung aber mit einem Loblied auf den Kaffee. Das tröstet sie. Ganz beiläufig nimmt er sein Merkbuch und einen Kugelschreiber heraus. «Bei solchen Premieren sind sicher auch Bekannte und Freunde Bachmanns gekommen? Erinnern Sie sich an die?»

Frau Hansch hat sehr beredte, lustige Augen. In denen steht plötzlich Heiterkeit. «Glauben Sie, daß es immer ein

Vergnügen ist, Amateurfilme anzusehen? So'n Gedränge, wie es gelegentlich vor dem ‹Kosmos› zu beobachten ist, hatten wir nie.» Das Lachen erlischt. «Von Bachmanns Seite … Ich glaube, die sind auch wählerisch mit ihrer Freundschaft.»

«Doch es kam wer?»

Das bejaht sie. «Ein Ehepaar Arnold. Der Mann ist, wenn ich mich nicht irre, ein Studienfreund von ihm, und die Frauen – Arbeitskolleginnen. Was sie im einzelnen tun …» Hier hebt sie die Schultern. «Von sich aus haben sie nicht darüber geredet, und ich bin nicht neugierig. Sonst kam keiner.»

Kurze Zeit hat sie ihm gegenübergesessen. Nun hält sie es schon wieder nicht mehr auf ihrem Stuhl. Sie steht unvermittelt auf und tritt ans Fenster. Von da aus kann sie den neugeschaffenen schönen Platz mit seinen Grünanlagen rund um das Denkmal eines großen Arbeiterführers übersehen. Obwohl der angebrochene Abend noch keine Abkühlung gebracht hat, gehen viele Anwohner spazieren oder hetzen nach Späteinkäufen mit vollen Einkaufsnetzen heimwärts. Alle Bänke sind besetzt. Irgendwo zerrt ein halbwüchsiges Mädchen einen lauffaulen Basset-Hound in die Richtung, in die sie, er aber nicht gehen möchte. Das Mädchen ist stärker, Schlappohr folgt widerwillig. Ein Stück hin wetteifern Jungen im Figurenfahren mit Rollbrettern. Manche können's gut, andere weniger. Doch ihren Spaß haben alle. Gelegentlich bleibt jemand stehen, der von der S-Bahn kommt, und schaut ein bißchen zu. Das spornt an. Es ist das gleiche Bild, das Berger vor Augen hatte, als er auf das Haus zuging. Um diese Stunde schlägt das Leben in der Hauptstadt eine gemütlichere Gangart an als tagsüber. Die Stadt holt Atem. Ihre zu anderer Zeit angespannten Züge lockern sich. Jetzt lächelt sie.

«Erwarten Sie jemanden?» erkundigt sich Berger.

Frau Hansch wendet sich ins Zimmer zurück und ist ein wenig verlegen, weil ihre Unruhe bemerkt worden ist. Entschuldigend erklärt sie, ihr Junge Bernd müsse jetzt kommen. Der sei nämlich zum Judo-Training gefahren – und natürlich allem guten Zureden zum Trotz mit dem Rad mitten im Hauptberufsverkehr. Aber mache man sich Sorgen, seien die Bengels ja noch beleidigt und fühlten sich unterschätzt ... Sie bleibt am Fenster.

Der Hauptmann vergewissert sich, daß er zu Recht annimmt, die quirlige Frau Hansch kenne die Datsche durch Urlaubsaufnahmen Bachmanns. Es verhält sich so. Als er um die Adresse bittet, läuft Frau Hansch zum Telefon und bringt ihr Rufnummernverzeichnis herbei. Da stehen die beiden Anschriften von Klingers. Sie besitzen keinen eigenen Anschluß. Wenn es etwas auszurichten gibt, muß man die Tochter Susanne Drechsler im Schalterraum des Bahnhofs anrufen.

Berger macht Notizen.

Die Wohnungstür schlägt plötzlich zu. Gleich darauf platzt ein stämmiger Dreizehnjähriger in Nicki und Turnhose herein mit unbekümmertem: «Vati da?»

Worauf sich Frau Hansch an ihre pädagogischen Pflichten gemahnt fühlt und sehr betont grüßt: «Guten Abend, Bernd!» Daß sie sich eben noch Sorgen gemacht hat, gibt sie nicht zu erkennen.

Derlei Erziehungsmaßnahmen ist Bernd gewohnt. Wohl mehr des lieben Friedens wegen als aus Einsicht in die Notwendigkeit gewisser Umgangsformen schenkt er dem fremden Mann am Tisch einen flüchtigen Blick und ein oberflächliches «Abend auch!», bevor er sich wieder an seine Mutter wendet: «Hast du Bachmanns Briefkasten geleert, oder sind sie wieder zu Hause?»

Dieses Interesse an elterlichem Handeln im Sinne der Mieter unter ihnen scheint eine Rarität zu sein. Gemeinhin ist der Junge wahrscheinlich vollauf von eigenen Problemen in Anspruch genommen. Jedenfalls zeigt Frau Hansch Erstaunen.

Bernd teilt zunächst mit, er müsse noch Mathe machen.

Es gehe bloß um eine Zeichnung, und die bewältige er mit links. Dann fühlt er sich jedoch bemüßigt, eine Erklärung für seine Frage zu geben. «Da war so'n Typ», sagt er obenhin. «Er stand unten vor den Briefkästen. Die Haustür muß offen gewesen sein. Vielleicht ist Frau Kludas noch mal zur Halle gerannt. Die macht ja nie richtig zu. Und die Hälfte vergessen tut sie auch immer. Na ja, jedenfalls hat der Typ wohl gesehen, daß der Briefkasten leer ist, und deshalb gefragt, ob Frau Bachmann wieder da sei.» Das Thema ist damit für Bernd abgetan. Im selben Atemzug erkundigt er sich, wo Vatis großes Lineal sei. Das brauche er. Auf Frau Hanschs wiederum höchst erzieherische Frage, ob er selbst keines besitze, gibt er beruhigend von sich, das habe er der Wiebke gepumpt und dann vergessen. Dies sei aber ohne Belang, denn Wiebke werde es ihm morgen schon wieder mitbringen. Bis dahin ...

Unversehens mischt sich Berger ein. «Warte mal, Bernd», sagt er, als der Junge das Lineal holen gehen will. «Hat der Mann nur nach *Frau* Bachmann gefragt? Nicht überhaupt nach Bachmanns?» Hauptmann Berger entgeht nicht, daß Bernd zu seiner Mutti blickt, als wolle er sich vergewissern, ob der Fremde eine Antwort verdient oder nicht.

Sie nickt ihm aber zu. Da bequemt er sich. «Nee. *Frau* Bachmann. Genau so. Dann hat er noch abgelassen, er wäre schon oben gewesen und hätte geklingelt, es werde aber nicht aufgemacht. Ob ich wüßte, wo sie sein könnte und wann sie zurück wäre. Ich hatte natürlich keine Ahnung. Und wenn ich eine gehabt hätte, hätte ich sie 'nem Fremden auch nicht auf die Nase gebunden. Da zog er Leine.»

«Du kanntest ihn nicht?»

«Kein Stück.»

«Wie sah er denn aus?»

Die Fragerei fängt schon an, dem Jungen lästig zu werden. Er hat es eilig mit der Erledigung der Mathematikaufgabe. Vielleicht beginnt im Fernsehen bald ein Film, den er gern sehen möchte – und das gestattet Mutter erst nach erledigten Hausaufgaben. Er wirft kurz angebunden hin: «Wie er aussah? Wie'n Typ eben.»

Das mißfällt Frau Hansch. «Nennst du das 'ne Antwort?» empört sie sich.

Möglicherweise kann Schlimmeres nachfolgen. Bernd verteidigt sich: «Vati sagt, von solchen gehen zwanzig aufs Dutzend. Turnschuhe. Jeanszeug. 'n Knautschhut auf der Omme. So sah das Lügenmaul aus.»

Frau Hansch holt tief Luft und erklärt drohend, es scheine an der Zeit zu sein, daß der Herr Sohn und sie sich einmal ernsthaft darüber unterhalten, wie man über Leute zu sprechen habe.

Berger geht darüber hinweg. «Wieso denn Lügenmaul?»

Das macht ihn Bernd ausgesprochen sympathisch. Er läßt nunmehr bereitwillig Mathe Mathe sein und erklärt mit der Selbstzufriedenheit des Besserwissenden: «Ich bin ja kurz vor ihm ins Haus gekommen. Hab die Tür offen gelassen, weil die Kludassen wahrscheinlich überhaupt keinen Hausschlüssel mitgenommen hat. Kennt man ja! Also, ich schiebe meinen Flitzrenner im Hausflur zur Tür des Abstellraumes. Die Ecke ist dunkel. Da sieht einen keiner, der von draußen hereinkommt. Wenigstens nicht, wenn es da hell ist. Wie ich noch nach'm Schlüssel krame, taucht der Typ auf. Sie! Der ist weder zum Fahrstuhl noch zur Treppe getippelt. Bloß hin zu den Briefkästen – und – gegafft. Mir aber will er erzählen, oben hätte ihm keiner geöffnet. Hat wohl gedacht, ich wäre aus dem Abstellraum gekommen und hätte ihn nicht ins Haus schleichen sehen. Schief gewickelt! Ich kriege doch noch zwei und zwei zusammen.»

«Das hast du gut beobachtet», urteilt Berger anerkennend. «War es ein junger Mann?»

«Ziemlich.»

«Groß oder klein?»

Bernd schneidet eine Grimasse. In diesem Punkt ist er sich nicht sicher. Ein wenig zögernd meint er schließlich: «Etwa wie Vati. Aber dünner.»

«Mein Mann hat ungefähr Ihre Größe, ist aber 'n bißchen bepackter. Tiefbauer eben, wenn er auch inzwischen Ingenieur ist», hilft Frau Hansch aus.

«Hast du sein Gesicht gesehen?» bleibt der Hauptmann bei der Sache.

«Nee», erwidert Bernd, ohne zu zögern. «Da lag der Schatten von dem doofen Hut drauf. Sonst ...»

Berger nickt. Alles Gute ist nie beisammen. Aber ihm will scheinen, daß die verspätete Heimkehr des kleinen Judoka für ihn von Vorteil gewesen ist. Der Besuch, von dem Bernd berichtet hat, läßt sich zwar noch nicht mit dem vermuteten Verbrechen an Dr. Bachmann in Beziehung setzen, doch ist sein Ablauf unter den obwaltenden Umständen zumindest seltsam. Er wird in den vorgeschriebenen Bericht über durchgeführte Nachforschungen einfließen.

Der Hauptmann steht auf und verabschiedet sich mit dem Hinweis, möglicherweise werde er später weitere Fragen haben.

Das erwartet Frau Hansch und sagt: «Kaffee ist immer da, Herr Berger!» Dann geleitet sie ihn zur Tür. Die hat sie noch nicht ganz hinter ihm geschlossen, da hört er Bernd sich schon erkundigen: «Wer war'n das?» Er lächelt, als er zum Fahrstuhl geht.

Ende Juni sind die Tage lang. Die Sonne steht mehr als sechzehn Stunden am Himmel. Erst kurz vor Mitternacht wagt sich der abnehmende Mond schüchtern heraus. Ganz sacht schiebt er ein wenig Kühle vor sich her, nachdem das Lichtgestirn am kupferfarben glühenden Horizont untergetaucht ist. Die Straßen sind jetzt noch belebter. Viele Fenster, tagsüber mit Sonnenrollos verhängt, stehen offen. Auf Kissen gelehnt, blicken ältere Leute heraus oder unterhalten sich von Balkon zu Balkon. Mittlerweile sind sie zufrieden, daß ihr alter Kietz, den sie erst um keinen Preis verlassen wollten, den komfortablen Neubauten weichen mußte. Da wohnt sich's nun doch besser und behaglicher, und allein die Fernheizung, die es Opa im Winter erspart, die Kohlen aus dem Keller heraufzuholen ... Ist schon besser so! Inzwischen sind sie hier so heimisch, wie sie es oft ein Leben lang in dem alten Kietz waren. Daß sie das nun sagen können, wundert sie manchmal ein bißchen, aber es macht sie auch froh, daß sie es ohne Wehmut tun. Die neue Geborgenheit, in der sie leben, ist genießenswert. Gar keine Frage!

Es ist auch die Stunde der Rasensprenger. In der Laubenkolonie «Neuer Garten II» laufen viele. Jennifer Bachmann hat den auf dem Grundstück gleichfalls angedreht. Frau Klinger hat nicht versäumt, ihr beim Abschied ans Herz zu legen, sie möge «die armen Blumen» nicht vergessen. So trocken, wie der Boden jetzt sei ... Jenny hat selbstverständlich daran gedacht.

Sie sitzt mit Reik auf der Terrasse unter dem Vordach. Der Kaffee ist längst ausgetrunken, der Ascher voll von Arnolds Kippen. Als Reik die leere Packung zusammenknüllt, wird Jennifer bewußt, daß er schon lange hier weilt. Ob es ihm nicht zu spät werde, erkundigt sie sich plötzlich. Vielleicht sorge sich Petra?

Er winkt gleich ab. «Petra würde mich durch die Mangel drehen, falls ich dich vor dem Rausschmiß verlasse. Wir möchten dir so gern irgendwie helfen ...»

Das nimmt sie als gegeben und kommt wieder auf das Geschehen in Nessebar zurück. Alles kreist für sie um diesen einen Punkt. Und neuerlich ist da die quälende Frage, ob Schorsch nicht noch leben könnte, wenn sie an jenem Tage mitgegangen wäre. Vielleicht hätte sie ihm helfen, ihm beistehen können ... Falls er, so unwahrscheinlich das anmutet, einen Schwächeanfall erlitten hat oder beim Tauchen irgendwo hängengeblieben ist ...

«Seit wann tauchst du?» hält Reik dagegen. «Wenn es das war, wärst du imstande gewesen, viel zu tun?»

Das ist eine gute Frage, weil sie verneint werden muß und dadurch selbstquälerischen Vorwürfen entgegenwirkt.

Nein, Entscheidendes hätte sie schwerlich zu leisten vermocht.

Jenny steht auf. Ein paar Schritte gehen … Reik schließt sich an. Sie laufen durch den Garten – ohne bestimmtes Ziel, einfach so.

«Hat er bei eurer letzten Begegnung noch etwas gesagt?» fängt sie wieder an. «Brauchst keine Angst zu haben, daß ich ausflippe. Das habe ich getan, als mich die Miliz an den Strand fuhr und ich sah … Jetzt? Ich gehe neben mir her und beobachte mich wie ein fremdes, lebloses Ding. Wie eine Gliederpuppe, die Kaffee kocht, viel redet und durch diesen Garten marschiert, als gehe sie Georg gar nichts an. Aber ich möchte alles wissen.»

Er hebt die Schultern. «Wovon haben wir geredet?» erwidert er und läßt sie nicht spüren, daß er ihr dieselbe Frage schon dreimal beantwortet hat. Sie hat es wohl auch vergessen in ihrer Zerfahrenheit. Er erzählt geduldig zum viertenmal, wie belanglos jenes Gespräch war. Schorsch, seine Kamera im Unterwassergehäuse in der Hand, seine Fototasche umgehängt, habe gleich gemeint, sie sollten noch einen Abschieds-Eiskaffee im Café «Mesembria» trinken, berichtet er. Nun ja, und das hätten sie getan. Schorsch wäre in Gedanken wohl schon unter Wasser gewesen und nur zu einem Gespräch darüber aufgelegt. Insgeheim sei ihm die Begegnung vermutlich ungelegen gekommen. Er brannte doch auf seinen Tauchgang. Es sei also bei dem einen Eiskaffee geblieben – und bei der scherzhaften Verabredung zu einem ebensolchen im «Rathauscafé» am Marx-Engels-Forum. Dann noch Wünsche für eine gute und pannenfreie Heimfahrt, und sie hatten sich getrennt. Schorsch war in Richtung des Meeres gegangen. Er, Reik, hatte den Weg zum Parkplatz vor dem alten Stadttor genommen. Weiter kommen Besucher mit dem Auto nicht, darüber wacht die Miliz. Die Museumsstadt selbst ist verkehrsberuhigt. Das, schließt Reik, wäre schon alles gewesen, und er sei dann sofort nach Pomorie aufgebrochen.

Hat Jennifer überhaupt zugehört? Sie ist vor einem Rosenstrauch stehengeblieben und läßt nun die Blüten sacht durch die Finger gleiten. Besonders schöne langstielige Rosen sind dies: Deckblätter in flammendem Rot umschließen sonnengelbe Kelche. «Wir haben sie gepflanzt, als wir zum erstenmal hier waren, Reik. Da hatten Klingers gerade erst gebaut. Der Garten sah wie eine Wüste aus. Schorsch spottete noch, wir wären von Sodom nach Gomorrha umgezogen, um uns zu erholen. Eine Ewigkeit ist das her! Nun steht der Stock so wunderschön und prachtvoll da, und alles ist kaputt ... Warum nur? Warum denn bloß?» In diesem Moment verliert sie ihre bisherige angestrengte Selbstbeherrschung. Sie schluchzt laut auf. Tränen rinnen ihr übers Gesicht.

Es dunkelt jetzt. Die Farben der Blumen in den Gärten verlieren an Leuchtkraft. Blütenkelche schließen sich. Es ist windstill. Hecken und Baumblätter, ja, selbst die Gräser stehen wie erstarrt. Hier und da flammt in den Häusern Licht auf.

Auf dem entfernten Zentralflughafen Schönefeld brennen jetzt alle Lampen. Die Flugzeuge, die nun zur Landung ansetzen, haben die Scheinwerfer eingeschaltet und tasten mit deren Lichtstrahlen wie mit bleichen Fingern voraus. Das rotierende Rot der warnenden Rundumleuchten ist weithin zu sehen.

Eine INTERFLUG-Maschine steht da, zum Halt ziemlich weit von der Einreisehalle entfernt eingewiesen. Ein Bus nimmt die Passagiere auf, sie hinüberzubringen – ein paar Dienstreisende mit Aktenköfferchen, Auslandsmonteure, die heimkehren, einige Einzelreisende. Dies war ein Linienflug. Allen, die den hellerleuchteten Zubringerbus besteigen, haftet das Fluidum gewohnheitsmäßigen Handelns an. Flugzeuge und Flughäfen sind ihnen vertraut, sie verschwenden keine Aufmerksamkeit mehr daran.

So entgeht ihnen das schwarze Transportfahrzeug, das

dem Bus entgegenkommt, zur Maschine weiterfährt und neben dem herangerollten Gepäckwagen hält. Sie achten auch nicht darauf, daß die Entladung noch nicht wie sonst begonnen hat, daß bei den Ladeklappen Flughafenbeauftragte in Uniform warten und daß es heute hier leiser zugeht als gewöhnlich. Nun hält der langgestreckte schwarze Kombiwagen. Legitimationen werden vorgewiesen, Papiere ausgetauscht. Das geschieht ohne Aufhebens, ganz sachlich und ernst, ja, mit einer beklemmenden Freudlosigkeit. Dann endlich beginnt die Entladung.

Zuerst wird ein verlöteter Zinksarg herausgereicht, aufgenommen und in den schwarzen Kombi geschoben. Ein Händedruck noch, ein flüchtiger Gruß, dann verläßt der düstere Transporter das Gelände. Wie von einem Alpdruck befreit, geht die Lademannschaft vom Bodenpersonal an die gewohnte Arbeit. Nun ist wieder Alltag. Die Beklommenheit verliert sich, die angesichts des Sarges aufgekommen ist.

Der Leichnam Dr. Georg Bachmanns wird zum Gerichtsmedizinischen Institut übergeführt.

6.

So früh am Morgen ist die Mehrzahl der Wasserwanderer noch nicht unterwegs. Wo es die Beschilderung der Wasserstraßen erlaubt, schaukeln noch Kajütboote an den Ufern. Der Duft frischen Kaffees breitet sich angenehm aus. Auf Propangaskochern brutzeln Spiegeleier. Wer wird auch schon vor dem Frühstück die Segel setzen? Es ist behaglich, im Bikini oder in der Badehose vor dem Niedergang zu sitzen, keine Eile zu haben und sich's wohl sein zu lassen. Über dem Boot kreisen mit schrillen Schreien Möwen, die immer wissen, wo etwas zu holen ist, Bleßhühner schwimmen heran. Wo es am Ufer feuchte Wiesen gibt, stelzt manchmal einer der selten gewordenen Störche und hat auch Hunger. Wenn in der Fahrrinne ein Schub- oder ein Motorgüterschiff vorüberzieht, läßt seine auslaufende Bugwelle Uferschilf rascheln und sich neigen. Hier und da fahren auf Prahmen Montageteile für Neubauten vorüber, mehrere Etagen auf einmal, sorgsam gestellt. Materialnachschub für das Baukombinat einer an Wasserstraßen gelegenen Stadt, deren Bauleute teilhaben am ständigen Wachsen der Hauptstadt ... Schifftransport ist rationell und kostensparender als auf der Straße. Berufsschiffer sind zu jeder Stunde auf den Flüssen und Kanälen in und um Berlin zu sehen. Auch Schiffe der «Weißen Flotte» fahren bereits. Eine Tagesfahrt von Treptow nach Bad Saarow beispielsweise ...

Da servieren Stewards ebenfalls Frühstück. Mit leerem Magen taugt die schönste Dampferreise nichts, das ist ein Erfahrungswert.

Beiderseits der Flüsse und Kanäle sind in Fabriken und Werkstätten längst die an der Arbeit, die den Urlaub noch vor oder schon hinter sich haben. Maschinengeräusche, rauchende Schlote und Dampf über Abwasserzuleitungen erzählen davon. Vor einer Fabrik werden von einer Barkasse aus eben Wasserproben genommen – nicht nur zur Freude der Angler, die den Lebensraum «ihrer» Fische gesund gehalten sehen wollen. Saubere Flüsse sind ein Stück Lebensqualität. Für alle.

An der Bootswerft «Meyer» gleitet ein Fahrzeug der Wasserschutzpolizei vorüber, ganz gemütlich, ohne erkennbares Ziel. Bootsführer und Maschinist in Marineblau schauen herüber. Das gewohnte Bild. An einem Steg schaukeln Sportboote. Andere, reparaturbedürftigere, sind schon über die Slipanlage an Land gezogen worden. Weiter oben steht Meyers Haus direkt neben der Werkstatt, und vor dieser wiederum liegt auf sogenannten «Kamelen» unter einem schützenden Dach die Ausbaustufe eines ziemlich großen Kajütkreuzers. Schwarz noch der Rumpf, naturfarben die fertigen Holzteile der Aufbauten. Es ist bereits zu sehen, wie das Ganze sich darbieten wird, wenn es fertig und farbig ist. Ein schönes Stück!

Oben arbeitet ein junger Mann in einem Overall und mit 'nem zerknautschten Jeanshut auf dem Kopf. Meyers Gehilfe Stefan Murzick. Unten steht ein anderer, ein Kunde offenbar. Murzick läßt sich dadurch in seiner Arbeit nicht stören. Mit einer Art grimmiger Entschlossenheit führt er weiter seinen Hobel. Er unterbricht seine Tätigkeit nur für einen Augenblick, um dem unten einen Vogel zu zeigen. Sehr entschieden ruft er hinunter: «Nee, Herr Jansen! Ums Verrecken nicht! Die eine Arie hat mir gereicht.»

Der andere schürzt ein wenig die Lippen. Spöttisch. Ein Mann mit kantigem, faltenreichem Gesicht. Er kramt ein Zigarettenpäckchen aus der Hemdtasche und stellt gelassen fest: «Sie hat nicht mal Verdacht geschöpft, Murzick. Dazu war alles zu gut vorbereitet.»

Was das angeht, ist der mit dem Knautschhut aber ganz anderer Ansicht. «Ach ja?» braust er auf. «Und der Trageriemen? Ich war um ein Haar dran.»

Jansen zündet sich ohne Erregung seine Zigarette an. Danach wirft er das Feuerzeug in die Luft und fängt es wieder auf. Dies wiederholt er. «Wenn einer versagt hat, waren Sie's», erwidert er trocken. «Mann! Da besorgt man Ihnen eine Tasche, die der bewußten aufs Haar gleicht – da unten, wo das Modell durchaus nicht so handelsüblich ist wie hier, und das von einem Tag auf den anderen, und Sie ... Ich denke, Sie hatten im Flugzeug genug Zeit, sich die von Madame anzuschauen. Es hätte keine Mühe gekostet, Ihren Riemen dem anderen anzupassen. Ein Kinderspiel! Aber nein ...» Er winkt ab. «Warum sich aufregen? Das ist alles Mostrich nach Tisch. 's lief nicht. Nun müssen Sie eben noch mal ran.»

Stefan Murzick schüttelt heftig den Kopf und hobelt.

Jansen läßt das kalt. Einen Zahn schärfer beharrt er darauf, Bachmanns Fototasche mitsamt dem Inhalt haben zu müssen. Dies nicht irgendwann, sondern schnell.

Worauf Murzick zu verstehen gibt, er könne ihm mal im Mondschein begegnen. Für ihn ist's damit erledigt.

Abermals sieht Jansen die Sachverhalte ganz anders. Er hält es für angemessen, den Knautschhutträger daran zu erinnern, daß der auf seine, Jansens Kosten, an den bulgarischen Sonnenstrand gereist, durch seine Vermittlung Nutznießer eines hübschen Privatquartiers gewesen und überdies mit «dicker Marie» herumgezogen sei. Wenn auch Undank der Welt Lohn wäre, so hätten sie nicht gewettet!

Das prallt ab. Murzick bleibt seinem Besucher nichts schuldig. «Kommen Sie mir bloß nicht auf die Tour! Ich habe ja wohl was dafür getan!» Und mit einer Kopfbewegung zu dem rotweißen Motorboot hin, mit dem Jansen gekommen und das am Steg festgemacht ist, präzisiert er, das da wäre ein Schrotthaufen gewesen, als Jansen ihn gefragt hat, ob er's ihm nicht aufmöbeln könne – außer der Reihe, versteht sich, ganz privat nach Feierabend. Das habe er getan, und ...

Der unten grinst. «... und das alles mit Werkzeug und Material der Werft, nicht wahr? Mit teurem Material. Ich habe ja Augen im Kopf und kann rechnen. Soll ich mal ehrpusselig sein und den alten Meyer fragen, ob Sie ihm seine Einkaufskosten ersetzt haben? Gehört sich ja eigentlich ...»

Das hat Wirkung. Stefan Murzick hört auf zu hobeln. Er sieht den Besucher an, abschätzend, unsicher. Darauf war er nicht gefaßt. Wie denn, wenn die Drohung ernst gemeint ist? Der junge Mann legt sogar seinen Hobel weg und schwingt sich auf die angelegte Leiter. Er kommt herunter mit ziemlich kläglichem: «Das kann nicht Ihre Absicht sein, Herr Jansen! Wenn Sie das tun ...»

«... wird Herr Meyer sehr enttäuscht sein von dem Vorbestraften, dem er eine Chance hatte geben wollen. Und Sie sind im Handumdrehen wieder in der Knete. Rückfällige mögen die Richter nicht», beendet Jansen. Er macht das genüßlich, mit kaum verhohlener Befriedigung. Diesen Burschen hat er fest im Griff, denkt er. Der ist nun Wachs in seinen Händen. Genau so muß es sein.

Wie hilflos Murzick in diesem Moment ist … Fahrig will er wissen, woher Jansen überhaupt weiß …

«Ich weiß alles über Sie. Ich wußte es schon, als ich Ihnen das Boot brachte. War doch ein guter Anlaß, Sie an die Leine zu kriegen. Ja. Und an der zappeln Sie nun. Geben Sie's auf, Murzick! Tun Sie, was ich sage, und kein Mensch erfährt, daß Sie schon wieder lange Finger gemacht haben.» Er fügt noch hinzu: «Damit ist uns beiden geholfen.»

Murzick spuckt aus. Das ist eine ehrliche Geste. Zumindest läßt sie erkennen, daß der Junge die heimliche Materialentnahme aus der Werkstatt als übliches Kavaliersdelikt betrachtet hat und nicht als wiederholten Zusammenstoß mit dem Gesetz. Daß ein solcher durchaus nicht in seiner Absicht gelegen und daß er vor neuerlicher Strafe Furcht hat. Sonst würde er sich auch nicht wehren. Aber er wehrt sich. «Ich schenke dem Meister reinen Wein ein», trumpft er noch einmal auf. «Soll er mir's vom Lohn abziehen. Er ist 'n guter Kerl. Wenn er merkt, daß es mir leid tut und daß ich es in Ordnung bringen will …» Das dünkt ihn eine gute Lösung. Sein unter der Bräune fahl gewordenes Gesicht kriegt wieder Farbe. Murzick nimmt die Kopfbedeckung ab und trocknet mit dem Handrücken Stirn und Hut. Beide kleben von Schweiß. Nebenher sagt er, Jansen solle sich zum Teufel scheren und sich hier nicht mehr sehen lassen. Sonst würde es ungemütlich werden.

Aber Jansen steht. Wieder hat er das spöttische Zucken um die Mundwinkel. Murzicks Karten stechen bei ihm nicht, weil er weiß, wie leicht der Junge zu beeinflussen und zu verleiten ist. Er tönt nur – und fällt dann um so prompter herein. Einen Augenblick lang verspürt Jansen nicht übel Lust, Murzick mit der Darlegung der tatsächlichen Gründe für die Kontaktaufnahme mit ihm zu schokken. Er, Jansen, hatte vor der Notwendigkeit gestanden, einen unverdächtigen Kurier für den Transport geheimdienstlich beschafften Spionagematerials nach Bulgarien zu finden. Der Übergabetermin am Schwarzen Meer war ebenso langfristig geplant gewesen wie der Aufenthalt des Empfängers dort, und ... Der ursprünglich vorgesehene Überbringer hatte kurzfristig «abgeschaltet» werden müssen, weil es zumindest so aussah, als wäre er in den Gesichtskreis der Sicherheitsorgane geraten. Es roch nach Überwachung, nach Observation. Deshalb!

Zu jenem Zeitpunkt stand Murzicks Name bereits auf Jansens Liste möglicher Handlanger. Mittlerweile in die BRD abgewanderte frühere Mithäftlinge hatten ihn genannt, ja, Murzick sogar als brauchbaren, als «guten» Mann ohne hinderliche Moralbegriffe und von einer gewissen Verwegenheit beschrieben. Dieses Bild durch vorsichtige eigene Nachforschungen abzurunden, war für Jansen ein Klacks gewesen, und die Sache mit dem Boot als Versuchsballon lief wie von selbst. Danach betrachtete der Junge den geschenkten Urlaub gleichsam als etwas, das ihm rechtens zustand – und die Bitte, einem angeblichen Freund seines Gönners ein liegengelassenes Reisenecessaire zurückzugeben, erfüllte er bereitwillig.

Es war dieses Necessaire aber ein durchaus «heißes», ein für den Kurier gefährliches Gepäckstück gewesen. Von Spezialisten untersucht, hätte es schnell die zwischen Safianleder und Futter verborgenen Verstecke preisgegeben. Der Druck mit einer Nadelspitze auf eine verdeckte Feder würde genügt haben, die «Container» zu öffnen und die Mikrate freizulegen – und diese Miniaturfotos zeigten gestochen scharf Produktionsunterlagen und -pläne, deren Kenntnis Jansens Auftraggebern gestatten konnte, der DDR-Wirtschaft ohne kostspielige Eigenentwicklungen auf dem Weltmarkt zuvorzukommen.

Jansen fühlt sich sehr versucht, Murzick wissen zu lassen, wohinein er verstrickt ist – und er möchte seine Darlegung gern mit der spöttischen Anmerkung schließen, sein Gegenüber ahne nicht einmal, wie humorlos in aller Welt die beamteten Hüter wirtschaftlicher wie militärischer Geheimnisse seien.

Aber das alles bleibt unausgesprochen. Jansen ist ein viel zu erfahrener Agent, als daß er sich einem anderen durch Offenlegung von Sachverhalten in die Hand geben würde. Je weniger dieser Junge von ihm und seinen Geschäften weiß, desto besser.

So höhnt er nur, ein wenig von oben herab und mit der ganzen Überheblichkeit des moralisch integren Biedermannes: «Mag ja sein, daß Ihr Meister schwach genug ist zu schweigen. Ich könnte es auch anderen erzählen ... Es empört mich, auf welche Weise Sie meinen Auftrag ausgeführt haben. Sie sind und bleiben ein Ganove, vor dem man warnen muß. *So* war es keinesfalls gemeint.»

Grund genug für den Jungen, aus dem Stand heraus mit geballten Fäusten über den grinsenden Menschen mit dem kantigen, faltenreichen Gesicht herzufallen. Er zieht den kürzeren, und das auf totale Weise.

Ohne zurückzuweichen oder vorzugehen, schlägt und tritt Jansen zu. Er atmet nicht eine Spur rascher nach seiner blitzschnellen Karateaktion. Wie vorher steht er da.

Aber Stefan Murzick liegt auf der Erde und krümmt sich. Für einen Augenblick schnappt er nach Luft und sieht rote und blaue Kreise.

Als er zu sich kommt, hört er den anderen wie von weither mahnen: «Doch nicht so, Mann! Das kann ich besser.»

Gerade wird von einem vorüberfahrenden Segler aus herübergewinkt. Jansen winkt so unbefangen und heiter zurück, als sei er vergnügt und bester Laune. Beiläufig sagt er: «Damit das klar ist, mir liegt nichts daran, Sie zurück in die Knete zu bringen. Im Gegenteil! Wir können eine prima Zeit miteinander haben, wenn Sie vernünftig sind. Von uns beiden bin ich derjenige, der den Hut aufhat, und akzeptieren Sie das, wird's Ihr Vorteil sein. Tun Sie's nicht und vermasseln mir damit meine Pläne – was denken Sie, wie unangenehm ich werden und wie ich jemandem das Leben zur

Hölle machen kann! Spielen Sie dagegen mit, wird's Ihnen an Geld künftig nicht mangeln. Das ist die Lage, mein Junge. Und nun stehen Sie erst mal auf. Was sollen denn die Leute denken? Rauchen?»

Murzick richtet sich gehorsam auf. Er langt nach seinem heruntergefallenen Knautschhut und fegt mit dem Arm anhaftenden Sand ab. Dann greift er mit einem Nicken in das dargebotene Zigarettenpäckchen. Eine Wiederholung seines Angriffs wagt er nicht. Ohne daß er das zugeben will, hat ihm mächtig imponiert, wie scheinbar mühelos ihn der andere «aufs Kreuz gelegt» hat, ihn, der doch auch nicht gerade ein Schwächling ist. Das war schon was! Dieser Jansen weiß offenbar nicht nur genau, was er will, sondern ist auch der Kerl dazu, es durchzusetzen ... Das flößt Murzick Respekt ein und eine gewisse Bereitschaft zur Unterwerfung. Hand in Hand damit geht, daß der Junge unsägliches Mitleid mit sich selbst empfindet. Arglos, wie er so ist, konnte er nicht bemerken, daß Jansen von Anfang an Katze und Maus mit ihm spielte ... Schlich sich auf Samtpfoten an und startete die Sache mit dem Boot, um ihn damit erpressen zu können ... Womit nicht zu rechnen war, weil die Materialbeschaffung für Freizeitarbeit ja ziemlich weit verbreitet ist und vom Kunden auch stillschweigend erwartet wird. Anders ist ja an vieles nicht ranzukommen ... Daß gerade ihm, Stefan Murzick, aus dieser Art Selbstbedienung ein Strick zuwachsen soll, stellt sein persönliches Pech dar – und so bedauert er sich von Herzen. Er wurde das Opfer der Verhältnisse, ganz klar! – Während er raucht, mustert er Jansen von der Seite. Natürlich würde er, Murzick, dem alten Bootsbauer höchst ungern reinen Wein einschenken. Gardinenpredigten haßt er, und als reuiger Sünder dazustehen ist auch nicht eben seine Lieblingsbeschäftigung. Außerdem – zurückzahlen ... Wenn sich's vermeiden läßt, lieber nicht! «Nehmen ist seliger denn geben», haben sie in der Knete mit präziser Umkehrung eines Bibelwortes gesagt, und Jansen bietet eine Chance ... Er hat nicht über seine Pläne gesprochen, die Murzick im einzelnen auch gar nicht kennen will – «Was ich nicht weiß, macht mich nicht heiß» –, aber wenn ihre Unterstützung was einbringt ...? Und nun schmeichelt es ihm schon, daß Jansen sein Vorleben kennt und ihn deshalb angesprochen hat ... Was er gehört hat, muß ihm doch gefallen haben, mehr als andere Geschichten ...

Ein paar Züge lang paffen sie schweigend. Für den Jungen bekommt nun auch die Bitte von Jansens Touristenfreund in Nessebar eine neue Dimension, sich der Bachmannschen Tasche mit dem Filmmaterial zu bemächtigen. Spielt das Gepäck eine Rolle in Jansens Plänen? Selbstverständlich hat der «Freund» so gut über ihn, Murzick, Bescheid gewußt wie der Bootsbesitzer und deshalb ... Wem anders als einem erfahrenen «Drücker», das heißt Taschendieb, und «Kracherfahrer», also Gepäckdieb, hätte man einen solchen Auftrag gegeben und ein paar «Blaue» als Anreiz dazu? Der Freund ist ein Komplize Jansens gewesen, ganz klar, und möglicherweise hat dieser ihn überhaupt nur zu jenem geschickt, damit er, Murzick, auf die Tasche angesetzt werde ... Das spräche für eine gut funktionierende Organisation größeren Stils. Diese Vorstellung beeindruckt den Jungen ungemein. So was kennt er noch nicht, er war immer ein Einzelgänger. Beinahe ehrerbietig stellt er eine entsprechende Frage.

Jansen verzieht keine Miene. «Hat Ihnen mein Freund nicht gesagt, wozu er die Tasche benötigt?» stellt er eine Gegenfrage. In keinem Fall wird er einräumen, daß Murzick mit der Übergabe des «harmlosen» Necessaires bereits getan hat, wozu er angeworben worden ist. Das andere ... Sie griffen auf den Jungen zurück, weil Eile geboten, Not am Mann und Hals über Kopf kein anderer greifbar war, der für die erforderliche Aktion geeignet erschien. Daraufhin hatte Jansen den Freund telefonisch auf die Qualifikation des Kuriers «für diesen Job» hingewiesen. Aber was der Reisende in Nessebar Murzick erzählt hat, weiß er nicht.

Murzick berichtet bereitwillig: «Soviel ich weiß, befanden sich in dem Behältnis Filmaufnahmen, die unseren Bekannten in Situationen zeigen, die für die Anwälte seiner Frau ein gefundenes Fressen wären. Ihr gehört der von ihm geführte Betrieb, hat er gesagt, und wenn sie wüßte, mit wem er fremdgeht ...» Er hebt die Schultern und grinst kumpelhaft. «Doktor Bachmann ist wohl'n Rechtsverdreher oder so was. Er würde noch bleiben und weiterschnüffeln, während seine Alte die Aufnahmen schon nach Hause bringen sollte. Und die sei nicht vom Fach. Er würde mir 'n Ticket für die von ihr benutzte Maschine besorgen, so teuer das auch werde, und wenn ich so gut wäre ... Ich wollte so gut sein, aber Sie wissen ja ...»

Jansen blickt aufs Wasser hinaus. Daß der Mann in Nessebar auch schon mal bessere Legenden erfunden habe als diese, denkt er. Das war doch nichts als ein Aufguß der mehr oder weniger dünnen Storys von Serienfilmen voller beleibter und magerer, großer und kleiner Privatdetektive auf den Spuren ungetreuer Ehefrauen und -männer ... Daß Murzick ihm geglaubt hat, obwohl er wissen muß, daß in seinem Heimatland gar kein privates Überwachungs- und Beobachtungsgewerbe existiert, spricht nicht für seine Intelligenz, sondern höchstens von seinen Fernsehgewohnheiten.

Aber der Bootsbesitzer sagt: «Empfohlen habe ich Sie, doch mit meinen Plänen hat das nichts zu tun. Eine reine Privatsache. Nur: Jansen hat noch keinen seiner Freunde hängen lassen. Das können Sie sich gleich mal merken. Alle für einen, einer für alle, sozusagen. Ich habe Sie vorgeschlagen – auf mich fällt's zurück, daß Sie versagt haben. Kann ich nicht auf mir sitzen lassen ...» Er wendet sich zu Murzick. «Pannen gibt es immer mal. Diese müssen wir ausbügeln. Davon hängt was ab.»

Murzick gibt zu bedenken, eine so günstige Gelegenheit wie auf dem Zentralflughafen werde sich wohl nie wieder bieten.

Es mutet schon an, als bedaure er das. Dies entgeht Jansen nicht. «Quatsch, mein Junge», begegnet er dem Einwand fast väterlich. «Wir müssen bloß rauskriegen, wo diese verdammte Tasche jetzt ist, mitsamt den Filmkassetten darin.» Er bemerkt, daß Murzick ganz Ohr ist. Das heißt, daß seine Aufsässigkeit unterdrückt worden ist und daß er sich ihm, Jansen, als dem «Boß» fügt. Daß er sich durch sein Nachgeben nun immer tiefer in schuldhafte Verstrickungen verwickeln wird, daran denkt er sicher nicht. Es kann Jansen nur recht sein. Infolgedessen sieht er den Zeitpunkt für die Verabreichung von Streicheleinheiten gekommen. So was braucht auch einer wie dieser Bursche. «Was das Aufspüren angeht», fährt Jansen fort, «stehen wir nicht mit leeren Händen da. Wir wissen, daß sich Frau Bachmann nicht in ihre Wohnung begeben hat. Das haben Sie sehr geschickt ermittelt. In der Nähe der Wohnung die Dunkelheit abzuwarten und zu beobachten, ob Licht gemacht wird ..., keiner hätte das besser anstellen können. Ich bin sehr zufrieden mit Ihnen. Unter meiner Führung werden Sie Ihren Weg schon machen, da ist mir gar nicht bange.»

Seine Worte tun Murzick gut. Er sieht sich anerkannt und genießt das, obwohl er mit gespielter Bescheidenheit abwinkt und murmelt, das sei ja 'ne leichte Übung gewesen ...

«Viel schwerer wird es auch nicht sein, Frau Bachmanns jetzigen Aufenthalt auszuforschen», knüpft der Bootsbesitzer sofort daran an. «Nicht für Sie! Ich werde ebenfalls mal meine Fühler ausstrecken, aber doppelt genäht, hält besser. Vergessen Sie nicht, daß wir auch wissen müssen, ob Madame inzwischen nicht doch auf 'n Sprung in der Wohnung war, um die Wäsche zu wechseln, Ballast abzulegen oder ... Was weiß denn ich! Also ...»

Dem Jüngeren leuchtet ein, daß alles, was Jansen vorbringt, zum gedachten Zweck notwendig ist. Nur: Wie es zu bewerkstelligen wäre, hat er keine Ahnung. Er war als «Drücker» wie als «Kracherfahrer» immer ein Mann der spontanen Aktion im günstigen Augenblick. Sorgsame lange Vorbereitungen hat es bei keinem seiner «Fischzüge» gegeben, diesbezüglich weiß er nicht Bescheid. Das sagt er – so zögernd, als wäre ihm das Eingeständnis peinlich.

«Irgendwann macht jeder alles zum ersten Male», beruhigt ihn Jansen sofort. «Bis jetzt haben Sie mit den Fingern gearbeitet. Nun strengen Sie mal zusätzlich den Kopf ein bißchen an! Sie besitzen doch einen.» Dann präzisiert er. «Zum Beispiel: Da ist dieser Bengel aus dem Bachmannschen Hause gewesen. Würden Sie ihn wiedererkennen?»

Murzick nickt.

«Die Sommerferien haben noch nicht begonnen. Stellen Sie einfach fest, in welche Schule die Kinder aus den Häusern rund um das bewußte gehen. Legen Sie sich dort auf die Lauer! Quatschen Sie den Jungen an! Seien Sie 'n bißchen nett zu ihm, laden Sie ihn zu 'nem Eis ein. Erfinden Sie eine glaubhafte Begründung für ihr Interesse an Frau Bachmann, und Sie erfahren alles, was Sie wissen wollen. Kinder sind arglos und Wichtigtuer.»

Neuerlich nimmt der Jüngere den Knautschhut ab. Diesmal fährt er sich mit fünf Fingern durch sein langes, schweißverklebtes Haar. Versuchen werde er's, sagt er, auch wenn ihm nicht wohl dabei sei. Und unvermittelt fragt er: «Ich stecke ganz schön drin, was?»

Das ist kein wiederholtes Aufbegehren, nicht einmal eine Klage, sondern lediglich eine Positionsbestimmung. Murzick beweist sich selbst, daß ihm keine Wahl bleibt. Er motiviert sich gleichsam. Das macht er selbstverständlich so, daß das Resultat die Entscheidung, mitzugehen und das verheißene «leichte Geld» zu erhaschen, deckt.

Jansen unterstützt die Betrachtungsweise des Jungen, einen simplen Selbstbetrug, mit großer Bereitwilligkeit. «Sie stecken tiefer drin als jemals in Ihrem bisherigen Leben», bestätigt er nachdrücklich. Daß es sich so verhält, weil die Tatbestände, in die er, Jansen, Murzick verwickelt hat, von größerer Tragweite und in jeder Beziehung schwerwiegender sind als die früheren Diebereien, spricht er nicht aus. Aber er denkt es und empfindet Genugtuung dabei, daß dieses Jungchen zu Wachs in seinen Händen geworden ist. Gönnerhaft klopft er dem Jüngeren auf die Schulter. «Aber wenn Sie sich an mich halten, Murzick, passiert Ihnen nichts. Mich legt keiner aufs Kreuz. Verlassen Sie sich darauf.»

Stefan Murzick glaubt ihm bereitwillig, weil ihn das eigener Überlegungen enthebt. Einfach mitzugehen ist bequemer und wesentlich leichter. Außerdem strahlt Jansen soviel Selbstsicherheit aus ... Wenn er sich ihm anpaßt, was soll schiefgehen?

Es spricht auch für die Professionalität des Älteren, daß ihm bei all dem Hin und Her nicht entgangen ist, was ringsum geschieht. So ist beispielsweise das Kreischen der Metallsäge in der Werkstatt verstummt. Was Meyer da drin auch zugeschnitten haben mag, jetzt ist er fertig. Wahrscheinlich wird er herauskommen. Deshalb fordert Jansen Murzick plötzlich auf, ihn zum Steg zu bringen. Unterwegs schärft er ihm ein, ihn ja sofort anzurufen, sobald er etwas in Erfahrung gebracht hat.

Der Junge sagt zu.

Tatsächlich tritt nun der betagte Bootsbauermeister aus der Werkstatt, Rohre für das Kühlsystem eines Einbaumotors in der Hand. Er sieht, daß sein Gehilfe einen Mann in Sommerhosen und einem gut gebügelten Hemd zum Steg geleitet, daß der Fremde in ein schnittiges rotweißes Motorboot steigt und daß sich dieses in Bewegung setzt – mit einer scharfen, schneidig gesteuerten Kurve, bei der es sich weit zur Seite neigt. Schneeweiß springt eine hohe Bugwelle auf, eine gischtende Kielwasserspur erscheint.

«Fahren kann er», stellt Meyer anerkennend fest. Erst dann erkundigt er sich beim zurückkehrenden Murzick, wer das gewesen sei und was er gewollt habe.

Zu Punkt eins zuckt sein Gehilfe die Achseln. Zu Punkt zwei fällt ihm ein, daß der Mann ein neues Klappverdeck für sein Boot benötige. Murzick will ihn an einen Sattler namens Schilling verwiesen haben, mit dem die Werft manchmal zusammenarbeitet. Damit ist die Sache abgetan. Der junge Mann schickt sich an, die Leiter hinaufzusteigen und oben weiterzuhobeln.

Da hält ihn Meyer am Arm fest. «Was hast du denn, Stefan?» fragt er besorgt. «Du bist ja klatschnaß, und so warm ist es heute früh noch nicht. Wirst du krank?»

Murzick zögert, meint dann jedoch, die Gelegenheit sei günstig und müsse am Schopf genommen werden. Also bringt er heraus, ihm sei mit einemmal hundeelend. Am liebsten würde er sich hinlegen und sich ausruhen.

Das hält Meyer auch für ratsam. Er schickt den Jungen nach Hause. Wenn ihm besser sei, solle er wiederkommen. Andernfalls müsse er zum Doktor. Bloß die Rohre, die könne er ihm wohl noch hinaufreichen. Und damit steigt jetzt der Meister die an die Ausbaustufe des Kajütkreuzers gelehnte Leiter empor.

Unterdessen hat sich der Fluß zusehends belebt. Das Bild der vertrauten Frachtschiffe tritt ein wenig in den Hintergrund. Nun sind Sportboote aller Kategorien und Klassen unterwegs. Mit Paddel, Treiber und Außenbordmotor streben sie hinaus aus dem Weichbild der Stadt – kleine Fahrzeuge zumeist, in denen sich nicht übernachten läßt. Aber es sind auch große dabei. Möglich, daß für deren Besitzer gerade heute der Urlaub beginnt.

7.

«Was ist denn mit Ihnen los, Mahnau?» will Hauptmann Berger wissen, als er seinen Mitarbeiter außerhalb des Gerichtsmedizinischen Instituts trifft. «Schlecht geworden? Die da drin müssen doch noch bei der Oberflächenuntersuchung sein.»

Das verhalte sich so, bestätigt der Leutnant. Es sei aber

auch nicht der Anblick des Toten gewesen, der ihm zu schaffen gemacht habe. Nur dieser eigentümliche süßliche Geruch, der dem Sektionsraum anhafte, ein hartnäckiger, offenbar untilgbarer Duft von Tod und Verwesung …

Berger nickt gelassen. Es fällt ihm nicht ein, Mahnaus Flucht als ein Zeichen von Schwäche zu betrachten. Da drin, bemerkt er sachlich, würde gelegentlich auch Medizinstudenten schlecht, die zu Ausbildungszwecken zusehen müßten – ja, und Offizieren der Untersuchungsorgane noch öfter. Aber das lasse sich überwinden, sagt er, und es helfe einem überdies, zu begreifen, wie kostbar das Leben ist, das zu schützen und dessen Vernichtung zu sühnen man ja wohl diesen Beruf ausübe … Unter anderem … Dann geht er hinein. Mahnau schließt sich ihm an.

Ein nüchterner Raum, rundum gekachelt. Gekachelt ist auch ein gemauerter Schreibtisch mit einem gleichartigen, unverrückbaren Hocker davor. Es gibt noch einen gewöhnlichen Stuhl in einer Ecke. Der scheint noch nie benutzt worden zu sein und ist heute morgen ebenfalls leer.

Dr. Wiemann und ein technischer Mitarbeiter – beide in grünen Kitteln, die immer nur einmal benutzt und danach vernichtet werden – arbeiten stehend an dem Rolltisch, auf dem Bachmanns Leichnam hereingefahren worden ist. Auch Staatsanwalt Schulte steht, der dieser Untersuchung kraft Amtes und von Rechts wegen beiwohnen muß. Das schreibt das Gesetz vor. Er hat das Wirken von Gerichtsmedizinern häufig miterlebt und verfolgt es mit ausschließlich sachlichem Interesse.

Berger begrüßt den Staatsanwalt mit Handschlag und die Grünkittel mit lautem «Guten Morgen!» Einer Berührung müßten sie ja sowieso ausweichen. Sie grüßen zurück. Dr. Wiemann, der die Untersuchung leitet, ist ein alter Bekannter des Hauptmanns. Er ruft gleich herüber: «Noch nichts, was über die Diagnose der bulgarischen Kollegen hinausgeht, Albrecht. Vielleicht später. Bis jetzt …» Er winkt ab und wendet sich neuerlich dem Toten zu. Über die Schulter sagt er noch: «Eine ganze Menge oberflächlicher Verletzungen. Aber alle diese Abschürfungen können ganz natürliche Ursachen haben. Ein Sportler wie dieser Bachmann hat bestimmt an einem Wasserskikurs teilgenommen. Das habe ich am Schwarzen Meer selbst getan. Ich bin unzählige Male dabei umgekippt. Irgendwann passiert das jedem, und wenn einen das vom schnell fahrenden Motorboot gespannte Seil streift ... Das kann davon herrühren.» Er deutet auf Bachmanns Füße und spricht gleich weiter: «Er ist getaucht. Mit Schwimmflossen. Deren Halterungen hinterlassen mehr oder minder ausgeprägte Druckstellen oder scheuern. Angenommen, da gab es eine Fischreuse ...»

«So was befand sich dort nicht», fällt ihm Berger konzentriert ins Wort. «Die Miliz hat Taucher eingesetzt, um festzustellen, ob es im fraglichen Bereich Hindernisse gebe, die weiteren Urlaubern gefährlich werden könnten. Sie haben gründlich und lange gesucht, ohne etwas Entsprechendes zu entdecken. Sie sollten Gefahrenquellen beseitigen, aber sie kehrten mit leeren Händen zurück.»

Darauf kann Dr. Wiemann ihn nur noch bitten, Geduld zu haben. Falls es Spuren einer gewaltsamen Einwirkung durch Dritte gebe, würden sie gefunden werden. Nur nicht im Handumdrehen. Auf Bergers Frage, ob es störe, wenn er mit seinem Mitarbeiter spreche, entgegnet der Arzt, seinetwegen könnten sie singen oder reden, soviel sie wollten, nur ihn möchten sie fürs erste in Ruhe lassen.

Der Staatsanwalt stellt den beiden anheim hinauszugehen. Es genüge ja, wenn er anwesend wäre. Er werde sie rufen, falls Entdeckungen gemacht würden, die von Belang für die nächsten Ermittlungen seien. Berger bedankt sich.

«Das originale Milizmaterial, das ich mir zusätzlich zu dem VP-Durchschlag habe kommen lassen, ist sehr aufschlußreich», fängt der Hauptmann draußen gleich an. «Und sehr vollständig – Ereignisortskizzen, Fotos, Protokolle und Berichte. Alles! Übrigens ist Doktor Bachmanns am Ufer zurückgelassene Habe Stunden nach der Entdekkung seines Leichnams am Strand von spielenden Kindern gefunden worden. Die haben sie abgeliefert. Nicki und Hose. Sandalen. Eine Fototasche mit zwei unbelichteten ORWO-Chrom-Schmalfilmkassetten, einem Staubpinsel und so weiter. Keine Kamera.»

Daß er die ja wohl bei sich gehabt haben werde, meint Mahnau. Er habe doch ein Unterwassergehäuse dafür besessen, und im Institut sei gesagt worden, Bachmann wäre darauf aus gewesen, im Urlaub das «Innenleben» des Schwarzen Meeres zu filmen. Wenn die Miliz aber Taucher eingesetzt habe, die den Unfallbereich absuchten, hätten sie dabei nicht den Bachmann entglittenen Apparat finden müssen? Die Unterwassergehäuse, die er, Mahnau, bisher im «Filzlatschenkino» und auch beim Gebrauchtwarenhandel gesehen habe, wären immer ziemlich kompakte Geräte gewesen, meist mit Stabilisierungsflügeln für ruhige Bewegung und dergleichen ausgestattet ... Schwer vorstellbar, daß ein solches Monstrum der Aufmerksamkeit hätte entgehen können.

«Sie haben es nicht gefunden», stellt Berger klar. «Es wird mit keiner Silbe erwähnt. Die Stelle, an der der Tote an Land getrieben war und von Urlaubern bemerkt wurde, ist ein gutes Stück von jener entfernt, an der er ins Wasser gegangen sein muß, weil er dort seine Sachen abgelegt hatte. Deshalb wurden diese auch erst später gefunden. Zumal sie abseits des eigentlichen Badestrandes lagen. Ich kann mir vorstellen, daß er den Punkt wählte, weil er ein Biotop suchte, in dem Schwimmer nicht fortgesetzt Unruhe erzeugten. Schade, daß Sie keinen Tauchsport betreiben.»

Der behäbige Mahnau besitzt gar keine sportliche Ambitionen und läßt es dabei bewenden, die zum Dienst gehörenden Trainingsstunden durchzustehen. Das genügt ihm vollauf. Zur Welt der Taucher hat er keinen Zugang. Sie lockt ihn auch nicht. Was er davon weiß, weiß er ausschließlich vom Bildschirm. Und der zeigt Taucher gewöhnlich submariner Forschungen wegen oder im Zusammenhang damit, nicht aber des Tauchens wegen. Das heißt, seine einschlägigen Kenntnisse sind nicht größer als die jedes anderen Laien.

Sie werden gerufen und kehren in den gekachelten Raum zurück. Dort dauert die Oberflächenuntersuchung nach wie vor an.

Doch Dr. Wiemann scheint fündig geworden zu sein. Sie sehen ihn, über die Beine des Toten gebeugt, ein Stück glasklare Folie in Knöchelhöhe auflegen, andrücken und behutsam wieder abziehen. Damit geht er zu dem gemauerten Schreibtisch. Ein Mikroskop steht da. In das führt er den Objektträger ein, setzt sich und macht Licht. «Das ist ganz interessant, Albrecht», wirft er hin, ohne sich nach dem Angesprochenen umzudrehen. «Am rechten Bein gibt es außer der Druckspur einer Schwimmflosse eine weitere. Sie ist nicht so breit wie die andere, sondern ganz schmal. Das könnte von einem dünnen Seil herrühren, das sich tief eingeschnitten hat. Erstaunlich tief. Als hätte dieser Mann daran ein schweres Gewicht mit sich geschleppt. An einer Art Schlinge, denn der Abdruck geht rund herum. So, als hätte sich die Schlinge zugezogen.»

«... und hätte ihn mit dem bewußten Gewicht unter der Wasseroberfläche gehalten, bis der Tod durch Ertrinken eingetreten ist», mutmaßt Berger.

«Schlußfolgerungen ziehen müßt ihr», enthält sich der Gerichtsmediziner einer Zustimmung. «Ich habe nur das Erkennbare festzustellen. Und erkennbar ist, daß jenes Seil einen Durchmesser von etwa eins Komma acht Millimetern gehabt hat.» Während er an den Stellschrauben des Mikroskops dreht, fährt er fort: «Wie sich's hier darstellt, hat der Tote das Seil nicht mehr mitgeschleppt, als er angetrieben worden ist.»

«Möglicherweise war die Belastung zu groß, und die Schlinge ist aufgegangen», denkt Mahnau laut.

Berger weist ihn sofort zurecht. «Bei einem richtigen

Knoten wäre eher das Seil gerissen und die Schlinge noch dagewesen. Es bleibt noch die Variante, daß sie entfernt wurde, nachdem Doktor Bachmann tot war. Um die Spur zu tilgen.» Er sieht dabei zu Dr. Wiemann.

Der scheint das zu spüren und wendet für einen Moment den Kopf. «Warum blickst du mich an? Du bist der Rechercheur, nicht ich.» Er bittet seinen technischen Helfer, Fräulein Reuter mit ihrer Kamera zu holen. «Was ich tun kann, Albrecht, ist den Druck zu berechnen, mit dem das Seil – der Materialstruktur nach offenbar ein sogenanntes Gleichschlagseil – das Opfer belastete und dieses möglicherweise unter Wasser hielt, bis der Tod eintrat. Unterdruckmessung. Erweist sich dieser Druck als zu gering dazu ...»

Sie wissen alle, was er sagen will, obwohl er seinen Satz nicht beendet. Stellt sich heraus, daß der ausgeübte Druck nicht ausgereicht hat, Bachmann unter der Wasseroberfläche zu halten, hat jenes Seil, auf welche Weise auch immer es an Bachmanns Knöchel gelangt sein mag, nicht ursächlich seinen Tod herbeigeführt.

Eine Frau mit braunem Haarknoten kommt herein, brummt etwas, das ein Gruß hätte sein können, und befestigt mit vielgeübten Handgriffen die Spezialkamera zu Aufnahmen durchs Mikroskop. Was dieses ersichtlich macht, muß dokumentiert werden. Es könnten Beweismittel sein. Dann läuft der Kameraverschluß mit anhaltendem Surren. Plattenwechsel. Dasselbe noch einmal.

«Gegebenenfalls stand das Opfer zum Zeitpunkt der Druckausübung unter dem Einfluß eines Toxikums und seine Widerstandskraft war vermindert», gibt der Staatsanwalt zu bedenken. «Das wäre ein Punkt ...»

«Natürlich, Genosse Schulte», pflichtet Dr. Wiemann bei. «Aber wir sind noch bei der Oberflächenuntersuchung.»

So wortlos, wie sie gekommen ist, geht die Frau mit der besonderen Kamera wieder. Sie wird noch mehrfach gerufen werden. Fürs erste hat sie das Notwendige getan.

Albrecht Berger reibt sich das Kinn. Da gibt's eine Stelle,

über die er beim Rasieren zu leicht hinweggegangen ist. Ein paar Stoppeln sind geblieben, ganz kleine nur, aber störende. Sie kommen ihm nur flüchtig zu Bewußtsein. Er denkt, Staatsanwalt Schulte verfahre selbstverständlich korrekt, wenn er alle möglichen Wahrscheinlichkeiten untersucht sehen will. Darauf zu achten, daß das geschieht, ist seine Pflicht. Die Justiz braucht exakte Ergebnisse. Bloße Vermutungen nutzen ihr nicht. Aber … «Hältst du persönlich für wahrscheinlich, daß Bachmann mittels dieser Schlinge umgebracht wurde?» fragt er plötzlich.

Dr. Wiemann zieht die Brauen hoch. «Unverbindlich bis zum Ende der Obduktion, Albrecht?»

«Natürlich, alter Pedant. Vollkommen unverbindlich.»

Und der Gerichtsmediziner antwortet: «Rein theoretisch halte ich das für wahrscheinlich. Wenn nicht doch Barbiturate im Spiel waren … Aber wie's aussieht, ist der Druck dieser Schlinge so extrem hoch gewesen … Nun ja, der Todeskampf des Opfers einer- und der Gegenzug andererseits … Festlegen kann ich mich noch nicht, doch … Warte den endgültigen Befund ab.» Nun wendet er sich wieder seinem Helfer zu. «Ich öffne jetzt.»

Mahnau ist recht froh, daß sie gehen, bevor Dr. Wiemann weitermacht. Nur der Staatsanwalt bleibt mit eiserner Disziplin. Er tritt sogar näher an den Rolltisch heran, um besser sehen zu können. Vielleicht vermag er Emotionen auszuschalten und zugunsten sachdienlicher Beobachtung zu verdrängen. Mit Gefühlsaufwallungen ist kein Verbrechen aufzuklären.

«Wir wissen zumindest, daß der geäußerte Verdacht Hand und Fuß hat», sagt Berger, sobald sie draußen sind. «Und die Richtung der Ermittlung scheint ebenfalls zu stimmen.» Er bleibt einen Moment stehen. Er verspürt das dringende Bedürfnis, sich eine Pfeife zu stopfen und ein paar Züge zu rauchen – hier an der frischen Luft unter einem blauen Himmel. Dieser Tag wird so heiß wie der vorige. Seine Wärme ist doppelt spürbar nach dem Verlassen der Kühle im Raum mit den Kacheln ringsum. «Nehmen Sie die Arbeit dort wieder auf, wo Sie sie gestern der späten Stunde wegen abbrechen mußten», antwortet er nur. «Ich fahre hinaus zu Frau Bachmann. Sie sehe ich später in der Dienststelle. Also ...» Und geht zu seinem Wagen.

Der Fahrer vertreibt sich die Zeit mit 'ner Rätselzeitung. Die legt er nun weg und stößt von innen die Tür auf. «Wohin jetzt, Genosse Berger?»

Mahnau ist Selbstfahrer. Sein Wagen setzt sich fast gleichzeitig mit dem seines Chefs in Bewegung. Das äußerlich sehr still wirkende, wie verschlossene Haus des Gerichtsmedizinischen Instituts bleibt zurück. Alte Bäume stehen davor. Es hat lange nicht geregnet. Die Blätter sind grau von Staub. Sie dürsten.

Jansen, der Mann mit dem rotweißen Motorboot, ist am späten Vormittag immer noch auf dem Wasser unterwegs. Die Gründe dafür sind anderer Natur als bei seiner Fahrt zur Bootswerft Meyer. Jetzt ist er nicht mehr der Mann, der als Agentenführer eines ausländischen Geheimdienstes agiert, um angeworbene Handlanger mit Drohungen und Versprechungen bei der Stange zu halten, Aufträge zu verteilen und Lösungswege für aufgetauchte Probleme zu suchen. Jetzt «macht er Putz», wie das in den Kreisen heißt, in denen Stefan Murzick vor seiner Festnahme auf dem Bahnhof Friedrichstraße verkehrt hat. Das bedeutet, daß Jansen damit beschäftigt ist, an dem Bilde des fleißigen, gewissenhaft arbeitenden Handwerkers, ein alltägliches Leben führenden Mannes zu bauen, als der er sich nach außen hin darstellt – eines Mannes ohne Geheimnisse, eines Bürgers unter vielen, eines redlichen, wohlgelittenen und betriebsamen Zeitgenossen. Ohne das geht nichts in seinem zwielichtigen eigentlichen Gewerbe, und so hat er jahrelang beharrlich darauf hingewirkt, daß «sein Putz steht». Bisher hat sich das ausgezahlt.

Er besucht Kunden, nimmt ihre Wünsche zur Kenntnis,

sagt alsbaldige Reparaturen an bestehenden Anlagen mit Defekten zu und macht Vorschläge, wo neue erwünscht sind. Dabei ist er freundlich und zuvorkommend, hilfsbereit und verständnisvoll, entwickelt Ideen und ist immer zu einem Witz aufgelegt. Dies ist ein ganz anderer Mensch als jener, der im Umgang mit Murzick hart und erbarmungslos aufgetreten ist. «Putz» ... Die Leute, die er heute aufsucht, mögen ihn alle.

Jansen hat seine Besuchsliste für diesen Vormittag so zusammengestellt, daß sich das Notwendige mit dem Angenehmen verbinden läßt: Betriebe und Läden, Werkstätten und Kaufhallen, die nahe am Wasser liegen und die er mit dem Boot erreichen kann. Hier und da ein paar Minuten Fußweg oder eine kurze Straßenbahnfahrt nimmt er in Kauf. Letztlich bezahlen die Kunden seine Wegezeiten nachher mit.

Eben noch hat er mit wenigen Handgriffen den für ihn als Fachmann mühelos erkennbaren Schaden einer Anlage gleich repariert. Ja, rief da der Inhaber begeistert aus, wenn nur alle Handwerker so wären wie er! Da ginge es rundum viel schneller voran, mit weniger Ärger und mehr Zufriedenheit. Dazu hat Jansen zustimmend genickt, im übrigen jedoch behauptet, daß alle schon täten, was sie könnten. Er hinterließ wieder mal einen guten Eindruck.

Jetzt aber fährt er an eine Ufergaststätte heran und macht sein Boot an deren Anlegesteg fest. Andere Fahrzeuge liegen schon da, ein «Delphin»-Faltboot mit viel Kinderspielzeug an Bord links, rechts eine betagte Wanderjolle mit anscheinend neuem Mast. Wasserwanderer legen hier gern an, um im Restaurantgarten direkt am Wasser ein erstes oder zweites Frühstück einzunehmen. Da ist es schattig, vor einem ziehen zwar bettelnde, aber sonst ganz majestätische Schwäne vorbei, und auf der nahen Regattastrecke ist meist etwas los. Auch heute trainieren dort Ruderer in Doppelzweiern. Männer aus dem nahen Sportlerheim sind es wahrscheinlich mit ihrem Trainer, der ihnen vom mitfahrenden

Motorboot aus Anweisungen erteilt. Irgendein unsportlicher Typ an Land sagt laut, wenn er noch einmal auf die Welt kommen sollte, werde er Trainer – gemütlich im Motorboot sitzen und die Jungs vollappen, die sich schinden, das wäre genau seine Kragenweite! Nun ja …

Jansen hört's auch und lacht über die von Sachkenntnis ungetrübte Bemerkung, während er zur Telefonzelle unmittelbar am Anlegesteg geht. Die ist neu, ihre Errichtung wohl eine Art Kundendienst der Post für Berlins Wassersportler. Immerhin – in der Hauptstadt allein sind mehr als sechzigtausend Sportboote registriert …

In der Zelle hat Jansen gleich wieder den selbstbewußten, arrogant eingefärbten Ton, den er Murzick gegenüber glaubt anschlagen zu müssen. Er macht das aber verbindlich, ist höflich und redet gut zu. Keine Spur von Drohung, eher Besänftigung. Jansen spricht nicht mit einem Mann, der Wachs in seinen Händen, sondern mit einem, auf dessen bereitwillige Mitarbeit er angewiesen ist. Der nicht verärgert und schon gar nicht verunsichert werden darf. Das am wenigsten. «Ich verstehe Sie ja vollkommen», versichert er. «Diese Panne macht mich so ungehalten wie Sie. Sie haben recht, so was ist eigentlich unverzeihlich. Andererseits … Bedenken Sie die Kürze der Zeit! Da war nicht mehr drin als eine Hau-Ruck-Aktion. Zum Glück ist mit ihrem Scheitern noch so gut wie nichts verloren. Das wollen wir auch nicht vergessen. Und jetzt, darauf können Sie sich verlassen, habe ich die Sache voll im Griff. Wäre es Ihnen gestern möglich gewesen, mich zu verständigen, befänden sich die ‹Schnürsenkel› bereits in meinem Besitz … Natürlich mußte erst bekannt werden, wohin sich die besagte Frau fahren ließ, keine Frage! … Das ganze Institut weiß es inzwischen? Um so besser! Wenn allen bekannt ist, wohin sie mit ihrem gesamten Gepäck gefahren ist, hätte nachher praktisch jeder die Möglichkeit besessen … Und irgendwo draußen in der Abgeschiedenheit macht es viel weniger Umstände, in den Besitz der Filmchen zu kommen.

Die Sache ist schon gelaufen, so gut wie … Für Sie besteht nicht der geringste Anlaß zur Beunruhigung. Dafür bürge ich!» Jansen gibt den Hörer von einer Hand in die andere. Vor der Zelle erscheinen nun zwei Mädchen in Shorts und hautengen Pullovern. Sie wollen telefonieren. Jansen lächelt ihnen zu und gibt mit einer Geste zu verstehen, sein Gespräch sei gleich beendet. Das Lächeln bleibt, während er weiterspricht, ohne daß sich sein Ton im geringsten ändert. So ermahnt er den Mann am anderen Ende der Strippe, ja seinerseits auf jegliche Husarenritte zu verzichten und sich vielmehr still zu verhalten. Was getan werden müsse, werde von Leuten ausgeführt werden, die sich auf derlei besser verstünden. Er, der Angerufene, bleibe da vollkommen raus. Ob es ihm die Umstände, unter denen er fernspreche, gestatten würden, die Adresse von Madame durchzusagen.

Die Umstände erlauben das.

Jansen schreibt sich nichts auf. Er wiederholt auch nicht. Einmaliges Hören genügt ihm. Er beendet das Gespräch und macht die Tür weit auf. Noch immer hat er das Lächeln und dazu einen bewundernden Blick für die langbeinigen Grazien, die sich hineindrängen. Sie bemerken es und ignorieren ihn. Gott, sie wissen, daß sie hübsch sind, und es gehört sich für Männer, das wahrzunehmen.

8.

Erschöpft und voller Traurigkeit, hat Jennifer Bachmann schließlich doch geschlafen. Nach Reik Arnolds Abfahrt gestern abend war sie zunächst noch stundenlang wach gewesen. Sie hat sich hingelegt und ist wieder aufgestanden. Eine Weile saß sie auf der Terrasse, ging durch den Garten und empfand dabei ihre Verlorenheit doppelt stark. Die Nacht war leise, aber nicht geräuschlos. Überdeutlich klangen von der Eisenbahnlinie die Geräusche fahrender Züge herüber. Manchmal raschelte es in den Hecken, einmal gab es das schlaftrunkene Piepen eines offenbar aufgewachten Vogels. Immerzu fuhren weitab Autos. Einmal leuchteten auf dem Zaun die grünen Augen einer Katze auf nächtlicher Pirsch. Zusammengeschreckt war Jenny, als auf dem nicht weit entfernten Kanal plötzlich ein Schiffshorn warnend aufbrüllte. Ganz kurz nur, doch durchdringend. Eine rastlose, eine von vielfältigem Leben erfüllte Nacht. Jennifer war, weil sie die Ruhe nicht fand, die sie suchte, endlich hineingegangen und hatte noch das Kaffeegeschirr abgewaschen. Nur, um sich irgendwie zu beschäftigen.

Der Schlaf, den sie endlich fand, war zu tief und bleiern gewesen, um wirklich zu erquicken. Jenny stand so erschöpft auf, wie sie sich hingelegt hatte. Auch ihre Unrast war gleich wieder dagewesen. Die versuchte sie mit einer Menge alltäglicher Verrichtungen und Handgriffe zu betäuben. Auch dadurch, daß sie sich über den Zaun von jenem alten Mann, der gestern seinen Rasen mähte, lang und breit von seinen Kaninchen erzählen ließ. Davon, wie er sie füttert und welch schönes Zubrot ihm, dem Rentner, der Verkauf schlachtreifer Exemplare an eine Aufkaufstelle in der Stadt bringt. Immer mehr Leute wüßten zartes Kaninchenfleisch zu schätzen, versicherte er, und ihm tue es gut, auf seine alten Tage eine Beschäftigung gefunden zu haben, die Spaß mache. Er sei schon immer gern mit Tieren umgegangen. Wenn die junge Frau mal einen besonders schönen Braten wolle – ein Wort über die Gartengrenze hinweg genüge … Klingers machten das auch so … Ach ja, und ob denn ihr Mann noch arbeiten müsse und später nachkomme … Da hat sie eine ausweichende Antwort gegeben. Bloß nicht wieder alles von vorn!

Sie rettete sich in die Behauptung, einkaufen zu müssen, nahm einen Beutel und machte sich wirklich auf den Weg. Den Bus ließ sie vorbeifahren und lief. Als sie am Papiergeschäft vorüberkam, fiel ihr ein, daß sie Karten schreiben und Verwandten und Freunden Georgs Ableben mitteilen müsse. Ihr graute vor dieser bitteren Pflicht. Aber ihr entziehen konnte und wollte sie sich nicht. Sie wählte lange im Angebot, und als sie der alten Frau hinter dem Ladentisch die schwarzgerandeten Umschläge hinlegte, kamen ihr wieder die Tränen. Sie war machtlos dagegen. Die Ladeninhaberin schien es nicht wahrzunehmen, aber als sie Wechselgeld herausgab, sagte sie leise und gütig: «Ich bin schon seit dem Kriege allein, Frau … Zuerst will man's nicht wahrhaben, aber das Leben geht weiter. Man lernt, sich einzurichten.»

Nachher ist Jennifer zur Post gelaufen, doch die wurde an diesem Tage in der kleinen Stadt erst nachmittags geöffnet. Keine Leute, und noch dazu Urlaubszeit. Und in der öffentlichen Fernsprechzelle kein Apparat für Selbstwählferngespräche. Da hatte sich Jenny zum Bahnhof gewandt und war von Susanne Drechsler in den Schalterraum gelassen worden.

Das stämmige mittelblonde Mädchen mit dem prachtvollen Sattel von Sommersprossen auf der Nase hatte volles Verständnis dafür, daß Jenny wissen wollte, ob Georgs sterbliche Hülle bereits nach Berlin überführt sei und wann er beigesetzt werden könne. Susanne besitzt viel Ähnlichkeit mit ihrer Mutter, und die ist nicht nur äußerlich. Sie hat genickt, Jennifer den Basa-Apparat für ausschließlichen Dienstgebrauch und einen anderen mit Anschluß ans öffentliche Netz gezeigt und erklärt, sie müsse erst die Null und nach dem Ertönen des Amtszeichens die Berliner Vorwahlnummer wählen. Ob sie wisse, welchen Anschluß …?

Jennifer Bachmann brauchte nicht im Telefonbuch nachzuschauen. Der Milizoffizier, der ihr am Slantschev Brjag erklärt hatte, die Überführung werde von seiner Dienststelle in Abstimmung mit der Deutschen Volkspolizei vorgenommen und dorthin müsse sie sich zu Hause wenden, war so freundlich gewesen, ihr die Rufnummer des Präsidiums an der Spree herauszusuchen und aufzuschreiben. Auf eine zurückhaltende, ritterliche Weise anteilnehmend und hilfsbereit war er. Er flößte Vertrauen ein.

Während Jenny telefonierte, hatte Susi am Schalter alle Hände voll zu tun. Kurz nacheinander würden gleich zwei Personenzüge aus entgegengesetzten Richtungen ankommen und halten. Karten wurden verlangt, Auskünfte über Anschlüsse abgefordert, Fahrpreise nach entfernten Zielorten erfragt. Alltag für die junge Frau in der blaugrauen Uniformbluse. Was Jenny sagte, hörte sie erst, als Jennifer lauter wurde.

«Aber Sie müssen mir doch mitteilen können, wann ich … Ich frage ja nicht aus Langeweile. Ich muß ein Bestattungsunternehmen beauftragen, zum Friedhof gehen, Menschen verständigen», erklärte sie erregt. «Das ist alles nicht im Handumdrehen gemacht, das wissen Sie so gut wie ich. Und Sie müssen doch übersehen können …»

Schweigen. Offenbar hatte der Offizier jenseits der Leitung eine längere Erläuterung gegeben. Deren Wirkung war, daß Jenny nur noch ein paarmal «Ja» und schließlich «Danke» äußerte. Als sie auflegte, war sie Susanne noch verstörter vorgekommen als bei ihrem Eintreten. Sie lehnte am Schreibtisch mit den Telefonen und starrte zum geöffneten Fenster hinaus auf den Bahnsteig. Aber wahrscheinlich nahm sie gar nicht wahr, daß der sich allmählich mit Leuten füllte. Sie schien irgendwie abwesend zu sein.

Susanne hatte einen Moment Luft gehabt und war mit der besorgten Frage nähergetreten: «Schlechte Nachrichten?» Sie mag Jennifer Bachmann. Manchmal wünscht sie sich heimlich wohl auch, so schlank zu sein und so elegant wirken zu können wie jene, die nicht viel älter ist. Das müßte schön sein. Aber eine solche Überlegung würde ihr nie über die Lippen kommen.

Jenny hatte sich zu ihr umgewandt und mit spürbarer Anstrengung erwidert: «Ich erhalte eine amtliche Mitteilung, wann ich meinen Mann beerdigen darf. Er ist bereits in Berlin. Bei der Gerichtsmedizin. Warum denn nur? Es wurde doch schon in Bulgarien zweifelsfrei festgestellt, daß er ertrank. Und nun noch einmal …» So abrupt, wie sie abbrach, setzte sie neu an: «Dann hat er noch gesagt, der Vorgang – genau so: Der Vorgang wäre von einer anderen Dienststelle übernommen worden, und die werde sich mit mir in Verbindung setzen. In den nächsten Tagen. Ach, Susi! Was soll ich denn bloß machen? Ich verstehe das alles nicht mehr!»

Das hatte soviel Qual und Ratlosigkeit gehabt, daß Susanne Drechsler nichts zu erwidern wußte. Wie gestern Frau Klinger hatte heute deren Tochter Frau Bachmann einfach in die Arme genommen und festgehalten. Jemanden spüren zu lassen, daß er nicht so allein ist, wie er sich fühlt, kann mehr sagen als viele Worte.

«He, junge Frau! Kundschaft im Laden», war schließlich vom Schalter her gelärmt worden. Da hatte sich Susanne behutsam von Jenny gelöst, sie auf den Schreibtischstuhl niedergedrückt und erklärt, sobald der LVT durch sei, herrsche erst einmal Ruhe, und dann würden sie miteinander eine Tasse Tee trinken und reden. Der als Schienenomnibus eingesetzte Leichtverbrennungstriebwagen erscheine unmittelbar nach dem gerade einlaufenden Personenzug ... Auf Bahnsteig zwei.

Sie haben Tee getrunken und sich bei dem gut gemeinten Gespräch immer im Kreise gedreht, aber ... Jennifer hat den kleinen, burgartigen Bahnhof aus der Gründerzeit ruhiger verlassen, als sie ihn betreten hat. Das war Susannes Verdienst. Praktischen Sinnes und weit unbefangener als Jenny, hatte sie dieser zu bedenken gegeben, daß eine zweite Untersuchung gewiß nicht aus heiterem Himmel angesetzt worden wäre. Dafür müsse es ebenso stichhaltige Gründe geben wie dafür, daß sich jetzt die andere Dienststelle – und das könne doch nach Lage der Dinge nur das Ministerium für Staatssicherheit sein – mit dem Tode von Schorsch befasse. Und sei es nicht jedem, der davon hörte, höchst eigenartig vorgekommen, daß ein Schwimmer wie Bachmann ertrunken sein sollte?

«Ich», hatte sie geschlossen, «würde erleichtert sein, Jenny, und wollen, daß bis auf den Punkt aufgedeckt wird, wie es zu dem kam, was jedem vernünftigen Menschen unvorstellbar erscheint. Und daß, wenn es etwa ein Verbrechen war – und das müssen sie ja wohl vermuten –, die Schuldigen gekriegt werden. Liegt dir daran nicht?»

Doch, daran liegt ihr. Der von Susi aufgeworfene Gedanke, neu, erregend und von großer Überzeugungskraft, verwirrt zwar, aber er befreit auch von einem Teil der Hilflosigkeit angesichts unfaßbaren Geschehens. Was sich erklären läßt, ist weniger schrecklich. Freilich, die Motivation für ein Verbrechen an Schorsch will ihr nicht einfallen, als sie sich auf den Weg zurück zur Datsche macht. Doch das Nachdenken darüber beschäftigt sie und verdrängt ein wenig ihr lähmendes, alles beherrschendes Trauern.

Ein paar Wochenendhäuschen weiter steht ein zitronengelber «Wartburg». Jennifer beachtet ihn nicht. Besuch für irgendwen, der just einer Besorgung wegen nicht da ist. Aber als sie die Gartentür aufschließt, steigt ein Mann aus und kommt auf sie zu: ein Mann Ende vierzig, ein großer, breitschultriger mit etwas Grau an den Schläfen. Als er sie anspricht und sie sich zu ihm wendet, fallen ihr zuerst seine ruhigen, freundlichen Augen auf. Die weichen ihrem Blick nicht aus, die suchen ihn.

«Frau Bachmann», vergewissert er sich. Aber es ist mehr eine Feststellung als eine Frage, denn er fährt gleich fort: «Guten Tag. Mein Name ist Berger. Ich bin gezwungen, Ihnen ein paar Fragen zu stellen. Bitte, glauben Sie mir, daß es mir nicht darum geht, alles wieder aufzuwühlen, was Sie schon hinter sich haben. Ich komme zu Ihnen, weil ich Ihre Hilfe brauche.» Und weist eine Legitimation vor.

Seltsamerweise fühlt Jennifer etwas wie Erleichterung. Es geschieht etwas. Sie ist nicht länger zu niederdrückendem, zermürbendem Warten verdammt. Das würde doppelt schwerfallen nach der Vermutung der Klinger-Tochter, die sie bereits zu der ihren gemacht hat. Weil sie in ihren Augen weit mehr Wahrscheinlichkeit besitzt als die Annahme, ein «Fischmensch» wie Schorsch könne auf ruhiger

See einfach ertrunken sein. Sie öffnet die Tür und bittet einzutreten. Auf dem Wege zum Häuschen fragt sie gleich: «Sie vermuten ein Verbrechen, nicht wahr? Das tue ich insgeheim auch. Aber ich kann mir nicht vorstellen, warum und von wem es begangen worden sein sollte. Es ergibt keinen Sinn.»

Der Mann im sandfarbenen Sommeranzug nimmt ihr auf der Terrasse zuvorkommend ihren Einkaufsbeutel ab, damit sie zum Aufschließen die Hände frei hat. Es ist eine unaufdringliche, beiläufige Geste, aus ehelicher Gewohnheit geboren und mit Selbstverständlichkeit ausgeführt. Aber Jennifer berührt sie angenehm. «Hinsichtlich der Vermutung muß ich Sie berichtigen», sagt Berger. «Wir *wissen* inzwischen, daß Ihr Gatte Opfer eines Anschlages geworden ist. Es sollte nur aussehen, als ob er auf natürliche Weise gestorben wäre. Das Motiv ist noch unklar. Deshalb bin ich hier.»

Sie führt ihn in das große Zimmer und zu den Korbmöbeln, deren Alter Frau Klinger durch selbstgenähte Bezüge geschickt verborgen hat. Auf dem Tisch stehen die fünf Rosen in ihrer ganzen Pracht. Albrecht Berger beugt sich für einen Augenblick über sie, des herrlichen Duftes wegen. Auch das gefällt Jennifer. Es schließt sie mehr auf, als es bloßes kühles Funktionieren des Besuchers getan hätte.

«Es war also kein Unfall», wiederholt Jenny noch einmal. «Ein Verbrechen ... Ja ... So unbegreiflich es mir bleibt, es erscheint mir vorstellbarer als das andere. Ich habe versucht, mich damit abzufinden, aber ...» Sie schüttelt den Kopf und setzt sich, damit er auch Platz nehme. Er ist ein Mann, der sich zu benehmen weiß. Er würde sich nicht vor ihr setzen. «Wenn ich nur die geringste Ahnung hätte, wer ... Ich weiß nicht, wie ich Ihnen helfen soll.»

Das ist zugleich eine Frage.

So versteht es Berger auch. Er greift nach der großen kognakfarbenen Schultertasche, die er neben sich gestellt hat. Dieser entnimmt er ein Foto und legt es vor Jennifer hin, damit sie es betrachte und mitteile, ob sie die abgebildete männliche Person kenne.

Ein gutaussehender Mann in Glenscheck und mit Querbinder, mittleren Alters ... Intelligente, vielleicht etwas zu verschlossene Züge, gepflegter Oberlippenbart ... Das dunkle Haar früh gelichtet ... Im Augenblick der Aufnahme war der Mann damit beschäftigt, die Fahrertür eines Kabrioletts ausländischer Bauart zu öffnen ... Der entsprechende Grauton des Schwarzweißfotos legt die Vermutung nahe, daß die elegante Karosse hochrot lackiert ist.

Das Gesicht sagt Jenny nichts. Wer das denn sei, erkundigt sich sich.

«Er heißt Gerlich, Christian Gerlich», erwidert Berger bereitwillig.

Da beugt sich Frau Bachmann überrascht noch einmal über das Bild. Also so sehe der aus, dehnt sie die Worte.

«Der Name ist Ihnen geläufig?» schlußfolgert der Hauptmann folgerichtig.

Das bejaht sie. Persönlich kennengelernt habe sie Christian Gerlich nicht, fährt sie fort. Was sie von ihm wisse, habe ihr Schorsch erzählt. Der hätte mit Verachtung von diesem Menschen gesprochen, der ihm mehrmals über den Weg gelaufen sei. Nach dem, was ihr bekannt ist, hat Christian Gerlich gemeinsam mit ihrem Mann und einem Freund der Familie, Reik Arnold, Informationswissenschaft studiert. Mit Prüfungsergebnissen übrigens, die ihm alle Tore zu einer glänzenden Karriere aufgetan hätten. Aber eines Tages sei er von einer Dienstreise ins westliche Ausland nicht zurückgekehrt. Er war republikflüchtig geworden. Schorsch erfuhr später, daß Gerlich nun in Köln als Mitarbeiter einer privaten Wirtschaftsauskunftei lebe.

«Der ‹Secreta relata›. So nennt sie sich», bestätigt Berger diese Angaben. Und wartet.

«Mein Mann», spricht Jennifer weiter, «hat ihn mir gegenüber zum erstenmal erwähnt, nachdem dieser Gerlich versuchte, ihn abzuwerben. Das ist im Institut bekannt.

Schorsch hat unseren Sicherheitsbeauftragten, Herrn Doktor Reichert, über den Vorfall unterrichtet.»

Das sei ihm bekannt, erwidert Berger sogleich – und der Grund, weswegen er die Aufnahme mitgebracht habe. Dann möchte er erfahren, ob Dr. Bachmann gerade in letzter Zeit, möglicherweise sogar während des Urlaubs, noch einmal auf Christian Gerlich zu sprechen gekommen sei. Sie möge versuchen, sich genau zu erinnern.

Jenny mustert ihn überrascht. «Sie meinen, er könnte ebenfalls dort gewesen sein?»

«Am Schwarzen Meer sind Touristen aus aller Herren Länder, aus Ost und West», gibt der Hauptmann zu bedenken. «Es wäre nicht ausgeschlossen.»

Frau Bachmann ist sich sicher, daß Georg Christian Gerlich mit keiner Silbe erwähnt hat. Und: «Wenn dieser Mensch dort gewesen ist, hat er einen riesigen Bogen um Schorsch gemacht und es tunlich vermieden, ihm unter die Augen zu kommen. Nach der Abfuhr in Helsinki …» Die Erinnerung daran muß sie erheitern. Ein Funke Fröhlichkeit glimmt in ihren Augen. Sie lächelt sogar. Ein bißchen Stolz ist dabei. In dieser Sekunde sieht Berger, daß sie nicht nur eine schöne, sondern eine sehr schöne Frau ist. Plötzlich steht sie auf, bittet, Platz zu behalten und fragt, ob er Kaffee oder bei der Hitze lieber eine Cola möchte. Anderes Kaltes wäre nicht im Kühlschrank. Berger entscheidet sich für Cola, obwohl ihm diese Limonade eigentlich zu süß ist. Aber die Zubereitung von Kaffee dauert ihre Zeit, und Frau Bachmann antwortet gerade so aufgeschlossen.

Sie ist schon unterwegs in die Küche, spricht jedoch durch die offenen Türen weiter. «Das war eine Tagung von Informationswissenschaftlern, wissen Sie? Es ging wieder mal um Fragen der Anwendung des Thesaurus – das ist ein Sachwort- oder Sachwortgruppenverzeichnis – als Ordnungssystem für Bibliothekskataloge und Ausschnittarchive. So theoretisch-abstrakt das klingt, so nützlich und praxisorientiert ist es. Schorsch hatte auch einen Diskussionsbeitrag vorbereitet, soviel ich weiß. Nun ja. Und dort in Finnland lief ihm sein einstiger Kommilitone Gerlich wieder über den Weg.» Sie kehrt mit Gläsern und Flaschen zurück.

Letztere nimmt ihr Berger ab und schenkt ein. Das betrachtet Jennifer als selbstverständlich. Sie fährt fort zu erzählen. Alles, was sie mitzuteilen weiß, ist dem Hauptmann aus seinen Unterlagen bekannt. Aber für weitere Fragen muß er Jennifers Wissen um diese Dinge und ihre Haltung dazu kennen. Auf einmal scheint es ihr Freude zu bereiten, eine Situation zu rekonstruieren, in der sich ihr Mann auf eine für ihn typische Weise verhalten hat.

Daß Christian Gerlich an Georg herangetreten sei, als gebe es nichts Trennendes zwischen ihnen, ja, als fühle er sich als eine Art reicher und wohlwollender Verwandter gegenüber einem vom Schicksal Benachteiligten, beginnt sie. Gerlich habe gleich von jener Auskunftei gesprochen, bei der er aufgrund seiner Qualifikation sofort in eine leitende Position berufen worden sei. Wie gut es ihm gehe, hatte er geprahlt, und daß er einfach darauf bestehe, daß ihn sein ehemaliger Kommilitone besuche, damit sie in aller Ruhe auf die alten Zeiten anstoßen könnten. Weiterredend, war er auf die Chancen zu sprechen gekommen, die sich seiner Kenntnis nach einem Informator mit akademischer Bildung bei einer modernen Auskunftei böten. Das komplizierte Gefüge der Wirtschaft in einer marktorientierten Gesellschaft verlange hochspezialisierte Fachleute zur kontinuierlichen Beobachtung der mit dem Kredit in Wechselbeziehung stehenden Erscheinungen. Wie sollten die Kunden angesichts des Nebelvorhangs aus Reklame und Eigenwerbung, mit dem gerade Schwindelfirmen und Glücksritter Solvenz und Leistungsfähigkeit vortäuschten, Geschäftsverbindungen mit Erfolgsaussichten anbahnen, in trächtige Projekte einsteigen und Verluste vermeiden, nicht wahr, wenn ihnen nicht exakte und geprüfte Informationen vorliegen würden?

«Und von da an», spricht Jennifer Bachmann weiter, «ließ er dann die Katze aus dem Sack. Gerade die wachsenden Geschäftsbeziehungen zum Osten, sagte er, ließen Kunden immer häufiger nach dem Know-how, der materiell-technischen Basis und den Neuheiten bei DDR- und anderen osteuropäischen möglichen Partnern fragen. Man müsse sich diesen Anforderungen stellen, um konkurrenzfähig zu bleiben. Und am idealsten wäre es natürlich, dafür einen Mann wie Schorsch zu haben, der mit den Gegebenheiten hier von vornherein bestens vertraut wäre. Einem solchen Kenner und Könner böte seine, Gerlichs Auskunftei, ohne alle Umstände einen von Anfang an hoch bezahlten Job, wenn er zu ihr käme.» Sie macht eine Pause, um einen Schluck Cola zu trinken.

Das nutzt Berger zu der trockenen Erklärung: «Die ‹Secreta relata› ist nicht mehr die Auskunftei, als die sie im vorigen Jahrhundert gegründet wurde, Frau Bachmann. Die eigentliche Firma ist längst stärkeren Unternehmen der Branche erlegen. Was heute den alten Namen trägt, ist ein nicht mal gut getarnter Ableger des Bundesnachrichtendienstes, eine Scheinfirma zur Durchführung von Wirtschaftsspionage und -sabotage. Sie hat schon öfter eine Rolle in von uns geführten Ermittlungen gespielt. Aber ich wollte Sie nicht unterbrechen.»

Jenny nickt. «Was Sie wissen, war Schorsch schwerlich bekannt. Jedenfalls hat er mir gegenüber keine entsprechende Andeutung gemacht. Solche Kenntnis brauchte er auch nicht. Für ihn genügte, daß ihm Gerlich auf genau die Weise kam, die er ‹liebte›. Mit dem Argument nämlich, daß ihn seine Chefs mit Kußhand nehmen würden, weil Georg doch einen exklusiven Einstand mitbringe – in Gestalt seines Wissens um Projekte, Schwerpunkte und langfristige Planvorhaben unserer Wirtschaft.» Sie schaut den Hauptmann fragend an und ist nicht sicher, ob er über die Aufgaben ihrer Arbeitsstelle hinlänglich unterrichtet ist. «Sind Sie im Bilde?»

Er stellt unter Beweis, daß er es ist. So faßt er zusammen, daß das Institut für wissenschaftlich-technische Information der Volkswirtschaft eine Sammelstelle für neueste Forschungsergebnisse, Verfahrensunterlagen und Technologien ist. Es dient mit der gezielten Weitergabe dieses Materials als einer Bündelung von Wissen an entsprechende Nutzer dem bestmöglichen Einsatz aller Ressourcen ebenso wie der Erzielung effektivster Arbeit in den Betrieben mit dem Ziel, die ökonomische Basis für das Wachstum des gesellschaftlichen Vermögens und damit des Wohlstandes der Gesamtbevölkerung zu erweitern.

Ja, diese Kurzfassung trifft den Kern. Da kann sich Jennifer umständliche Erklärungen ersparen und zu ihm als zu einem Kenner der Materie sprechen.

«Als Gerlich von dem erwähnten Einstand zu sprechen begann», nimmt sie ihren Faden wieder auf, «war mein Schorsch schon auf der Palme. Er hat Leute wie diesen Menschen, der da in Helsinki große Bogen spuckte, immer tief verachtet. Und gehaßt – das ist kein zu großes Wort für seine Einstellung zu ihnen. Hier, sagt er, haben sie auf Kosten schwer arbeitender Mitbürger ein teures Studium absolviert und es als selbstverständlich angesehen, daß sie Stipendien dazu erhielten. Sie haben Erwartungen geweckt, mit Lippenbekenntnissen Vertrauen erschlichen – und dann das Weite gesucht. So sah er das. Solche sind für meinen Mann ehrlose Lumpen gewesen. Treibgut. Muster ohne Wert. Allein das Ansinnen, wie sie zum Verräter zu werden, hat er als ungeheure Beleidigung empfunden. Wofür hielt ihn Gerlich denn?» Sie trinkt wieder von der süßen Limonade. «Er hat mir erzählt», setzt sie dann neu an, «daß der Werber in einer ganz typischen Haltung vor ihm gestanden habe. Einerseits hätte er Selbstbewußtsein, selbstgefällige Ruhmredigkeit und demonstrativen Glauben an die Vortrefflichkeit der Welt vorgeführt, für die er sich entschieden hatte. Andererseits sei ihm, je länger er redete, um so deutlicher Furcht davor anzumerken gewesen, denen, in deren

Namen er warb, einen Mißerfolg melden und vor ihnen als Versager dastehen zu müssen.» Jennifer winkt ab. Sie ist nicht sicher, sich in diesem Punkt verständlich ausgedrückt zu haben. «Das war Schorschs Eindruck. Als wäre der großsprecherische Herr immer kleiner geworden, sei es gewesen, meinte er. Immerhin ist Gerlich bei jener Tagung nicht mehr in Erscheinung getreten, nachdem ihm mein Mann laut seine Meinung gesagt hat. Dies hat er hinterher mit Genugtuung erzählt. Ich kann mir den Auftritt lebhaft vorstellen, Herr Berger. Herzdrücken kannte Georg Bachmann nie. Und daß er mit seinen Ansichten hinter dem Berge hielt, habe ich nicht erlebt. Auch nicht, was seine Auffassungen von Treue und Pflicht anging. Er stand dazu.» Nun sieht sie zum Fenster hinaus in den Garten. Über dem flimmert die Luft jetzt wieder. Auf dem Rasen hüpft eine Amsel. Aus ihrem Schnabel hängt ein ganz kleiner Wurm. Wie emsig der kleine gefiederte Jäger ist ... «Natürlich hat ihm auch manchmal etwas nicht gefallen», spricht Jenny leiser weiter. «Wer findet niemals einen Grund zum Meckern? Ihn ärgerte vor allem, wenn's mal wieder nicht so schnell vorwärtsging, wie wir's uns wünschten. Aber am Ende» – sie schaut wieder zu ihrem Gegenüber – «hat er dann, wenn die Luft raus war, geseufzt und gesagt, das müßten wir eben ändern. Denn wenn wir's nicht selbst täten, würden es schwerlich andere für uns tun. Und hat noch mehr gearbeitet. Ich kann leider nicht ausdrücken, wie glücklich er war, wenn sich Erfolge einstellten, an deren Zustandekommen das Institut Anteil hatte. Dann hatte sich für ihn alles gelohnt.»

Albrecht Berger ist ein aufmerksamer Zuhörer. Es ist ein Unterschied, einen Vorfall wie diesen aus um Sachlichkeit bemühter Darstellung des Betroffenen zu erfahren oder aus Frau Bachmanns engagierter Schilderung. Die gibt ein plastischeres Bild als nüchterner Text. Der Hauptmann sieht Dr. Bachmann gleichsam deutlich vor sich. Ja, er ertappt sich bei einem Bedauern, den Mann zu dessen Lebzeiten nicht kennengelernt zu haben. Sie hätten sich wahrscheinlich ohne viele Umstände gut verstanden. Schade …

In das entstehende Schweigen hinein fragt Jennifer unvermittelt, ob Berger rauchen wolle. Dann möge er sich keinen Zwang antun. Zigaretten könne sie zwar nicht anbieten, da sie so wenig rauche, wie es Georg getan habe, aber Vater Klingers Ascher sei da. Wenn andere rauchten, störe es sie nicht. Nein, und Pfeifenrauch kenne sie durch ihren Vater. Sie geht auch gleich, einen Ascher zu holen. Da hat Berger bereits seine Pfeifentasche in den Händen.

Dann kommt Jenny von allein auf eine frühere Frage des Besuchers zurück. Wenn in Bulgarien Gerlich oder ein anderer Vertreter seiner Coleur an ihren Mann herangetreten wären, wüßte sie das, betont sie. Auch, wenn ihm der Werber nur über den Weg gelaufen sei. Davon würde Schorsch erzählt haben. Es hätte keine Geheimnisse zwischen ihnen beiden gegeben, schon gar nicht in Fragen wie dieser. Und weil die Erinnerung an solche Gemeinsamkeiten anrührend und der Gedanke an deren Verlust schrecklich sind, wird Jennifer leiser und wendet sich wieder ab.

Berger läßt ihr Zeit, sich zu fassen, raucht und setzt erst nach einer Weile behutsam neu an: «Entschuldigen Sie, daß ich Sie quäle. Ich tue 's nicht gern. Aber um der Aufklärung des Verbrechens an Ihrem Gatten wegen … Ein paar Fragen bleiben noch.»

Sie hat sich schon wieder in der Gewalt. «Fragen Sie», sagt sie. «Natürlich muß es sein.»

Er möchte weiter wissen, ob Georg und sie in Bulgarien immer zusammen gewesen sind. Sie bejaht mit der Einschränkung, zwei kleine Ausnahmen hätte es gegeben. Die eine an jenem Tage, an dem Georg zu seinen folgenschweren Unterwasseraufnahmen aufgebrochen ist, und eine weitere gleich zu Beginn des Urlaubs. Da hätte in dem Fahrstuhl, mit dem sie nach dem Mittagessen zum Hotelzimmer hinauffuhren, ein anderer Tourist von einem noch andauernden Teppichverkauf auf dem Basar erzählt. Das sei ein so farbenfrohes, buntes und im wahrsten Sinne des Wortes südländisches Bild, daß er, der Tourist, bei seinem Anblick einen ganzen Kleinbildfilm belichtet habe. Dies hören, seine Kamera holen und zum Basar laufen wäre für Schorsch eins gewesen. Zumal der Basar nicht weit vom Hotel «Dunav» entfernt liege. Nach etwa einer Dreiviertelstunde sei er vergnügt zurückgekommen, heiter und fröhlich gewesen und voller Freude über die malerische mediterrane Szenerie, die er drehen konnte. Ganz ausgeschlossen, daß er unterwegs eine unangenehme Begegnung gehabt haben sollte. Dann wäre er nicht so ausgelassen und zufrieden gewesen und hätte nicht auch noch vorgemacht, wie besessen da gewählt wurde.

Auch das bleibt unergiebig. Dagegen bejaht Jennifer sofort, daß sie zusammen mit ihrem Mann viele Bekannte getroffen habe.

«Es spricht sich herum, wo's schön ist, Herr Berger. Fragen Sie mal beim Reisebüro, ob es nicht Jahr für Jahr eine wahre Völkerwanderung an die Schwarzmeerküste vermittelt. Wir fanden's ja auch herrlich. Wir wollten auch wieder hinfahren. Das sowjetische Pizunda schwebte Schorsch vor. Der Bereich des Goldenen Vlieses aus der antiken Sagenwelt. Das Gebiet, in das die Argonauten vordrangen, um mit Hilfe der zauberkundigen Medea ... Schorsch war verliebt in diese alten Mythen, er konnte wunderbar von ihnen erzählen.» Wieder so eine Erinnerung! Diesmal kehrt Jennifer aber mit Anstrengung gleich zum Ausgangspunkt zurück. «Wir sind anderen jedoch ein bißchen aus dem Wege gegangen und dauernden Kontakten ausgewichen. Im Urlaub wollte Schorsch mit mir ganz allein sein – und ich auch mit ihm.»

Der Hauptmann nickt. Er sieht Jennifer Bachmann an und hat volles Verständnis für die Haltung ihres Mannes. Er ist wohl sehr glücklich gewesen mit dieser Frau, deren Lieblingsfarbe ein lichtes Blau zu sein scheint. Ein Sommerkleid in solcher Farbe trägt sie heute, und die betont ihr blondes Haar und die sonnengetönte Haut unaufdringlich, aber ungemein wirkungsvoll.

Jenny hält es für angemessen, zu betonen, wie ausgeprägt das Verlangen ihres Mannes nach intimer Zweisamkeit gewesen ist. «Sogar Arnolds, mit denen wir eng befreundet sind, haben wir nur ein paarmal getroffen. Dabei wohnten sie privat in Pomorie, und von dort bis Slantschev Brjag ist es mit dem Auto nur ein Katzensprung. Reik war mit dem Wagen gefahren. Ein Autonarr, wissen Sie? Sicher ist er überzeugt, seinem winzigen Baby mit der endlosen Fahrt ein bleibendes großes Erlebnis vermittelt zu haben. So ist er.» Was sie gesagt hat, bringt sie selbst zum Lachen. «Wir haben ein paar nette Stunden miteinander verbracht, aber sonst ...» Sie schließt: «Ich weiß überhaupt nichts und bin Ihnen keine Hilfe, wie?»

Berger übergeht das. Er hält für möglich, daß Menschen, denen Bachmanns bekannt waren, in deren Umfeld etwas beobachtet haben, was ihnen selbst entgangen ist. Das ist dieselbe Überlegung, die ihn seine Mitarbeiter zur Feststellung von Reisegefährten des Ehepaars veranlassen ließ. Er bittet um die Namen der von ihr in Bulgarien erkannten Personen.

Wieder bleibt eine Nachfrage wenig ergiebig. Fast verlegen entgegnet Jennifer, sie habe nur den kleinsten Teil einordnen können – und die Namen, die ihr Schorsch nannte, wären an ihr vorübergerauscht. Gleichgültige Namen. Die Namen von Leuten, mit denen ihr Mann und wohl auch Reik auf Dienstreisen und unterwegs zusammengetroffen waren, sie aber nicht. «Wann komme ich schon einmal aus meiner EDVA, der Elektronischen Datenverarbeitungsanlage, heraus, Herr Berger?»

Wie sie das sagt, zeigt, daß sich Jenny der Wichtigkeit ihrer Arbeit und des eigenen Wertes als qualifizierte Facharbeiterin durchaus bewußt ist. Sie macht sich nicht klein, sie deutet nur an, daß ihr Arbeitsgebiet anders strukturiert ist, als es das ihres Mannes im selben Betrieb war. Damit der Hauptmann ihre Unwissenheit richtig einordnen kann. Eine Unwissenheit, die sie nun bedrückt, weil sie die Hoffnungen, die Berger an eine bessere Auskunft knüpft, versteht. Wenn sie nur wüßte ... Ein Ausweg bietet sich ihr an, den sie für erfolgversprechend hält. Mit neuer Lebhaftigkeit weist sie darauf hin, daß mit Sicherheit Reik Arnold kundiger antworten könnte als sie. Er, meint sie, müßte weit mehr der fraglichen Personen kennen als sie. Weil er auf derselben «Etage» arbeite wie bisher ihr Mann.

«Aber Sie sagten eben, daß Herr Arnold und Sie selten zusammen waren und daß er andernorts Quartiergast war ...»

Sie stutzt. Aber nur einen Augenblick lang. Dann fällt ihr etwas ein, das sie aufregt. So sehr, daß sie in die Hände klatscht und beinahe triumphierend ausruft: «Wir haben die Filme vergessen! Schorschs Filme. Viele Meter Film nicht nur vom Strand! Er wollte doch Bulgarien nacherlebbar machen. Architekturen. Straßenleben. Alltag in Ferienorten. Da könnte ihm doch nebenbei eine Vielzahl von Menschen vor die Linse gelaufen sein. Ist sie auch! Es hat ihn ein paarmal geärgert, daß Bekannte in die Kamera gewinkt haben wie die, die bei Fernsehübertragungen unbedingt die beliebte Tante Mienchen am Bildschirm auf sich aufmerksam machen wollen. Wenn Reik die sieht, erkennt er sie auch, ich wette! Jedenfalls eher als ich.» Aber dann winkt sie ab, seufzt und lehnt sich enttäuscht zurück. «Leider ... Die Aufnahmen sind nicht entwickelt. Und im Sommer braucht das Kopierwerk länger. Da muß es eine ganze Lawine von Einsendungen verkraften.»

Der Gedanke sagt Berger zu. Gewiß hat Dr. Bachmann nicht alle Begegnungen filmisch festgehalten, aber selbst, wenn es nur wenige waren – das gäbe schon Anhaltspunkte ... Ganz ruhig erklärt er, daß er die geäußerte Vermutung teile. Und was das Entwickeln angehe, so werde das die Dienststelle erledigen. «Haben Sie die Filme hier?»

Jennifer nickt eifrig und geht eilig hinüber ins Schlafzimmer. Es erleichtert, daß sie endlich den Eindruck haben kann, etwas tun zu können. Insgeheim hat sie bereits gefürchtet, der Hauptmann werde sie mit der Vorstellung verlassen müssen, mit diesem Besuch nur Zeit vertan zu haben. Sie kommt mit Georgs Schultertasche zurück. «Erst wollte ich sie nie entwickeln lassen. Oder wenigstens nicht gleich. Da würde so viel wieder hochkommen, was unwiederbringlich geworden ist», gibt sie zu. «Aber wenn die Filme Ihnen helfen können ... Nehmen Sie sie! Jetzt bin ich froh, daß ich sie besitze. Und so gut auf sie aufgepaßt habe. Um ein Haar wären sie nämlich weg gewesen. Ein dummer Zufall ...»

«Wie denn das?»

Jenny winkt ab. Leichthin erzählt sie die für sie belanglose Geschichte von dem jungen Mann, der in der Einreisehalle des Zentralflughafens Schönefeld ihre mit seiner Tasche verwechselt hat. Aber das hätten sie noch rechtzeitig bemerkt und den Irrtum behoben.

Anders als Frau Bachmann mißt Albrecht Berger dem Vorfall anscheinend doch Bedeutung zu. Der macht ihn hellhörig. Ohne seinen Tonfall zu ändern, bittet er Jennifer in seiner behutsam-sauberen Sprechweise, ihm den jungen Mann zu beschreiben.

Noch macht sie die Frage nicht aufmerksam. «Er hat mich nicht interessiert», erwidert sie gleichgültig und obenhin. «Wie sah er schon aus? Sonnenverbrannt wie wir alle ... Ich erinnere mich nur, daß er so ein Jeanshütchen trug, wie sie es in dem Alter schick finden ...

«... und das zu einem verwaschenen Jeansanzug und Turnschuhen, nicht wahr?» ergänzt Berger plötzlich. «Ein Mann in meiner Größe, aber schlanker ... Sah er so aus?»

Nun ist sie doch überrascht und verwundert. Sie antwortet nach kurzem Überlegen: «Jetzt, wo Sie mich so direkt fragen ... Da habe ich ihn wieder vor Augen. Ja! So stand er dort. Kennen Sie ihn?»

Er lächelt. «Noch nicht.» Nein, er will sie nicht beunruhigen. Es ist zu früh, Hypothesen hier auszusprechen. So deutet er ablenkend auf die Filmschachteln, die Jennifer nacheinander aus der Umhängetasche nimmt. «Sind das alle?»

Er zählt neunzehn Schachteln mit deutschem und russischem Aufdruck auf rot-gelb-grünem Grund. Jede enthält fünfzehn Meter ORWO-Chromfilm in einer Assofoto-Kassette. Gemeinschaftsproduktion ... Auf siebzehn der Super-acht-Filmpackungen ist ein mit einem Feinfaserschreiber flüchtig hingemaltes Kreuz zu sehen. Die darin enthaltenen Filme seien belichtet, erläutert Jenny. Schorsch habe sie stets auf diese Weise markiert – und im übrigen immer und ausschließlich mit Feinfaserschreibern geschrieben. Deren zugleich zarter und farbintensiver Strich hätte ihm zugesagt. Die zwei unbezeichneten Schachteln enthielten noch unbenutztes Material, die silbrige Verpackungsfolie sei nicht aufgerissen. Reserve ... Auf eine solche habe Georg immer Wert gelegt. Für einen Amateurfilmer sei nichts schlimmer, als ein aufnahmewürdiges Motiv nicht aufnehmen zu können, weil keine Filme mehr vorhanden sind.

«Wir hatten genau zwanzig Kassetten mitgenommen, Herr Berger. Schorsch wollte ja einen ‹großen› Film drehen. Das da sind alle bis auf die letzte. Die befindet sich wohl in der verschwundenen Kamera, in Schorschs ‹Quarz›. Bloß deren Tasche ist noch da. Die lag wie die belichteten Kassetten im Hotelzimmer. Den Apparat hatte Schorsch schon dort in sein Unterwassergehäuse eingebaut. Ein Mitbringsel von einer Dienstreise nach Leningrad war das. Daran konnte er nicht vorbeigehen. Das Gehäuse sehen und schon in dem betreffenden Sportgeschäft drin sein war wohl eins für ihn.»

Berger versenkt die siebzehn Filmschachteln in seine kognakfarbene Umhängetasche. Daß sie die entwickelten Aufnahmen erhalten wird, ist für Jennifer so selbstverständlich, daß sie nur nickt, als der Hauptmann darauf zu sprechen kommt. Es eile nicht, gibt sie zu verstehen.

Berger will sich verabschieden. Sie geleitet ihn hinaus. Auf der Terrasse bleibt er einen Moment stehen.

«Würden Sie sich die Filme einmal mit mir zusammen ansehen?» erkundigt er sich. Sein Zögern verrät, wie ungern er diese Frage stellt. Er fügt auch gleich hinzu, er wisse, daß das eine Zumutung für sie sei, aber vielleicht ...

Sie sieht ihn hilflos an, ja, weicht etwas zurück. «Warum denn?» sagt sie ganz tonlos. «Es sind Schorschs Filme. Ich habe sie ja immer in Griffnähe gehabt. Und was ihre Auswertung angeht ... Dabei kann Ihnen Reik Arnold bestimmt viel nützlicher sein. Wirklich! Ich ...» Sie schüttelt heftig den Kopf und schlägt die Hände vor ihr schönes, für Sekunden schreckverzerrtes Gesicht. Aber auf einmal nimmt sie die Hände herab, holt tief Atem und blickt dem Hauptmann fest in die Augen. Vielleicht ist es das Verständnis für ihre Situation, welches sie darin zu lesen meint, das sie jetzt beherrscht und ohne Aufhebens äußern läßt: «Wenn es helfen kann, Klarheit zu schaffen – selbstverständlich. Wie erfahre ich, wann ...?»

Er werde ihr einen Wagen schicken, antwortet Berger. Gleich darauf sitzt er in dem zitronengelben «Wartburg».

«Wohin, Genosse Berger?» will der Fahrer wieder wissen.

«Zum Institut für wissenschaftlich-technische Information, bitte.»

9.

Bernd Hansch zählt nicht zu den Schülern, die schon auf der Straße sind, solange die Klingel noch läutet. Andere schaffen das. Er nicht. Dazu packt er zu umständlich ein, dazu hat er nebenbei mit anderen Langsamen zuviel zu reden, und weitere Verzögerungen ergeben sich aus entstehenden Streitereien. Solchen pflegt er nicht auszuweichen. Ein bißchen genießt er's wohl auch, daß jeder Streithammel versucht, ihn auf seiner Seite zu haben. Seit sie wissen, daß Bernd einen gefürchteten Stänker aus der zehnten Klasse aufs Hofpflaster geschmissen hat, weil der wieder mal einen ganz Kleinen terrorisierte – das ist seine Spezialität –, halten ihn seine Banknachbarn gleichsam für unbesiegbar. Er ist eben ein Judoka mit orangefarbenem Gürtel, und das imponiert. Nun weichen ihm sogar «die Großen» aus, von denen sich viele durch höheres Alter zu «Kings» auf dem Schulhof und Pöbeleien berufen fühlen. Und das tollste ist: Bernd ist vom Direktor für seinen Wurf auf dem Hof nicht gerügt worden, als sich der Geworfene kräftiger Prellungen wegen beschwerte. Vielmehr wurde er seines Eintretens für den Kleineren wegen gelobt, und der «Große» mußte sich bei dem Kleinen vor dessen ganzer Klasse entschuldigen. Seither hat es seinerseits keine neuen Rüpeleien mehr gegeben, die Großen treten etwas weniger großmäulig auf, und Bernd heißt nun bei vielen «der Sheriff». Nun ja, und er bemüht sich, diesem Spitznamen Ehre zu machen und nur Partei zu ergreifen, wenn er meint, der Hilfesuchende sei im Recht. «Recht» natürlich entsprechend den Maßstäben eines Dreizehnjährigen! Von sich aus fängt er dabei nie an. Sich beweisen kann er ja im Training und muß es nicht hier tun, wo er sich überlegen weiß, und das wohl mag dazu beitragen, daß er im Klassenkollektiv ziemlich beliebt ist.

Die meisten seiner Klassengefährten sind schon weg, als Bernd nach der sechsten Stunde durch das Schultor getrödelt kommt. Den Bus, der unmittelbar nach dem Klingeln an der Haltestelle vor der Schule hält, erreicht er nie. Das regt ihn nicht auf, und Frau Hansch hat sich daran gewöhnt, daß ihr Sprößling stets später erscheint als andere Kinder. Er ist eben ein bißchen gemächlich und bummelt gern. Oder ißt noch ein Eis. Der Schule genau gegenüber befindet sich ein winziges Eiscafé mit Straßenverkauf. Alle Eltern sind sich darüber einig, daß die jungen Leute, denen die Gewerbeaufsicht die Eröffnung dieses Eiscafés gestattete, von legendärer Geschäftstüchtigkeit sein müssen. Eisverkauf nahe einer Schule, eine sicherere Bank kann es überhaupt nicht geben.

Auch jetzt drängen sich Schüler vor dem geöffneten Schiebefenster. Ein paar haben Stühle an herausgestellten Tischen unter Sonnenschirmen besetzt. Einige rauchen, einmal, weil ihnen das sehr erwachsen vorkommt, und zum anderen, weil sie behaupten, den «Schulstreß» nicht durchzuhalten ohne die «Lulle» zwischendurch. Einbildung ist das halbe Leben ... Im übrigen reden sie laut und unbekümmert, kreischen und sind ziemlich albern.

Die sehr freimütig gezeigten hübschen Beine und Busen mehrerer Schülerinnen aus den neunten und zehnten Klassen lenken Stefan Murzick erheblich von der Beobachtung des Schuleingangs ab. Er denkt tiefsinnig darüber nach, wie denn ein Mann erraten solle, wie jung diese «Puppen» noch sind, wenn er ihnen auf offener Straße begegnet und sie so zum «Anmachen» locken. Du liebe Güte, man kann sich doch nicht gleich den Personalausweis zeigen lassen! Das sind Probleme ...

Er klärt sie nicht; denn er sieht Bernd. Dieser läuft inzwischen schon ein Stück von der Schule entfernt. Wahrscheinlich will er den nächsten Bus an der folgenden Haltestelle erwarten. Sein Gehen ist Zeitvertreib. Murzick spurtet los und kreuzt Bernds Weg. Bleibt stehen. Tut überrascht. Ruft aus: «He, du! Bist du nicht der Junge aus Bachmanns Haus?»

Das «Lügenmaul»! Bernd erkennt es sofort wieder und schaltet mit einer für einen Jungen in seinem Alter bemerkenswerten Schnelligkeit. Mit keinem Wimpernzucken verrät er, daß ihm seine Mutter unter dem Siegel der Vertraulichkeit von Dr. Bachmanns Tod und dem Anlaß zum Besuch des fremden Mannes im sandfarbenen Anzug erzählt hat und daß er sich daraufhin seinen eigenen Reim auf Herrn Bergers Fragen nach dem Mann im Hausflur hat machen können. Hanschs haben nie Geheimnisse vor ihrem Kind gehabt, und Bernd betrachtet es als Ehrensache, ihr Vertrauen zu rechtfertigen. Und außerdem hat er sofort Partei ergriffen – für Dr. Bachmann, den er gemocht hat, und für den fremden Offizier in Zivil, der ihn ernst nahm. Nun hat er gleich das Gefühl, daß der Kerl mit dem Jeanshütchen nicht zufällig vor ihm steht und wieder was von ihm will.

Da hat er, denkt Bernd, genau den Richtigen vor sich. Wenn der mir wieder auf den Zahn fühlen will, werde ich den Spieß mal ein bißchen umdrehen. Wofür hält er mich denn? Natürlich ist dieser Entschluß aufregend, aber das weiß Bernd zu verheimlichen, wie er manchmal bei Wettkämpfen aufflackernde Furcht vor offensichtlich überlegenen Gegnern zu unterdrücken weiß. Beklommenheit zu zeigen schickt sich nicht für einen Judoka. Der stellt sich zum Kampf. Er wird sein Bestes tun. So gibt er sich jetzt selbst den vertrauten Kampfauftrag «Hajime!» und bringt Überraschung auf sein sonnenbraunes rundes Jungsgesicht mit der kleinen Stupsnase. «He, Sie», antwortet er ohne alle Hemmungen in Murzicks eigenem Tonfall. «Suchen Sie mich?»

Das stellt Murzick natürlich in Abrede. Wortreich gibt er zu verstehen, daß er rein zufällig vorbeigekommen wäre und dabei ... Dann rettet er sich ins Naheliegende mit der Frage, ob sie nicht 'n Eis miteinander essen wollten. Ihm sei gerade so, bei dieser Hitze könne man doch eine Abkühlung vertragen.

«So ist mir immer», versichert Bernd sofort, und das kostet ihn nun überhaupt keine Mühe. Das ist die pure Wahrheit. «Schoko und Vanille, okay?»

«Okay!» bestätigt der junge Mann. Sie müssen die Straße überqueren. Das geht nicht gleich, weil plötzlich ein ganzer Pulk von Fahrzeugen in die Einbahnstraße fährt. Sie stehen am Bordstein. Murzick biedert sich an mit der teilnahmsvollen Feststellung, die letzten Schultage vor den Ferien seien immer die schlimmsten. Ihm wären sie stets «mächtig auf den Docht» gegangen.

Worauf Bernd lässig erwidert, den Rest des Schuljahres würden sie nun auch noch durchstehen. Und Herr Böhnisch habe schon zu verstehen gegeben, daß unter den Zeugnissen kein ausgesprochenes «Giftblatt» wäre. Der Klassendurchschnitt habe sich sogar verbessert, und darüber freue er sich am meisten. Also ... «Aber knülle sind jetzt alle und die Lehrer mit», schließt er. «Na, ich gehe dann erst mal ins Ferienlager. Und wenn ich zurückkomme, hat Vati Urlaub, und wir fahren allesamt in die Berge. Klettern. Bergsteigen macht 'n Affen und fetzt.» Je unbefangener und offener er sich gibt, denkt Bernd, desto mehr wird ihn der «Knautschhut» für ein mitteilsames Dummchen halten und unvorsichtig werden.

Murzick schneidet eine Grimasse, versichert, Bergsteigen wäre nichts für ihn, weil ihm leicht schwindlig werde, und kommt zum Thema. Er, fährt er fort, sei am liebsten am Wasser. Das habe er anscheinend mit Bachmanns gemein. Inzwischen müsse der Junge denen doch nun eigentlich über den Weg gelaufen sein, oder? Murzick hat begriffen, daß es unverfänglicher ist, nach beiden Bachmanns und nicht nur nach der Frau zu fragen.

«Was haben Sie denn mit denen?» will Bernd wissen.

Auf die gestellte Frage ist Murzick vorbereitet. Er hat sich eine Geschichte zurechtgelegt, die in ihrer Einfachheit überzeugen muß. Die spult er jetzt bereitwillig ab, während sie die Fahrbahn überqueren. Er sei, behauptet er, eben so 'n Filmfritze wie Bachmann. Dadurch hätten sie sich kennengelernt. Nun ja, und eines Tages habe er festgestellt, daß er zu wenig «Schnürsenkel» nach Bulgarien mitgenommen habe und welche kaufen müsse. Das hätte er auch getan, aber just keine Tasche bei sich getragen, worauf ihm Bachmann hilfsbereit eben belichtetes Material abgenommen habe, damit seine Taschen für den «Nachschub» frei wären. Den hätte er auch gleich «heruntergeleiert». Darüber seien die anderen «Rollen» in Vergessenheit geraten, Bachmann müsse sie noch in seiner großen Fototasche herumschleppen, und nun möchte er sie sich holen und «Danke schön!» sagen. So verhalte es sich. Simpel, im Grunde genommen.

Bernd hat ganz blanke Augen. Daß er ein wenig die Lippen schürzt und sehr überlegen wirkt, deutet Murzick falsch. Er sieht darin einfach Zufriedenheit darüber, nun voll und ganz im Bilde zu sein. Vielleicht wäre das anders, wenn er wüßte, daß der Vater des Jungen ebenfalls Filmamateur und bemüht gewesen ist, Bernd für sein Hobby zu begeistern. Nicht ohne Erfolg! Seine Sachkenntnis bewirkt, daß der Junge in Murzicks Darlegungen eine ganze Reihe Fehler bemerkt hat. Aber das behält er für sich. Statt dessen erkundigt er sich neugierig, was der junge Mann denn für eine Kamera besitze. Er, Bernd, finde Filmen toll und drücke sich manchmal an den Schaufenstern einschlägiger Geschäfte die Nase platt.

Sekundenlang ist Murzick absolut hilflos. Er kennt sich nicht aus. Die Materie ist ihm ganz fremd. Aber das darf er nicht zu erkennen geben, wenn der Junge nicht stutzig werden soll. Muß der auch ausgerechnet vor Fotoläden neugierig werden? Murzick rettet sich in ein knappes: «Ich hab' die gleiche wie Bachmann. Deshalb kamen wir ins Gespräch. Du kennst sie vielleicht?»

«Ich habe sie gesehen», bestätigt Bernd, zögert einen Moment unmerklich und präzisiert dann: «'ne ‹Admira› mit Wechselobjektiven ... Sieht irre aus.»

Eine solche Super-acht-Filmkamera tschechoslowakischer Produktion besitzt sein Vater. Seit Jahren schon. Bachmann dagegen hat eine «Quarz».

Aber Murzick nickt und fühlt sich erleichtert. «Ich sehe, du kennst dich aus», anerkennt er. «Na, setz dich irgendwo hin. Ich kümmere mich um das Eis. Nachher reden wir weiter.»

Ganz bestimmt, denkt Bernd, während er wartet, hat

Mutti eine Telefonnummer, unter welcher der Offizier zu erreichen ist, der sie besucht hat. Sie muß ihn anrufen. Jetzt kann ich den Kerl mit dem Knautschhut auf der Omme ganz genau beschreiben. Und prima reingelegt habe ich das Lügenmaul auch! Vielleicht werde ich mal Detektiv, wenn ich groß bin. Gar kein schlechter Beruf ... Und empfindet dabei genau das Gefühl der Überlegenheit, das leichtsinnig macht. Mit dem da wird er doch allemal fertig, der ist ihm nicht gewachsen. Herr Berger wird nachher staunen, wie geschickt er gewesen ist ...

Erst einmal bemüht sich Hauptmann Albrecht Berger im Institut für wissenschaftlich-technische Information um weiterführende Erkenntnisse.

«Lassen Sie mich zunächst sagen, daß ich den Verlust gerade dieses Mitarbeiters zutiefst beklage. Er war ein brillanter Kopf – und ein Kommunist. Sein Tod reißt eine Lücke, die zu schließen Mühe kosten wird. Ich denke mit Respekt und Hochachtung an ihn. Er bleibt unvergessen», ist das erste, was der Institutsdirektor sagt. Professor Dr. Schill, Hauptmann Berger und Dr. Reichert sitzen in einem Arbeitszimmer, das erst kürzlich neu eingerichtet worden sein muß. Das graublaue Mobiliar mit seiner streng linearen, sehr funktionellen, aber dennoch lebendigen Gliederung gibt dem Raum zweckbetonte Sachlichkeit, ohne ihn kalt und unpersönlich zu machen. Diese Möbel – durchaus handelsüblich und mit Messegold ausgezeichnet – weichen vom Gewohnten ab. Mit ihrem Verzicht auf Naturholz wirken sie noch ungewöhnlich, ja, ein bißchen utopisch. Das macht sie aber auch faszinierend.

Sie bieten einen stimmigen Rahmen für den Mann, der hier das Sagen hat. Die gleiche lebendige Konzentration und die auf Wesentliches gerichtete Selbstdisziplin, die diesen Möbeln innewohnen, scheinen seine Persönlichkeit zu prägen. Professor Dr. Schill ist ein hoch aufgeschossener, außergewöhnlich hagerer Mann mit seltsam knochigem, schmalem Gesicht. Dessen hervorstechende Merkmale sind die sehr hohe, kantige Stirn unter schütterem aschblondem Haar sowie tief in den Höhlen liegende, aber große und lebhafte Augen. Daß Schill einen altertümlichen Kneifer mit ungefaßten Gläsern trägt, wirkt in der modernen Umgebung befremdlich.

Dr. Reichert hielt es deshalb für angebracht, Berger mit der Bemerkung darauf einzustimmen, der Professor sei gegen den Druck von Brillenbügeln allergisch und bekomme davon Kopfschmerzen. Aber der Kneifer paßt zu Schills Erscheinungsbild. Er unterstreicht es sogar.

Berger hat zu Beginn seines Besuches auf den damaligen Abwerbungsversuch Dr. Bachmanns durch Agenten des BND hingewiesen. Er hat dabei angedeutet, daß jener Vorgang bei neuen Ermittlungen selbstverständlich noch einmal ins Auge gefaßt werden müsse. Bachmann könne ja noch einmal mit den gleichen Kreisen zusammengestoßen sein, in einem für ihresgleichen gefährlichen Umfeld noch dazu.

Darauf kommt der Institutsdirektor jetzt zurück. Rein hypothetisch und ohne seine Annahme beweisen zu können, setzt er etwas spröde an, halte er eine erneute Annäherung an Bachmann sogar in Bulgarien für wahrscheinlich. Es unterliege ja wohl keinem Zweifel, daß das ständige wirtschaftliche Erstarken der Deutschen Demokratischen Republik und wachsende Außenhandelserfolge ihrer Industrie trotz aller Störversuche die Hintermänner der obskuren «Secreta relata» beunruhigen. Natürlich stelle der Vormarsch der von jenen immer wieder als lebensunfähig und totgesagten Planwirtschaft auch auf vordem von ihnen behaupteten Märkten eine empfindliche Niederlage für sie dar – propagandistisch übrigens ebenso wie handelspolitisch. Und dazu bringe er ihnen auch einen Verlust an Macht, weil ihr Einfluß auf bisher abhängige Länder in dem Maße schwinde, in dem diese eine Alternative zu Handelsbeziehungen mit Diktatcharakter sehen. Und nutzen! All dies nun führe zu erhöhten Anstrengungen der Verlierer zur Wiedergewinnung der alten oder wenigstens zur Behauptung der derzeitigen Positionen. Es verstärke naturgemäß auch Geheimdienstoperationen zur Ausspähung möglicherweise verletzbarer und störanfälliger Produktionen unserer Seite mit dem Ziel, sie gänzlich zum Erliegen zu bringen. Aber das wisse der Genosse Hauptmann so gut wie er.

In der Tat! Berger unterbricht ihn trotzdem nicht. Er sieht in dem allgemeinen Exkurs Professor Schills lediglich die Präambel einer Erklärung dafür, warum er ein neuerliches Ansprechen Bachmanns selbst in einem Lande der sozialistischen Staatengemeinschaft für möglich hält.

Diese Erklärung folgt prompt. «Ich übertreibe nicht, Genossen, wenn ich behaupte, daß jenen Herren mit der Abwerbung Bachmanns ein Fischzug von ganz außerordentlicher Tragweite geglückt wäre. Um das verständlich zu machen: Dieses Institut registriert den Pulsschlag unserer Volkswirtschaft mit höchster Genauigkeit und mit allen wie auch immer bedingten Schwankungen. Und Georg Bachmann zählte zu den Mitarbeitern, die ihn am präzisesten kannten. Das ergab sich aus der Aufgabe, die er zu lösen hatte.» Schill hüstelt und spricht gleich weiter: «Wenn es für uns hier darauf ankommt, eine hohe Effektivität unserer Informationsleistungen zu erzielen, dann heißt das unter anderem, daß wir um optimale Widerspiegelung des gegenwärtigen Erkenntnisstandes von Wissenschaft und Technik bemüht sind. Wir beugen damit Doppelarbeiten auf gleichem Gebiet vor. Es heißt weiter, daß wir der Verflechtung aller am Informationsprozeß teilhabenden Bereiche dienen. Unsere Aufgabe ist es, alle relevanten Informationen systematisch, zeitgerecht, organisiert und in zweckmäßiger Verarbeitung zur Verfügung zu stellen. Dies erfolgt auf der Grundlage der Ermittlung des Informationsbedarfs der unterschiedlich strukturierten Bedarfsträger. Es geschieht anhand von Informationsplänen, die Thematik, heranzuziehende Quellen und Art der zu vermittelnden Informationen aufschlüsseln – vereinfacht dargestellt. Um auf den Punkt zu kommen, Genossen: Bachmann oblag es, entsprechende Problemanalysen durchzuführen und auf ihrer Basis die Pläne für den Informationsfluß zu den Nutzern zu erstellen. Auch wenn es nicht unsere Aufgabe ist, den konkreten Inhalt des bewegten Materials zu untersuchen – seine Struktur und Eigenschaft müssen wir kennen. Wie sollten wir es sonst einordnen? Ich will damit sagen: Die Kenntnisse Bachmanns würden, in unbefugte Hände gelangt, fundierte Rückschlüsse sowohl auf laufende als auch auf geplante Produktionen, ihre Technologie und ihren Materialbedarf gestatten. Fachleute können allein aus dem Wissen um die Thematik des Informationsbezugs durch wen eine Unmenge herauslesen. Da zeichnen sich Schwerpunkte ab. Intensivierungen. Umstellungen. Erweiterungen. Neue Projekte. Das ist keine Hexerei, meine Herren! Aber um es fertigzubringen, bedarf man eben vorausweisender Informationen, wie sie Bachmann hätte geben können.» Er legt seine knochigen, trotz der Wärme im Raum kalten Hände vor sich auf den Schreibtisch und faßt zusammen: «Wie gesagt, ein Mann wie Bachmann wäre in der heutigen Situation für die Gegenseite Gold wert. Aus ihrer Sicht, denke ich, war der Versuch, ihn zu gewinnen, das Risiko wert, das ohnehin nur ein paar Handlanger zu tragen gehabt hätten. Wirtschaftsspionage birgt immer Gefahren für den in sich, der sich an ihre vorderste Front schicken läßt. Das wußte schon der Galeerensträfling und spätere Kripochef von Paris, François Vidocq, als er nach dem Ausscheiden aus der Polizei achtzehnhundertzweiunddreißig die erste Wirtschaftsauskunftei der Welt gründete. Sein ‹Bureau des Renseignements›, der Vollständigkeit halber ...» Schill winkt ab. «Es war nie ein risikoloses Geschäft, aber immer ein einträgliches. Deshalb ...!»

Albrecht Berger ist im Institut ein ebenso aufmerksamer Zuhörer, wie er es bei Jennifer Bachmann im Wochenendhäuschen der Eisenbahnerfamilie Klinger war. Das Bild, das er bereits von dem toten Informationswissenschaftler hat, erhält hier neue Farben und Konturen. Ein Mann in einer Schlüsselposition. Ein Mann, dessen Alltag in der Regulierung von Materialbewegungen mit folgenschwerer Bedeutung bestand. Derselbe Mann, der eine glückliche Ehe führte, Epen des klassischen Altertums rezitieren konnte und im Urlaub ein begeisterter Schmalfilmer war, derselbe Mann ist auch ein hochrangiger Spezialist gewesen. In die falschen Hände gelangt, würden sich seine Arbeitsergebnisse auf verheerende Weise gegen die gebrauchen lassen, zu deren Nutzen und Vorteil er sie produzierte. Das hat Professor Dr. Schill mit seinen nüchtern beschreibenden Darlegungen überzeugend klargemacht. Und damit auch deutlich werden lassen, warum er eine neuerliche Ansprache Bachmanns sogar in einem sozialistischen Land für naheliegend und höchst wahrscheinlich halte.

Hat seine Annahme nicht viel für sich? Weitergedacht, läßt sie sich mühelos in Beziehung zu Bachmanns Ende setzen. Daß Jennifers Mann Gerlichs ersten Angriff zunichte machte, schloß einen zweiten und dritten ja nicht automatisch aus. Der stete Tropfen, der den Stein höhlt ... Im Glauben an die Allmacht des Geldes, der in der zynischen Ansicht gipfelt, jeder Mensch sei zu kaufen, wenn nur ein genügend hoher Preis gezahlt werde ... Eine hochdotierte Stelle bei der «Secreta relata» hatte als Lockmittel keine Wirkung getan. Aber wenn man das Angebot steigerte, mit der Zusicherung einer wissenschaftlichen Karriere an Bachmanns Ehrgeiz appellierte, phantastisch honorierte Beraterverträge der Großindustrie offerierte und das Paradies versprach, würde dieser Mann selbst dann immer noch standhaft bleiben können? Andere hatten das nicht vermocht, und es hatte in der Vergangenheit Leute unter ihnen gegeben, die mehr im Licht der Öffentlichkeit standen als ein Informatikdoktor. Namhafte Wissenschaftler, Autoren, Liedermacher und Künstler ... Sie waren weich geworden, und ein Dr. Bachmann sollte das nicht werden? Gerade er sollte bedenken, daß auch ein mit Zuckerguß garnierter Verrat ein Verrat bleibt und daß er die Verleugnung bisheriger Bekenntnisse und Entscheidungen nach sich zieht sowie unwiderruflich einen Verlust an Glaubhaftigkeit und Würde bedeutet? Daß der Verrat von denen, welchen er nutzt, immer, der Verräter aber nie geschätzt wird – auch nicht, wenn er mit hechelndem Dissidentengeschwätz zu beweisen sucht, daß er schon immer für die Sache derer war, die ihn gekauft haben? Warum sollte gerade er so stark sein? – So mögen die Werber gedacht und Bachmann neuerlich angesprochen haben.

Sein Tod spricht dafür, daß er nicht zu bestechen war und daß er sich – den von Schill vermuteten zweiten Angriff unterstellt – nicht bereit erklärt hatte, seine Gesinnung abzulegen wie ein durchgeschwitztes Hemd. Daß er im Gegenteil abermals so eindeutig Farbe bekannte, daß seine Kontrahenten fürchten mußten, diesmal nicht so ungeschoren davonzukommen wie in Finnland. Da kann sich der Herrschaften eine verständliche Panik bemächtigt haben, als ihre Karten nicht stachen. Sie kann eine Kurzschlußreaktion ausgelöst und seine Beseitigung als einzige Möglichkeit haben erscheinen lassen, mit heiler Haut aus dem Gespräch mit Bachmann herauszukommen. Die Situation begünstigte den Mord. Man hatte den Moment abgepaßt, in dem Georg Bachmann in der Zeit der Mittagsruhe allein an einen menschenleeren Strandabschnitt ging, um mit seiner Kamera zu tauchen. Da war man unbeobachtet ...

Das alles füge sich zusammen, meint Berger. Genau so könnte es gewesen sein. Aber war es wirklich so? Es gibt einen Punkt in der Geschichte, der den gedachten Ablauf fragwürdig erscheinen läßt.

Professor Dr. Schill toleriert das Schweigen des Hauptmanns. Der wäge jetzt ab, was er gehört habe, versuche es einzuordnen und prüfe es auf seine Wertigkeit im Verhältnis zu anderen Ermittlungsergebnissen, vermutet Schill. Er läßt Berger ruhig gewähren. Er zieht sich die Postmappe heran, nimmt den Kneifer ab – er ist kurzsichtig und braucht die Sehhilfe nur für die Ferne – und unterschreibt. Stilvoll. Mit einer Füllfeder. Offenbar verabscheut er moderneres Schreibgerät ebenso wie heutige Brillen.

Dr. Reichert dagegen meint die Auslassungen des Institutsdirektors noch veranschaulichen zu müssen. Er spricht von einem Störangriff gegen Vorhaben der Industrie, der das Institut unmittelbar betroffen hat. Ein Mitarbeiter namens Bertram war als geworbener, instruierter und bezahlter Wirtschaftsspion des BND entlarvt worden, nachdem er hier durchgelaufene Materialien bereits weitergegeben hatte. Jene Materialien signalisierten die Vorbereitung einer Produktion, deren Realisierung zum Teil vom Import bestimmter Rohstoffe abhängig war. Es ging dabei um durchaus handelsübliche, auf dem Weltmarkt bisher ohne alle Schwierigkeiten in beliebiger Menge einzukaufende Materialien zur Konsumgüterherstellung.

Über unseren künftigen Bedarf daran und die Größenordnung der geplanten Einkäufe unterrichtet, habe COCOM – Coordinating Committee for East-West-Trade Policy – in Paris sich aber sofort einmal mehr als Instrument des Imperialismus zur Ausübung politisch-ökonomischen Drucks auf die Länder des Sozialismus «bewährt». COCOM setzte die bewußten Rohstoffe umgehend auf seine Liste der zur Ausfuhr «in den Ostblock» gesperrten Materialien und Fertigwaren. Mit der gewöhnlichen Begründung, sie könnten militärischer Aufrüstung dienen ... So lächerlich das insgesamt klinge – den betroffenen Industriezweig habe es zu zeitraubender Suche nach Alternativlösungen, zu arbeitsaufwendigen Neuentwicklungen und letztlich zu kostspieligen Terminverschiebungen gezwungen. Lahmgelegte Produktion, die Notwendigkeit teurer neuer Investitionen, unvorhergesehene hohe Kosten ... So wirke sich das aus. «Übrigens hat Bachmann», schließt Dr. Reichert, «ganz wesentlich zur Enttarnung dieses Bertram beigetragen. Seine außerordentliche Kenntnis der Informationswege außerhalb und innerhalb des Instituts ermöglichten es ihm, zurückzuverfolgen, wer wann und wo den fraglichen Komplex bearbeitet haben mußte. Das hatte Wochen zurückgelegen und viel Arbeit gemacht, aber der hatte sich Georg Bachmann engagiert und mit Feuereifer unterzogen. Er sei für saubere Verhältnisse, sagte er mir gegenüber, und wenn Dreck herumliege, müsse man eben nach einem Besen suchen. Bertram war – beiläufig angemerkt – der erste ‹Fall› hier bei uns.»

Berger nimmt das alles nebenbei zur Kenntnis. In ihm wächst aber die Überzeugung, daß vielleicht doch alles anders gewesen sei. Wenn nicht … Die spurlos verschwundene Schmalfilmkamera im Unterwassergehäuse ist der springende Punkt. Es muß doch angenommen werden, daß Dr. Bachmann zum Zeitpunkt der gedachten Ansprache schon oder noch nicht getaucht hatte und daß das Gerät bei seinen übrigen Sachen war, als geredet wurde. Nachher täuschten die Mörder einen Badeunfall vor. Dazu gehörte, daß die Habe des «Verunglückten» vollständig und scheinbar unberührt gefunden werden mußte.

Natürlich wäre denkbar, daß die Täter den Eindruck erzeugen wollten, der Informationswissenschaftler sei beim Filmen umgekommen. In diesem Falle mußten sie auch seine Apparatur ins Meer werfen. Aber wieso fanden diese dann die Miliztaucher nicht? Das waren erfahrene, gut ausgebildete Leute, die kurze Zeit nach dem «Unfall» eingesetzt wurden …

Leutnant Kuhnert hat diese Merkwürdigkeit mit einer unterseeischen Strömung zu erklären versucht, die das Gehäuse weggetragen haben könnte …

Berger hat diese Deutung gleich nicht so recht überzeugt, aber erst jetzt wird ihm klar, weswegen: Die Taucher haben den abgesuchten Bereich auf einer Karte markiert, die sich bei den übermittelten Unterlagen befindet. In diese hätten sie auch sperrige, von Hand nicht zu beseitigende Gefahrenherde eingetragen – punktgenau, damit später anzufordерndes schweres Gerät gezielt eingesetzt werden könnte. Jenes Blatt nun ist keine bunte Touristen-, sondern eine für die Küstenschiffahrt erarbeitete Seekarte mit genauen Angaben über Küstenverlauf, Wassertiefen, Sandbänke, Riffe, Strömungen, Wrackteile und dergleichen. Die Arbeit eines seehydrographischen Dienstes ... Albrecht Berger wird sie noch einmal unter die Lupe nehmen. Aber er ist sicher, daß die Taucher eine im fraglichen Gebiet vorhandene Strömung hinlänglich weit verfolgt hätten, sofern sie festgestellt worden wäre. Denn das gehörte dazu.

Ja, und dann ist da noch etwas. Wieso gab es dort, wo die Kinder Bachmanns Habe entdeckten, im Sand nur einfache Trittspuren teils von Schuhsohlen, teils von nackten Füßen und teils von zum Wasser gewandten Schwimmflossen? Es waren nicht übermäßig tiefe Spuren gewesen. Der immerfort rieselnde Sand hatte sie bereits wieder so weit verschüttet, daß die Milizionäre sie nicht mehr vermessen konnten. Statt dessen hatten die bulgarischen Polizisten jedoch in ihren Bericht geschrieben, daß es nirgendwo im Umkreis des Fundes Hinweise auf einen Kampf gegeben habe – keine tiefen Stampfschritte, keine Fall- und keine Schleifspuren. Die hätte der Sand deutlicher bewahrt. All das stützte die naheliegende Annahme eines Unfalls in stimmiger Weise.

Und wie ist Georg Bachmann ins Wasser gebracht und dort getötet worden? Als ein kerngesunder, durch langjähriges Sporttraining gestählter und aktionsfähiger Mann wäre er doch keinesfalls einfach widerstandslos mitgegangen.

Die erste Hypothese wirft zu viele Fragezeichen auf, als daß sie zutreffend sein könnte. Sie läßt das Rätsel um Bachmanns Tod ungelöst. Albrecht Berger verwirft sie. Von vorn anfangen heißt, andere Möglichkeiten zu überprüfen ... Scheinbar unvermittelt, nimmt er plötzlich auf den von Dr. Reichert zitierten Vorgang Bertram Bezug. Ganz gewiß, sagt er, wäre ein Mann mit der Übersicht Dr. Bachmanns über das Ganze für die andere Seite ein besonders lohnendes Zielobjekt gewesen. Was aber nicht bedeute, daß andere Mitarbeiter des Instituts nicht auch Interesse fänden. Weil sie wohl ebenfalls Informationen besäßen, die Außenstehenden schwer oder gar nicht zugänglich seien ...

Professor Dr. Schill setzt den Kneifer wieder auf und schraubt die Füllfeder pedantisch zu. Das hänge davon ab, antwortet er, welchen Informationsbereich sie bearbeiten. Ohne dozieren zu wollen, müsse er darauf hinweisen, daß hier Materialien aus verschiedenen Informationsquellen zusammenfließen und von Mitarbeitern wie Dr. Bachmann zu Komplexinformationen zu bestimmten Themen zusammengefügt würden. Auch solche jedermann zugänglichen Originalquellen wie die Buch- und Zeitschriftenliteratur, Patentschriften, Dissertationen und Kongreßberichte würden ja ausgewertet und in Quellennachweisen erfaßt. Dazu kämen dann allerdings nichtveröffentlichte Originalquellen wie interne Forschungsberichte und Verfahrensprotokolle aus wissenschaftlichen und betriebseigenen Entwicklungsstellen. Er, Schill, würde meinen, daß vor allem auch die interpersonelle Kommunikation mit ihrem Neuigkeitswert auf Spezialgebieten für Wirtschaftsspionage ein gefundenes Fressen wäre. Sicherlich nicht so ergiebig wie Bachmanns Wissen, aber immerhin ...

«Und er war in der Lage auszuforschen, wer die in falsche Hände geratenen Materialien weitergegeben haben mußte», denkt Albrecht Berger laut. «Da es ihm einmal gelang, hätte er es auch wieder tun können – gesetzt den Fall, ein anderer ... Kann das die Hintermänner der ‹Secreta relata› bewogen haben, ihn ...?»

Schill wiegt den Kopf. «Das erscheint mir nicht logisch», entgegnet er zurückhaltend. «Übersehen Sie bitte nicht, daß die Feststellungen, die Bachmann vornahm, hier auch von anderen vorgenommen werden könnten. Von seinem Stellvertreter zum Beispiel, der nun die Abteilung leitet, von seinen Assistenten oder von mir. Daß es gelingen würde, diesen ganzen Personenkreis zu eliminieren, halte ich für wenig wahrscheinlich. Ich würde Ihre Frage verneinen. Darum ist es meines Erachtens nicht gegangen.»

Der Hauptmann steht auf und bedankt sich für die Geduld des Institutsdirektors. Davon will der nichts hören. Er stehe jederzeit zu Auskünften zur Verfügung, wehrt er ab, denn man ziehe in dieser Sache ja am selben Strang. Fraglos ... Daß Berger mit Reik Arnold als einem nahen Freund des Toten sprechen möchte, findet er verständlich. Dr. Reichert werde ihn führen.

Sie verlassen das Arbeitszimmer. Zwei Weißkittel treten, Ordner in den Händen, statt ihrer bei Professor Dr. Schill ein. Sie haben bereits gewartet und sind nun sehr in Eile. Der Alltag im Institut geht weiter. Unaufschiebbare Arbeiten fallen an und wollen erledigt werden.

10.

Auf den ersten Blick erkennt Stefan Murzick diesmal Jansen nicht, so verändert sieht der aus. Als der junge Mann mit dem jeansblauen Knautschhut an der Haltestelle der Straßenbahn Nummer 86 in der Regattastraße aussteigt, muß er sich erst einmal suchend umschauen. Dabei ist der andere ganz nah. Er sitzt in der Fahrerkabine eines schneeweißen Multicar-Kleintransporters mit knallrot aufgemaltem Firmennamen am Kofferaufbau, raucht wie gewohnt und läßt – ebenfalls wie gewohnt – sein Gasfeuerzeug auf der Hand tanzen. Das Fahrzeug hat den Parkplatz unmittelbar am Schienenstrang der Elektrischen heute sogar für sich allein. Gedränge herrscht hier nur, wenn auf dem Regattagelände in Berlin-Grünau die alljährliche Camping- und Bootsausstellung stattfindet oder wenn dahinter auf der Dahme Regatten gefahren werden. Sonst ist es hier vergleichsweise still. Die Häuser der Wassersportvereine und auch die Gaststätten am Fluß liegen ruhig da. Kinder radeln auf dem Weg zum Strandbad vorüber, Fahrzeuge rollen ohne Halt vorbei. Zwei, drei Leute, die mit Murzick die Straßenbahn verlassen haben, verlieren sich rasch in Nebenstraßen.

Murzick hat Jansen bisher nur «in Schale» zu Gesicht bekommen. In Arbeitskleidung – weißer Overall und leinene Schirmmütze – ist er ihm fremd. Und so sieht er denn auch einigermaßen verdutzt und ungläubig drein, als Jansen aussteigt und ihn anruft. Murzick hält den Auftritt für eine Maskerade, und irgendwie imponiert ihm das. «Dufte Nummer», sagt er anerkennend und will gleich beweisen, daß auch er nicht von Pappe ist. «Ich habe am Telefon schon angedeutet, daß ich den Jungen an der Zunge ziehen konnte. Leicht war's nicht. Der ist ganz schön ausgekocht für sein Alter, 'n waschechter Berliner. Aber ich besitze die Adresse von dem Weib.»

Da wirft Jansen trocken hin: «Kleingartenkolonie Neuer Garten zwo, Malvenweg zwölf. Bei Klinger. Wollten Sie mir das mitteilen?» Lässig und ohne Aufhebens vorgebracht, mit einem ganz leisen Unterton von Überlegenheit nur, verfehlen seine Worte ihre Wirkung nicht. Murzick ist beeindruckt, daß Jansen schon weiß, was zu erfahren ihn solche Mühe gekostet hat – und daß er ihn das wie etwas Nebensächliches begreifen läßt. Er macht kein Hehl aus seiner Verblüffung. Dann allerdings versucht er, sie mit mauligen Fragen zu überspielen, warum, um alles in der Welt, denn er, Murzick …

Jansen kann auch daraus etwas machen. «Ich habe Sie getestet. Um festzustellen, ob Verlaß auf Sie ist. Test bestanden, Murzick», antwortet er von oben herab. «Ist Madame schon mal in ihrer Wohnung gewesen?»

Diesmal gibt Jansen nicht zu erkennen, ob er die Antwort wiederum im voraus weiß oder nicht. Aber es scheint ihn zu befriedigen, daß Murzick verneint und seiner Sache offenbar sicher ist. Er hält ihm seine Zigarettenpackung hin, bedient sich auch selbst und läßt sich Feuer reichen, obwohl er den eigenen «Flammenwerfer» noch in der Hand hält. «Gut», sagt er dann gedehnt, senkt die Stimme und fährt im Befehlston fort: «Wir treffen uns Punkt zwanzig Uhr dreißig auf dem Parkplatz am Bahnhof Grünau. Da ist die Sonne gerade untergegangen – na und im Dunkeln ist gut munkeln. Wir fahren raus und holen uns die verfluchten ‹Schnürsenkel›. Das macht Sie mir nichts, dir nichts um zwei Blaue reicher.» Damit nimmt er schon einen Hundertmarkschein, auf Briefmarkenformat zusammengefaltet, doch an der Farbe deutlich zu erkennen, aus seinem Brustlatz und schiebt ihn in Murzicks Hemdtasche. «Einen als Vorschuß. Den zweiten gibt's nach getaner Arbeit.» Und: «Alles okay?»

«Ich bin da», versichert der junge Mann und tut, als kratze er sich. In Wahrheit will er bloß den «Blauen» rascheln hören. Das ist ihm ein angenehmes Geräusch. Er gibt nur mit einem Blick zu dem Multicar zu bedenken: «Aber wohl doch nicht mit diesem flinken Hirsch, Chef? Da lachen ja die Hühner – und jeder Dorfpolizist holt uns mit seiner ‹Schwalbe› ein, wenn er nur will.»

«Es wird keiner wollen, weil wir uns nicht wie Idioten anstellen werden», weist ihn Jansen zurecht. «Im übrigen ist dieser ‹flinke Hirsch› goldrichtig. Mit 'nem Peugeot oder so 'nem Rassepferd wären wir auffälliger. Mit dem da sind wir Bauleute, die nach Feierabend noch ‹scharwerken› waren – hübsch nach dem Motto: ‹Privat geht vor Katastrophe›. Das kennt jeder, und deshalb findet keiner was dabei. Alles durchdacht! Also ...»

Wenn er annimmt, damit sei alles im Lot, irrt er sich. Nun, da es ernst wird, hat Murzick wieder Bedenken und ein seltsam mulmiges Gefühl in der Magengegend. Er zieht mit der Fußspitze einen der weißen Striche nach, die Stellplätze auf dem Parkplatz markieren. Ohne Jansen anzuschauen, meldet er Vorbehalte an: «Mal angenommen, das Weib wird bei der Einsteige wach und sieht uns – was'n dann? Mit Umnieten ist nichts drin. Da mache ich nicht mit. Ich bin ja nicht lebensmüde! Mit mir war einer in der Knete, der das hinter sich hatte ... Nee, mit mir nicht!»

Jansen schafft es, ein mitleidiges Lächeln aufzusetzen. Das hat was Beruhigendes. Fast beleidigt fragt er, wofür ihn Murzick denn halte. Er, Jansen, wäre der letzte, dem an der Auslösung eines großen Wirbels gelegen sei. Natürlich würden sie auf die feine englische Art vorgehen, das verstehe sich von selbst.

«Angenommen, Madame wird wirklich wach ... 'n bißchen Äther, eine Handvoll Watte – und sie schläft wie'n Engelchen, bevor sie in der Dunkelheit irgendwas gesehen oder begriffen hat, worum es überhaupt geht. Wenn sie aufwacht, weiß sie nichts weiter, als daß sie Kopfschmerzen hat. Und das vergeht. Da sind wir längst über alle Berge, und keiner hat ernstlich Schaden genommen. Eine ruhige, runde Sache, Murzick! Ganz ohne Krawall. 'nen Killer brauche ich nicht.»

Der junge Mann lächelt erleichtert. Wie Jansen es schildert, sieht er keinen Grund mehr zur Besorgnis. Was auf ihn zukommt, ist weniger gefahrvoll als manches, das er früher unternommen hat. Und es gefällt ihm auch, daß Jansen geräuschlos und ohne Gewalt handeln will. So, wie er's vorhat, könnte es gehen. Zumal sie nachts aktiv werden wollen. Kleingärtner pflegen mit den Hühnern schlafen zu gehen und wieder wach zu werden, wenn die Hähne krähen und das Federvieh ins Freie will ... In Laubenkolonien lebt man ländlich ... Das kommt ihnen entgegen. Es sieht alles ziemlich einfach aus und nach realistischer Einschätzung ihrer Möglichkeiten.

«Okay», stimmt Stefan Murzick zu und wendet den Kopf in die Richtung, aus der Fahrgeräusche der Straßenbahn hörbar werden. «Zwanzig Uhr dreißig, Parkplatz Grünau. Na, da gehe ich jetzt noch 'n bißchen ‹rabotan›. Meyer freut es, und er hat 'n guten Eindruck von mir. So long!» Und läuft schon über die Schienen, um auf der anderen Seite in die heranrollende rotgelbe Bahn zu steigen. Auch die Linie 86 wird jetzt von modernen «Tatra»-Zügen bedient, die schnell, geräumig und bequem sind. Auf Vorortstrecken wie dieser drehen die Fahrer gern mal richtig auf, die Haltestellen liegen hier weiter auseinander als in der Stadt. Da lohnt es sich. Und ein bißchen Spaß muß doch dabeisein.

Jansen hat es nicht eilig. Er raucht und tritt betulich die Kippe aus, bevor er zu seinem Fahrzeug zurückschlendert. So schafft er sich eine Gelegenheit, sich unauffällig umzusehen und sich zu überzeugen, daß er noch immer nicht unter Beobachtung steht. Das ist ihm zur zweiten Natur geworden. Er ist mißtrauisch und vorsichtig und sehr auf seine persönliche Sicherheit bedacht. Natürlich weiß er, daß die Observanten der Sicherheitsorgane ausgesuchte Spezialisten sind und gelernt haben, sich quasi unsichtbar zu machen. Hier, auf weithin überschaubarer offener Fläche würde das aber auch ihnen schwerfallen. Und weit und breit bewegt sich nichts.

Da steigt Jansen in den Multicar und dreht den Zündschlüssel. Ein Lieferwagen unter anderen, fädelt sich dieser kurz darauf in den fließenden Verkehr auf dem Adlergestell ein. Es ist nichts daran, das Aufmerksamkeit wecken würde.

Zu dieser Zeit hält sich Albrecht Berger bereits wieder in seinem Büro auf. Sein Gespräch mit Reik Arnold war nicht allzulang. Dr. Reichert und der Hauptmann sind durch die Zimmer gegangen, in denen Institutsmitarbeiter in Kitteln und ohne – eigentlich sollen sie welche tragen – telefonierten, über Papieren saßen oder Texte, Bilder und Zahlenkolonnen auf die Bildschirme von Personalcomputern zauberten. Hier und da warf ein Thermodrucker ausgedruckte Kopien von Materialien aus, die in Ablagekörbe wanderten oder gleich weitergegeben wurden. Dr. Reichert hatte angedeutet, das hier geordnete und systematisierte Material werde anschließend in die verwendete Computersprache übertragen, dann in der technischen Abteilung gespeichert und auf Abruf übertragen. In der technischen Abteilung seien die Arbeitsplätze beispielsweise von Jennifer Bachmann und Petra Arnold. Was den diplomierten Informationswissenschaftler Reik Arnold angehe, so habe der sich vorwiegend mit der schon erwähnten interpersonellen Kommunikation zu befassen.

Sie trafen ihn an, als er just ins Telefon sprach, ein im Material Nummer sowieso enthaltener Verweis auf ein im dortigen Werk entwickeltes Rationalisierungsmittel habe Anfragen verschiedener Nutzer mit der Bitte um Detailangaben gezeitigt. An deren Beschaffung liege ihm also ...

Nachher hatte Reik Arnold Berger zur Verfügung gestanden und keinen Zweifel daran gelassen, daß er alles tun werde, dem toten Freund bei der Aufklärung seines rätselhaften Todes einen letzten Liebesdienst zu erweisen. Das sei alles so unerklärlich und eigentlich absurd ... Dann erzählte er von seiner letzten Begegnung mit Schorsch und daß er diesem noch «Gut Licht und schöne Motive» gewünscht habe, als sie sich trennten. Das müsse nun wie der nackte Hohn wirken.

Hier hatte ihn Berger unterbrochen und geschildert, wo der Leichnam des Doktors angetrieben wurde und wo man später seine Habe fand. Wie sich Arnold erkläre, daß jene Fundstelle so weit von dem Ort entfernt war, an dem sein Freund zum Meer hinuntergegangen sei.

Der dargelegte Sachverhalt war für Reik völlig neu und verwirrend gewesen. Er hatte ihn zur Kenntnis genommen und ihn nicht deuten können, was er ehrlich eingestand. Er wäre, hatte er wiederholt, fest überzeugt gewesen, daß Schorsch unmittelbar vor Nessebar habe tauchen wollen.

Hilfloses Schweigen ...

Dem hatte Berger mit der Bemerkung ein Ende gesetzt, einige Begleitumstände des «Unfalls» ließen dessen genauere Untersuchung notwendig erscheinen. Unter anderem halte er für angemessen, sich einen Überblick über den

Personenkreis zu verschaffen, mit dem Bachmanns während des Urlaubs Kontakt hatten – soweit es sich dabei nämlich um Bekannte und Arbeitskollegen des Ehepaares handle, die ja nach Lage der Dinge auch Arbeitskollegen und Bekannte Reiks sein würden: Mitarbeiter des Instituts, Glieder der Informationsketten, ehemalige Kommilitonen aus gemeinsamen Studienjahren und so weiter.

Ja, diesbezüglich sei er gewiß auskunftsfähiger als Jennifer, hatte Arnold sofort beigepflichtet. Erstens kenne er Schorsch länger als seine junge Frau, und zum zweiten seien Georgs und seine dienstlichen Bekanntschaften weitgehend die gleichen. Dann war er förmlich zusammengezuckt, hatte den Hauptmann erschrocken angesehen und gefragt, ob Bachmann gar nicht Opfer eines Unfalls geworden wäre und er, Berger, ein Verbrechen vermute. Was ihn denn dazu veranlasse.

In laufende Ermittlungen dürfe Dritten nicht Einblick gewährt werden, hatte Berger um Verständnis gebeten und Reik um weitere Unterstützung ersucht. Die war sogleich und vorbehaltlos zugesagt worden, aber …

«Bachmanns haben am Slantschev Brjag Urlaub gemacht, ich in Pomorie. Woher soll ich wissen, wen sie getroffen haben oder nicht?»

Daraufhin war der Hauptmann auf den Hauptpunkt gekommen. «Frau Bachmann hat mir eine Menge von Schmalfilmen überlassen, die ihr Mann in Nessebar belichtet hat mit dem Bemerken, in diese Aufnahmen sei eine Vielzahl von Zufallsbegegnungen eingeflossen. Ich würde gern den Versuch machen, anhand der Filmbilder wenigstens einen Teil der Personen zu identifizieren. Wollen Sie mir behilflich sein, Herr Arnold?»

Da hatte Reik geschluckt, für einen Moment keine Worte gehabt, dann aber gesagt, das wäre natürlich eine Möglichkeit und ein genialer Einfall. Ja, davon verspreche er sich was. Er stehe zur Verfügung, wann immer er gebraucht werde. Ob er gleich mitkommen solle?

Geräte im Raum hatten Rufzeichen von sich gegeben, ziemlich durchdringend und unüberhörbar. Daraufhin waren Mitarbeiter hereingekommen, die das Zimmer Arnolds teilten und ihren Kollegen und seine Besucher zunächst allein gelassen hatten, hatten eine Entschuldigung gemurmelt und getan, was sie tun mußten. Alltag. Berger hatte Arnold zugesichert, ihn anzurufen, sobald die Filme entwickelt und zur Vorführung bereitgestellt seien. So waren sie verblieben.

Nun in der Dienststelle ... Staatsanwalt Schulte hatte bereits angerufen und übermitteln lassen, nach den Untersuchungen der Gerichtsmedizin stehe nun zweifelsfrei fest, daß Bachmann, Georg, ausschließlich mittels der Drahtschlinge unter Wasser gezogen und dort festgehalten worden sei, bis der Tod eintrat. Der Druck des Tatwerkzeugs sei hoch genug gewesen, alle Bemühungen Bachmanns zu vereiteln, an die Wasseroberfläche zu gelangen. Eine vorherige Einwirkung durch Barbiturate und andere Drogen habe nicht nachgewiesen werden können. Nähere Details im noch auszufertigenden Obduktionsbericht ... Ja, und morgen erwarte er, Schulte, den Genossen Hauptmann zur Lagebesprechung und zur Abstimmung über den Ermittlungsplan.

Eben klingelte das Telefon wieder. Kaum hatte Frau Hansch ziemlich aufgeregt erklärt, Bernd sei mit Neuigkeiten aus der Schule gekommen, deren Weitergabe sie für unerläßlich halte, als Berger den Telefonlautsprecher zuschaltete. So hören jetzt Mahnau und Kuhnert mit, was am anderen Ende der Leitung Bernd heraussprudelt.

«... und da hat er sich verraten, Herr Berger! 'n Filmamateur, der seine heißgeliebten Super-acht-Streifen zu ‹Schnürsenkeln› macht, den gibt's nicht! Und dann redete er von ‹Rollen› und gleich darauf davon, daß er und Bachmann dieselbe Kamera hätten. Die ‹Quarz› wird aber mit Kassetten geladen und nicht mit Filmrollen wie ältere Modelle. Das weiß man doch. ‹Lügenmaul› wußte es aber nicht. Ich, nicht faul, klopfe auf den Busch und meine, Dr. Bachmann hätte 'ne ‹Admira›. So eine benutzt Vati, wissen Sie, und die kenne ich genau. Die Kamera von Bachmanns übrigens auch. Er hat sie mir mal gezeigt, weil mich das interessiert. War ja 'n Kumpel ... Ob Sie's glauben oder nicht: Die Flasche mit'm Knautschhut ging voll aufs Glatteis und stieg auf die ‹Admira› ein. Hat nicht 'ne Spur von Ahnung, der Mann. Tut bloß so. Das ist doch verdächtig, oder?»

Bergers «junge Leute» tauschen einen schnellen Blick. «Nachwuchs», sagt Kuhnert vergnügt zu Mahnau. «Da wächst uns was Kluges ran!»

«Gut gemacht, Bernd», anerkennt auch Berger. «Da du mit dem Mann jetzt längere Zeit zusammen gewesen bist – könntest du ihn heute beschreiben?»

«Bis auf'n letzten Pickel», dröhnt der Lautsprecher Antwort. Aber er überträgt auch Frau Hanschs Aufforderung, nicht zu verheimlichen, daß es dem Fremden seinerseits ebenfalls gelungen sei, ihn, Bernd, hereinzulegen. Ob ihm das nun peinlich wäre oder nicht. Es könne ja wichtig sein. Und wieder ist Bernd zu hören. «Ich habe schon gedacht, die Show wäre gelaufen, da hat mich das Lügenmaul dann doch überfahren. Mir ist nämlich rausgerutscht, wo die arme Frau Bachmann jetzt ist. Neuer Garten zwei, Malvenweg zwölf, bei Klinger. Hab's sofort gemerkt, aber da war es natürlich schon zu spät. Wenn er hingeht ...»

Kuhnert steht auf. «Ich fahre hin und bin in ihrer Nähe, wenn Sie gestatten», sagt er atemlos.

«Augenblick mal, Bernd», bittet der Hauptmann und legt die Hand auf die Telefonsprechmuschel. Er sieht Kuhnert an, der wie eine gespannte Bogensehne dasteht, und denkt, der Vorschlag sei gut, aber der Mann, der ihn machte, zu impulsiv für seine Realisierung. Er könnte spontan und unbesonnen handeln. Später vielleicht, wenn er sich besser disziplinieren kann ... Jetzt ... Laut sagt Berger: «Für Sie habe ich eine andere Aufgabe, Genosse Kuhnert. Mahnau fährt. Sie nehmen eine Genossin mit und lassen sich einen ‹Trabi› geben. Wenn mich nicht alles täuscht, steht eines der Nachbarhäuschen leer. Wir regeln, daß Sie da reinkommen, verständigen Sie den OvD. Mit Frau Bachmann, wenn überhaupt, nur nachbarliche Kontakte. Sie greifen nur im Notfall ein. Klar?»

«Bin schon weg», erwidert Mahnau mit einem Nicken und verläßt das Zimmer. Obwohl ihn seine Freunde «Dikker» nennen, kann er sehr behende und flink werden. Er braucht nur immer einen Anlaß dazu.

Albrecht Berger gibt die Sprechmuschel wieder frei.

«Du brauchst dir keine Sorgen zu machen, Bernd. Und sage deiner Mutti, es sei auch nicht nötig, daß sie Frau Bachmann über den Bahnhof verständigt. Das erledige ich. Aber es war richtig, daß du mich angerufen hast.» Nun gibt er den Hörer von einer Hand in die andere. «Bleiben wir mal bei dem ‹Lügenmaul›. Du kannst es also beschreiben ...»

Bernd fragt zurück, ob er gleich loslegen solle. Spürbar schwingt in seiner Stimme Erleichterung mit. Er hat sich wohl ob seiner Leichtfertigkeit Vorwürfe gemacht. Aber deretwegen kann ihn Berger nicht tadeln – der Junge hat sich für sein Alter erstaunlich tapfer geschlagen. Daß er sich über- und den Knautschhut mit kindlicher Selbstherrlichkeit unterschätzt hat, steht auf einem anderen Blatt. Es konnte nicht ausbleiben, das liegt in der Natur der Sache. Der Junge ist klug, aber sein Kontrahent erfahren und gerissen.

«Da weiß ich was Besseres», erwidert er freundlich. «Bist du zu Hause? Dann schicke ich jemand zu euch, der nach deiner Beschreibung ein Bild von ihm macht. Einverstanden?»

Fast beleidigt ruft Bernd zurück, wenn er gebraucht werde, gehe er natürlich nicht spielen. Ehrensache! Und wenn der Knautschhut 'n Verbrecher wäre, würde er helfen, ihn zu kriegen. Und er müsse ja 'n Gangster sein, wenn Herr Berger ein Phantombild von ihm benötige. Damit verrät er, daß er vor der «Glotze» bleibt, wenn sie Kriminalfilme zeigt. Welcher Junge tut das nicht?

So entgegnet der Hauptmann gelassen, dienstlich heiße ein entsprechendes Bild zwar «Subjektivporträt», weil seine Stimmigkeit vom Erinnerungsvermögen eines einzelnen abhänge, doch sie meinten beide das gleiche. Bernd möge warten. Dann legt er auf und sagt zu Kuhnert, er solle veranlassen, daß der Erkennungsdienst jemand zu Hanschs schicke, der mit Kindern umgehen kann. Es gehört ja viel Geduld und Einfühlungsvermögen dazu. Der Leutnant geht, das in die Wege zu leiten.

Als er zurückkehrt, hat sein Chef einmal mehr die aus Bulgarien übermittelten Unterlagen und deren Übersetzung vor sich ausgebreitet. Seine Pfeife qualmt. Ein Glas Bitter-Tonic steht auf dem Tisch. Kuhnert wird aufgefordert, sich aus dem Waschbecken zu bedienen, falls er die Kehle anfeuchten wolle. Der Jüngere will, holt sich ein Glas, öffnet eine zweite Flasche und meldet nebenher, der Erkennungsdienst sei unterwegs und die Foto-Film-Abteilung habe mit der Entwicklung von Bachmanns Filmen begonnen. Weiter referiert er, daß die beigebrachten Urlauberlisten von Reisebüro und Paßstelle ergebnislos überprüft worden sind. Keine der darin erfaßten Personen ist bisher auffällig geworden.

Berger nickt. Alles bleibt noch im dunkeln. Unerklärlich, wie Bachmann ins Meer und damit in die Schlinge seiner Mörder kam, ohne daß an Land ein Kampf vorausging ... Unklar noch, wer ihn konkret angriff, obwohl ... Hier fängt eine Linie an sich abzuzeichnen.

«Wie's aussieht», wendet er sich an Kuhnert, «wird nichts unversucht gelassen, an Bachmanns Aufnahmen aus Nessebar heranzukommen. Der Griff nach seiner Fototasche in Schönefeld, als ‹Verwechslung› ausgegeben, und das wiederholte Auftauchen des Mannes mit dem Knautschhut mit immer demselben Ziel ... Nun, sobald wir das Bild besitzen, kennen wir ihn. Reisegefährten werden ihn als einen der Männer identifizieren, deren aufgelistete Namen uns noch nichts sagen. Aber warum sein Interesse an den Filmkassetten?»

«... nach denen er in Bulgarien noch nicht zu greifen wagte, weil bei Frau Bachmann im Hotel die Miliz aus- und einging», schließt sich Kuhnert an. «Warum er jetzt so aktiv ist ...» Das wird ihm auch nicht verständlich.

Berger kehrt gedanklich noch einmal zum Versuch Gerlichs zurück, den Wissenschaftler Dr. Georg Bachmann für den BND und dessen Aushängeschild, die Auskunftei «Secreta relata», anzuwerben. Das klappte nicht. Es gelang lediglich, den Institutsmitarbeiter Bertram zur Preisgabe ökonomisch brisanter Materialien zu stimulieren. Und dieser Bertram wurde enttarnt, weil Dr. Bachmann aufgrund seiner präzisen Kenntnis des Informationsflusses im Institut feststellen konnte, wer mit den weitergegebenen Materialien befaßt gewesen war ... Selbst mit Theorie und Praxis der Informatik vertraut, hatte Christian Gerlich zumindest mutmaßen können, auf welche Weise Bertram ermittelt wurde ... Er hatte zweifellos ebenfalls gewußt, daß Bachmann nicht der einzige Mitarbeiter des Instituts war, der die besagten Rückschlüsse zu ziehen vermochte, aber ...

Georg Bachmann mit der Enttarnung Bertrams in Beziehung zu setzen, besaß eine gewisse Logik und erhärtete das Bild eines konsequenten Kommunisten, das bereits seine Zurückweisung des angebotenen «Auskunftei»-Jobs angezeichnet hatte. Daß dies aber Gerlich nicht veranlaßt haben konnte, den als gefährlich betrachteten Gegner beseitigen zu lassen, war von Professor Dr. Schill belegt worden. Nein! Nicht zurückliegendes Geschehen, sondern Erlebnisse unmittelbar in Nessebar mußten den BND bewogen haben, mit einem im Bereich der Wirtschaftsspionage seltenen Gewaltakt im Range eines Kapitalverbrechens Bachmann für immer zum Schweigen zu bringen.

Albrecht Berger pafft und beißt dabei auf dem Pfeifenstiel herum. Das ist eine Angewohnheit. Birgit, seine Frau, spöttelt manchmal, sie wisse genau, wann er harte Nüsse zu knacken habe, seit er Pfeifen rauche. Der Grad der Bißkerben an den Stielen verrate das. Ein Pfeifenstiel ist dadurch schon zu Bruch gegangen.

Kuhnert hat sich die Akte herangezogen und liest darin. Mag ja sein, daß ein übersehener Nebensatz neue Gesichtspunkte bringt.

Der Hauptmann blickt auf Fotos der Fundstelle von Bachmanns Sachen. Großformatige Aufnahmen, nach Polizeigewohnheit knochenhart kopiert – nicht schön, aber deutlich bis ins letzte Detail ... Fußspuren, die der Sand bereits verschüttet. Die kleinen müssen die der Kinder sein, die Fototasche und Kleidungsstücke entdeckten. Keine tiefen Eindrücke, kein aufgewühlter Boden, keine Schleifbahn. Hier fand kein Kampf statt. Da hat einer einfach seine Sachen abgelegt und ist mit seiner Kamera ins Wasser gegangen. Zu dem führen Flossenabdrücke hin. Und die Fußspuren stellen überhaupt in Abrede, daß hier mehrere beisammen gestanden haben. Die Bilder sprechen dagegen, daß Dr. Bachmann hier angeredet und schließlich überwältigt worden ist, um einen Badeunfall vorzutäuschen.

Berger betrachtet sie lange. Wenn er sie richtig deutet, kann der Informatikdoktor hier nur völlig ahnungslos seinem Hobby nachgegangen sein. Er muß erst draußen im Meer unerwartet angegriffen worden sein und keine Möglichkeit mehr gefunden haben, seinen Mördern zu entrinnen. Welchen Grund konnte es dafür geben, wenn die vermutete neuerliche Ansprache offenbar gar nicht stattfand? Und ihr Ausgang nicht sofortiges Handeln initiierte?

Da ist diese seltsame Jagd des jungen Mannes mit dem Jeanshütchen auf Bachmanns Filme ... Der konkreteste bisherige Anhaltspunkt ...

«Nehmen wir mal hypothetisch an, Kuhnert», sagt Berger plötzlich in die Stille, «der Filmamateur Bachmann habe mitten im Touristenstrom aus aller Herren Länder, mitten im Ferienparadies sonnenhungriger Urlauber etwas entdeckt und gefilmt, was nach dem Willen seiner und unserer Gegner verborgen bleiben sollte – und das wäre bemerkt worden. Was dann?»

«Man würde natürlich versuchen, diese gefährlichen Beweismittel an sich zu bringen», antwortet der Leutnant umgehend und ist ganz bei der Sache. «Erst recht, sofern man Bachmann erkannt hatte. Wem der seine Aufnahmen zeigen würde, stand ja wohl außer Zweifel. Und Dr. Reichert wüßte sich sofort einen Reim darauf zu machen, wenn er per Film Zeuge eines Treffs wäre, an dem einerseits vielleicht ein unbescholtener Institutsmitarbeiter und andererseits eine Person teilhätten, die wir zu identifizieren vermögen. Zum Beispiel! Ich würde meinen, daß das Gesehenwerden Bachmanns und seiner Apparatur in der Nähe eines solchen Treffs schon ausgereicht hätten, Bachmanns Beseitigung bei erstbester Gelegenheit zu beschließen. Denn selbst, wenn man ihm die Filme entriß – er hatte einen Mund zum Reden und würde ihn aufmachen. Das stand fest. Also ... Daß man sich der Filme nicht schon in Bulgarien bemächtigen konnte, mag am schnellen Erscheinen der Miliz gelegen haben. Deshalb nun hier dieser Achtgroschenjunge. Denn noch, denkt man, trägt Frau Bachmann das Material mit sich herum, ohne zu ahnen, wie heiß es ist.»

Berger erinnert sich an Jennifers Erklärung, ihr Mann habe die belichteten Filme im Hotelzimmer gelassen, als er zu seiner Tauchexpedition aufbrach. Gesetzt den Fall, seine am Strand liegende Tasche wäre durchsucht worden – es befand sich nur Reservematerial darin, noch in Folie eingeschweißte Kassetten, neutrale Schichtträger. So weit, so gut. Aber ...

«Bachmanns waren eine Kieke und ein Ei», wiederholt er unbeabsichtigt Frau Hanschs Worte. «Ohne Geheimnisse voreinander. Mit gleichen Überzeugungen. Er hätte sich mitgeteilt. Aber sie weiß nichts.»

«Und wenn er einfach schwieg, um sie nicht zu beunruhigen und ihr die Urlaubsunbefangenheit zu erhalten? Oder auch, um sie nicht hineinzuziehen?»

«Nein», widerspricht Berger. «So waren sie nicht. Es muß etwas anderes sein.»

Wieder entsteht eine Pause, wieder herrscht Schweigen. Endlich bittet der Hauptmann die Sekretärin, den Leiter der Foto-Film-Abteilung für ein paar Minuten herzubitten – mit einer «Quarz»-Schmalfilmkamera, wenn eine zur Hand sei.

Es ist eine da. Ein Genosse in säurefleckigem Kittel bringt sie mit. Die übermittelten Filme würden bearbeitet, erklärt er als erstes. Sie müßten mit einer Kamera solchen Typs belichtet worden sein, nach den Greiferspuren zu urteilen.

«Sie sind es», bestätigt Berger. «Bitte, erklären Sie mir den Apparat. Ich verstehe nichts davon. Sie müssen zu mir sprechen, als hätten Sie einen Analphabeten vor sich.»

Nachher nimmt er die Kamera selbst ans Auge, überzeugt sich von der erstaunlichen Fernrohrwirkung der Gummilinse und findet das verkleinernde Sucherbild eigentlich wenig ergiebig.

«Aber es zeigt Ihnen im Miniformat genau dasselbe wie nachher das große Projektionsbild», betont der Oberleutnant im Kittel. «Wobei Sie auf der Leinwand durchaus noch Details entdecken können, die Ihnen vorher entgangen sind. Die vielfache Vergrößerung des Sucher- wie des Filmbildes bewirkt das. Auch die Leuchtkraft des Projektionsbildes und seine größere Helligkeit spielen eine Rolle. Bedenken Sie, daß die Sucher von Spiegelreflexkameras während der Aufnahme relativ dunkel sind, weil sie ja der Abblendung des Objektivs mit unterliegen. Bei besonders hellen Motiven wie Strand, Landschaft unter Mittagssonne, Sandflächen und reflektierenden hellen Wänden setzt die Automatik dieser Kamera Blendenwerte wie sechzehn oder gar zweiundzwanzig ein und reduziert den Lichteinfall auf das vom Negativ eben noch verkraftbare Maß. Da sehen Sie vergleichsweise wenig und machen bei der Projektion oft atemraubende Entdeckungen. Denn nun ...»

«Wiederholen Sie das noch einmal, bitte», unterbricht ihn Berger. Der Oberleutnant verzieht keine Miene, er ist an manchmal zunächst seltsame Erkundigungen gewöhnt. Gleichsam zum Mitschreiben liefert er seine Erklärung noch einmal. Diesmal schließt er jedoch mit einem praktischen Beispiel. «Angenommen», sagt er, «ich wollte in Warnemünde das Ablegen der Eisenbahnfähre aufnehmen, dann wäre ich darauf konzentriert, das Fährschiff gut im Bild zu haben – sein Rückwärtsfahren, das Schließen des eben noch offenen Bugs und so weiter. Das würde mich vollkommen in Anspruch nehmen, zumal die Sonne scheint und mein Sucher dunkel ist. Falls seitlich meines Motivs beiläufig eine Barkasse vorüberzieht und Leute winken, wird das meine Kamera zwar auch festhalten, aber ich werde es erst auf dem Film sehen. Es war im Augenblick nicht wichtig, ich habe nicht darauf geachtet. Das ist ein ganz eigentümlicher Effekt.»

Als der Oberleutnant mit seiner Kamera wieder gegangen ist, platzt Kuhnert heraus: «Und wenn Bachmann dasselbe passiert ist? Man hat gesehen, daß er filmte, doch er sah nicht, auf sein Hauptmotiv konzentriert, was sozusagen am Rande nebenher ablief. Das würde alles erklären – daß er seiner Frau nichts sagte, daß er unbefangen tauchen ging und daß Frau Bachmann den Griff nach der Fototasche für eine bloße Verwechslung hielt. Und ebenso, daß Leute, die um das heiße Eisen wissen, es an sich zu bringen versuchen.»

Berger kratzt den Pfeifenkopf aus. Erst, als er damit fertig ist, räumt er ein, so abenteuerlich das alles klinge, habe es doch mehr an Wahrscheinlichkeit für sich als die erste Hypothese.

«Diese ist zwingend», behauptet Kuhnert.

Albrecht Berger hat plötzlich eine steile Falte über der Nasenwurzel. Diese senkrecht stehende Kerbe bleibt, während er eine zweite, eine kalte Pfeife aus der Tasche mit seinen Rauchutensilien nimmt und zu stopfen beginnt. Er ist unzufrieden und deshalb ein wenig gereizter, als er zu verbergen vermag. Schärfer, als es sonst seine Art ist, weist er Kuhnert zurecht: «Zwingend? Aber wieso denn? Bei allem, was sie für sich hat – über Bachmanns verschwundene Kamera geht diese Hypothese hinweg, als habe es sie nie gegeben. Dabei hat der Wissenschaftler die ‹Quarz› auf seinem letzten Gang mit sich geführt. Das ist der Haken. Da wir nichts mit ihm anzufangen wissen, sehen wir irgend etwas falsch. Aber was?»

11.

«Na, nun habe ich mich doch verquatscht», stellt Anne Klinger trocken fest, als sie ihr Fahrrad zur Gartentür schiebt. Doch klagend klingen ihre Worte nicht gerade. Offenbar ist sie gern eine Weile bei Jennifer gewesen. Vielleicht ist es ihr überhaupt vor allem darum gegangen, Frau Bachmann nicht im Gefühl des Alleinseins versinken zu lassen. Das wäre ihr zuzutrauen. Ebenso kennzeichnend ist für sie, daß sie ihre gütige Hilfsbereitschaft niemals ausstellt, sondern sie hinter einem alltäglichen, ja, banalen Anliegen versteckt. Wenn jemand, dem sie auf ihre Weise beizustehen versucht, sie durchschaut, ist ihr das unsagbar peinlich.

Vorsichtshalber nimmt sie noch einmal auf den Topf Bezug, der in einem Einkaufsbeutel am Fahrradlenker klappert.

«Verquatscht oder nicht», sagt sie vergnügt, «wenigstens sind die Kohlrouladen nicht in der Mülltonne gelandet. Allein hätte ich die nie geschafft, und mein Erich ...» Sie winkt in komischer Verzweiflung ab. «Es ist ein Kreuz mit dem Mannsbild! 's braucht nur einer gelaufen zu kommen und zu jammern, Kollege Soundso hätte seinen Blinddarm entdeckt und deshalb fehle für diese oder jene

Bimmelbahn ’n Zugführer – bums! Schon springt mein Alter in die blauen Hosen!» Jetzt hat sie einen Seufzer, der nicht so ernst gemeint sein kann. «Alles Verrückte unterm Flügelrad! Aber ich bin auch nicht anders gewesen. Das gebe ich zu. Als mein gutes Stück lossauste, habe ich mir halt gedacht ...» Und damit ist sie nun wieder bei ihrem Topf.

Jenny versichert, die Kohlrouladen wären wunderbar gewesen – doppelt schmackhaft, weil sie keine Lust verspürt habe, selbst zu kochen. Erst beim Essen wäre ihr aufgegangen, daß sie doch hungrig war. Da hätte sie insgeheim den Zufall gepriesen, der Herrn Klinger an seinem freien Tag die Schärpe umlegte, die rote.

Wie sie das vorbringt, so mit einem Unterton verhaltener Zärtlichkeit, fühlt sich Anne nun doch schon wieder mal fast durchschaut. Bloß nicht weiter darüber reden! Sie wechselt eilig das Thema. Das Andauern der ungewöhnlich hohen Temperaturen, die Trockenheit des sandigen Bodens und der Wasserbedarf vor allem der Koniferenhecke hinter dem Zaun müssen herhalten.

Jennifer erkennt die Absicht. Sie findet Frau Klinger rührend. Und tut, als glaube sie ihr die Begründung für den Kohlrouladenausflug und ihre betonten Gartensorgen aufs Wort. Natürlich werde sie wieder sprengen, versichert sie. Das verstehe sich doch von selbst. Deswegen brauche sich Frau Klinger nicht zu beunruhigen.

So reden die beiden um das herum, was sie tatsächlich beschäftigt, als aus Richtung Stadt ein horizontgrauer «Trabant» den Malvenweg herunterkommt. Er hält vor der Finnhütte nebenan. Junge Leute steigen aus. Ein Pärchen. Der Mann, ein bißchen rundlich, macht gleich den Kofferraum auf und entlädt Campingbeutel und -taschen. Die Frau hat Schlüssel zur Hand und schließt die Tür zu dem bisher leer stehenden Grundstück auf. Nachher wird sie erst einmal die Fenster der Finnhütte öffnen und durchlüften. Das ist so normal und selbstverständlich, daß alle, die es sehen, keinen Zweifel hegen können, Urlauber wie andere vor sich zu haben. Ordentliche Leute. Das Paar fällt in keiner Weise aus dem vertrauten Rahmen. Sein Auftreten und sein Verhalten sind alltäglich.

Anne erinnert Jennifer denn auch prompt daran, daß der Nachbar schulpflichtige Kinder hat und selbst immer erst kommt, wenn Schulferien angefangen haben. Die jungen Leute, wahrscheinlich Verwandte oder Arbeitskollegen aus dem Wasserwirtschaftsbetrieb, wären sicherlich in ein paar Tagen wieder weg. Und sie wirkten friedlich. Laut werde es demzufolge wohl erst, wenn die Kinder kämen. Die hätten ja von früh bis spät ihr Kofferradio an – und schwerhörig wären sie offenbar auch, die ärmsten. Warum sonst müßten sie immer die ganze Kolonie beschallen?

Das alles ist Jennifer geläufig.

Der junge Mann nimmt das Gepäck auf und trägt es zur Finnhütte. Seine Begleiterin kommt herüber. Als sie die Sonnenbrille abnimmt, ist zu sehen, daß sie auffällig grüne Augen hat wie eine Katze. Man möchte für möglich halten, daß ihre Pupillen nachts bei Lichteinfall leuchten. Es sieht sehr apart aus.

«Guten Tag», sagt sie freundlich. «Wagner. Wir sind für ein paar Tage Nachbarn. Herr Hinz war so freundlich, uns die Schlüssel zu seinem Schmuckstück anzuvertrauen. Wir ziehen wieder ab, sobald die großen Ferien eingeläutet werden. Bis dahin ... Wir sind zum erstenmal hier. Leider! Es ist ja wunderschön bei Ihnen.»

Silke weiß, daß Neuankömmlinge in Siedlungen wie dieser von den Eingesessenen neugierig beäugt und dann «besprochen» werden, um so intensiver, je weniger über sie bekannt ist. Sobald das Woher und Wieso durchschaubar sind, erlahmt das Interesse. Dem allgemeinen Informationsbedürfnis ist Genüge getan. Darauf zielt Silke ab. Da hier so gut wie alle mal Gäste haben, reicht, was sie gesagt hat.

Auch die beiden Frauen vor Nummer zwölf nennen artig ihre Namen und geben die Hand. Man werde sich schon vertragen ... Ja und schön sei es hier wirklich ... Höflichkeitsblaba ... Dann läuft Silke Wagner zur Finnhütte hinauf.

Frau Klinger kommt noch einmal auf den notorischen Durst der Koniferen zurück, ehe sie sich auf ihr Fahrrad schwingt. Sie radelt heimwärts mit dem guten Gefühl, Frau Bachmann erstens versorgt und zweitens ein bißchen von ihrem Kummer abgelenkt zu haben. Wirkte Frau Jenny heute nicht schon viel gefaßter? Das freut sie. Sie ist felsenfest überzeugt, daß die friedvolle Umgebung hier und das Bild der sich um diese Zeit kraftvoll erneuernden, der blühenden Natur Balsam für jeden sind, der Erholung und Heilung seiner Wunden sucht. Es ist richtig gewesen, das Häuschen der jungen Frau eine Weile zu überlassen ...

Jennifer sieht der Älteren noch nach. Sie ist voller Dankbarkeit für deren warmherzige Güte, die sich so bescheiden hinter belanglosen Handlungsvorwänden versteckt. Jenny durchschaut Frau Klinger. Sie könnte wetten, daß Annes Mann an seinem heutigen freien Tag ganz gemütlich zu Hause sitzt, sich Zigaretten dreht und gebilligt hat, daß seine bessere Hälfte sie, Jennifer, versorgt. Diese Wette würde sie gewinnen. Klingers sind praktische Leute und können sich denken, daß Jenny nicht zum Kochen aufgelegt ist. Weil sie das Leben kennen, meinen sie, gegessen werden müsse aber, weil Essen und Trinken bekanntlich Leib und Seele zusammenhalten. Deshalb helfen sie nach, ohne ein großes Getue darum zu machen. Und gerade das ist das schönste ...

Das furchtbare, das lähmende Gefühl des Alleinseins mit Unfaßbarem und Unverständlichem hält Frau Bachmann wirklich nicht mehr so ausweglos umklammert wie noch bei ihrem abendlichen Gespräch mit Reik. Wie sollte es sich da lösen? Reik war doch ebenso rat- und hilflos, so grenzenlos verwirrt wie sie selbst. Es ist der Besuch dieses Hauptmanns Berger gewesen, der sie beeinflußt hat. Der konnte, was geschehen ist, nicht weniger schmerzlich machen, aber:

das zunächst Unerklärbare, als unsinniger Schicksalsschlag sich Darstellende, ist nun so unerklärlich nicht mehr. Es hat einen Hintergrund und einen Zweck erhalten. Deren Kenntnis setzt an die Stelle fatalistischen Sichabfindens Zorn und Empörung – und den brennenden Wunsch, das Verbrechen an Schorsch geahndet zu sehen. Teilzuhaben an seiner Aufklärung. Jetzt mündet Jennifers Traurigkeit in den Willen zum Handeln. Der wird noch verstärkt durch Klingers Verhalten ebenso wie durch das Erlebnis der Wärme, der anheimelnden Freundlichkeit und des persönlichen Glücks der Menschen, die sich hier in der Gartenkolonie mit ihrer Hände Arbeit Träume erfüllt haben. Könnte dieses kleine Paradies nicht morgen Schauplatz eines ebensolchen Angriffs werden, wie einer Georg von ihrer Seite riß? Das ist ein beunruhigender, erschreckender Gedanke.

Am Ende des Malvenwegs wendet sich Anne Klinger noch einmal um und winkt. Jennifer winkt zurück. Erst dann schließt sie die Gartentür von innen.

Mittlerweile hat sich Mahnau bereits mit den örtlichen Gegebenheiten vertraut gemacht. Als Silke Wagner die Finnhütte betritt, kommt er gerade die Treppenleiter herab, die zum Obergeschoß unter dem spitzen Dach führt. Da oben befänden sich noch zwei ganz kuschelige Mansarden, sagt er. Offensichtlich werde die eine von einem Jungen und die andere von einem Mädchen bewohnt – hier gebe es ein Poster von Pierre Brice und Lex Barker als Winnetou und Old Shatterhand in einem Karl-May-Film, dort eines, das Petra Zieger nebst Band abbildet. «Und im übrigen sitzen wir hier goldrichtig, Silke. Die Hütte steht so, daß wir drei Seiten von Klingers Datsche einsehen können. Die uns verborgene Flanke ist verhältnismäßig sicher. Da rückt das offenbar ständig bewohnte Nachbargrundstück dicht heran. Ich habe dort einen Rentner Kaninchenställe säubern sehen, und mal abgesehen davon, daß ihm ein betagter Schäferhund nicht von der Seite wich – ältere Menschen haben oft einen leichten Schlaf. Wenn es überhaupt einen Angriff geben sollte, wird er wahrscheinlich frontal erfolgen, von der Straße her. Zumal die Grundstücke, die hinten anschließen, zum größten Teil benutzt zu sein scheinen. Und die Straße haben wir im Blick.»

«Abwechselnd», stimmt Silke zu. «Ich denke, in der kommenden Nacht dürfte Frau Bachmann am meisten gefährdet sein. Sobald der Alte den Filmjäger identifiziert hat – und dazu scheint er ja auf dem besten Wege zu sein! –, sieht's schon anders aus.»

«Bleibt zu hoffen», schließt sich Harry Mahnau an, «daß der Junge aus Bachmanns Haus, dieser Bernd, den Mund nicht zu voll genommen hat. Aber wenn er den Kerl wirklich beschreiben kann ...»

Silke nickt nur. Sie treffen ihre Vorbereitungen. Dazu gehört das Bereitlegen eines Infrarotfernglases, das dem Benutzer auch tiefe Nacht zum hellen Tage machen kann.

Bernd Hansch schwitzt. Das geht mehr zu Lasten seiner Aufregung, als es durch die Wärme bedingt ist. Die wird durch Wände und Gardinen im Zimmer gemildert. Aber ...

Eingedenk der Aufforderung, jemanden zu schicken, der mit Kindern umzugehen wisse, hat die zuständige Abteilung Ute Koch entsandt. Dies nicht nur, weil sie selbst einen Jungen im Kindergartenalter, sondern auch, weil sie noch einen jüngeren Bruder hat, der wenig älter als Bernd ist. Da er sie manchmal vom Dienst abholt und in der großen Schwester anscheinend *die* Person seines Vertrauens sieht, muß Ute Koch die Richtige für die Arbeit mit einem Dreizehnjährigen sein.

Tatsächlich hat sie es geschafft, Bernds Hemmungen gegenüber einer Erwachsenen rasch abzubauen. Sie redet mit ihm, wie sie mit ihrem Bruder zu reden gewohnt ist, sie hat den gleichen berlinischen Tonfall wie er, und sie weiß auch sicher mit der Ausdrucksweise so junger Leute umzugehen. Sie lacht, wenn's was zu lachen gibt, und dabei hat sie Grübchen, die der kleine Mann «ganz süß» findet – natürlich, ohne das kundzutun. Kurz: Ute Koch gefällt ihm, sie ist «nicht zickig», und infolgedessen will er sie und den Hauptmann, der sie geschickt hat, keinesfalls enttäuschen. Es stellt sich aber heraus, daß das «Phantombild» gar keine leichte Sache ist.

Damit er nachher nicht durch verständliche Neugier vom Wesentlichen abgelenkt werde, hat Ute Koch sich eingangs Zeit genommen, ihm das Instrumentarium zur Herstellung eines Subjektivporträts vorzuführen und zu erklären.

Bernd ist nun im Bilde, daß es darauf ankommt, im dikken Katalog der Signalementdetails unter Kopfformen, Brauen, Augen, Nasen, Lippen, Kinns, Ohren und dergleichen die auszuwählen, die er an seinem Gesprächspartner gesehen zu haben meint. Ute Koch wird dann aus einem ihrer zwei Karteikästchen eine durchsichtige Folie nehmen, die lediglich das erkannte Detail abbildet, und sie auf ihren Lichtkasten legen, bis die verschiedenen Abbildungen im gleichen Maßstab zusammen zur Rekonstruktion eines Gesichts werden. In der Regel, sagte sie, ergeben bereits sieben Folien ein brauchbares Konterfei, doch sei nach oben keine Grenze gesetzt – und je genauer er sich erinnere, desto wertvoller sei Bernds Hilfe. Was nicht als Folie vorhanden wäre, könne sie zeichnerisch ergänzen, deshalb brauche er sich keinen Kopf zu machen. Ja, und nun wollten sie mal anfangen!

Das hatten sie getan.

Jetzt keucht der Junge vor Anstrengung. Der Lichtkasten zeigt schon einen Kopf mit Ohren, Mund und Kinn. Er hat auch Augen und Brauen, aber die Nase ... Die, welche Ute Koch gerade aufgelegt hat, kommt Bernd ganz falsch vor. Seine Nase, bringt er zögernd hervor, wäre eher wie die vorige gewesen – bloß 'n bißchen länger und nicht so dünn.

Ute wechselt die Folie zum wiederholten Male. Nervös

wird sie nicht. Ganz ruhig fragt sie: «Die?» Und bittet gleichbleibend freundlich: «Überleg's dir! Wir haben keine Eile. Soviel Zeit, wie wir brauchen, nehmen wir uns ganz einfach.»

Bernd nickt, starrt auf die «Fratze» und weiß nicht, was es ist, das ihn daran so stört. Wenigstens nicht gleich. Er könnte doch schwören, daß das «Lügenmaul» unterhalb der Nase genauso ausgesehen hat wie hier – und trotzdem scheint das da ein ganz anderer «Typ» zu sein! Wie kommt das bloß?

Er grübelt. Ute Koch stört ihn nicht. Sie wartet. Was sie hier machen, übersteigt oft genug das Vermögen von Erwachsenen. Schwer, einen doch zeitlich begrenzten, meist nur flüchtigen Eindruck zu fixieren ... Selbst, wenn das dem Jungen nicht gelingt, ist ihm daraus kein Vorwurf zu machen. Er tut, was er kann.

Fast unhörbar erscheint Frau Hansch zum wiederholten Male mit ihrer Thermoskanne. Bernd hat sie eine Cola mitgebracht. Sie gießt ein, wirft einen Blick auf das unfertige Bildnis und einen bedenklichen auf ihren Sprößling und entfernt sich so dezent, wie sie gekommen ist. Und in diesem Moment schlägt sich Bernd mit der flachen Hand an die Stirn, daß es klatscht. «Dem da fehlt was», schreit er beinahe. «Der blöde Knautschhut! Ohne den habe ich ihn nie gesehen, vielleicht hat er ihn sogar noch im Bette auf. Und dadurch war sein Kopf oben anders und der da kommt mir fremd vor.»

Ute Koch nimmt eine Leerfolie heraus, legt sie auf den Lichtkasten und greift nach dem Zeichenstift. Was Bernd eingewendet hat, kommt ihr logisch vor. Tatsächlich beeinflussen ja Kopfbedeckungen das Aussehen erheblich. Mit wenigen Strichen ergänzt sie das Bild, übergeht des Jungen begeistertes: «Mann, können Sie zeichnen!» und erkundigt sich sachlich: «Etwa so?»

Bernd kann nicht mehr stillsitzen. Er springt auf, er tritt von einem Bein aufs andere und ruft: «Das is' er! Und nun noch Haare! Die kamen überall raus. Er hat so 'ne ‹Ich-seh'-nicht-mehr-durch›- und ‹Mir-steht's-bis-da›-Frisur.»

Haare bis über die Augen und seitlich noch halb über die Ohren ... Bernd zeigt zwar, was er meint, doch das wäre gar nicht nötig. Dank ihres Bruders ist Ute völlig im Bilde. Sie strichelt, und jetzt kann der Junge seine Unsicherheit abstreifen.

Er sieht den Mann wieder vor sich. Der Gesamteindruck stimmt. Nun ist es auch möglich, dem Porträt die richtige Nase zuzuordnen, die Augen etwas höher zu rücken und die hervortretenden Backenknochen stimmig einzufügen. Dann verkündet Bernd im Brustton der Überzeugung: «Haargenau! Als ob's ein Foto wäre! Nee, det det so jeht, hätt' ick nich jedacht!»

Er ist so hingerissen, da muß er berlinern, obwohl seine Mutter das doch für den Bereich der heimischen vier Wände streng verboten hat. Es gibt halt so Momente ... Und noch den ganzen Abend lang wird er seinen Eltern mit der Feststellung in den Ohren liegen, daß er nun endgültig und unwiderruflich beschlossen habe, Detektiv zu werden. Beim gleichen «Verein» übrigens wie Hauptmann Berger und Ute Koch, denn die seien so dufte ... Genau richtig für ihn!

In der Dienststelle wird das gelungene Subjektivporträt befriedigt, aber ohne Euphorie zur Kenntnis genommen. Es muß sich erst zeigen, ob es wirklich stimmt und ob die Arbeit damit zu Ergebnissen führt. Zunächst heißt es, es fotomechanisch zu vervielfältigen und durch die Mühlen der erkennungsdienstlichen Routine zu schicken. Dazu gehört der Vergleich des erarbeiteten Subjektivporträts mit in den kriminalistischen Registraturen vorhandenen Täterlichtbildern. Dieser Vergleich kann nur greifen, wenn die abgebildete Person schon einmal straffällig geworden ist und wenn der Computer zwingende Ähnlichkeit des synthetischen Bildes mit einem der archivierten Dreiseitenfotos – Profil von rechts, Ansicht von vorn, Halbprofil von links – zu erkennen vermag. Ein so untrügliches Identifizierungsmittel wie ein Fingerabdruck ist ein Bild nicht. Daktyloskopische Merkmale ändern sich nie, Gesichter ja. Aber vielleicht …

Zur Personenfeststellung gehört ferner, daß Bergers Mitarbeiter das Bild Reisegefährten des Dargestellten vorlegen, dem Kabinenpersonal des Flugzeuges, das auch Frau Bachmann benutzt hat und das schwerlich gerade jetzt wieder in Schönefeld sein wird, und am Zentralflughafen eingesetzten Taxifahrern.

So kommt es, daß Rolf Kuhnert an diesem Abend darauf verzichten muß, sich seinen Waffensack zu greifen und zum Fechten zu gehen. Ausgerüstet mit dem Porträt und Namenslisten, hat er eine lange Rundreise anzutreten.

12.

«Er heißt Murzick, Stefan, ist sechsundzwanzig Jahre alt, ledig und vorbestraft», meldet der Erkennungsdienst Hauptmann Berger am nächsten Morgen. «Das Stadtbezirksgericht Mitte hat wegen Gepäckdiebstahls in mindestens vierzehn und wegen Taschendiebstahls in mindestens achtzehn Fällen gegen ihn verhandelt. Die Transportpolizei hatte ihn in flagranti gestellt, deren K führte die weiteren Ermittlungen. Murzick arbeitet seit seiner Haftentlassung auf der Bootswerft ‹Meyer› an der Dahme. Eine entsprechende Lehre hat er einmal begonnen, dann aber hingeworfen, weil er dachte, als Hilfsarbeiter schneller zu Geld zu kommen. Ist noch nicht wieder auffällig geworden. Hier die Wohnanschrift.»

Berger nimmt die Karteikarte entgegen. Wieder hat er die steile Kerbe über der Nasenwurzel. Das passe alles zusammen, denkt er, und daß Murzick für die, die ihn vor ihren Karren gespannt haben, ein willkommenes Opfer gewesen sei. Sicher war er neuerlich der Verheißung schnellen Geldes erlegen, hatte keine Lehren gezogen und bildete sich womöglich noch ein, künftig schlauer handeln und sich Zugriffen der Sicherheitsorgane entziehen zu können. Und nun ... Das alte Lied!

Kuhnert berichtet, Mitglieder der Reisegruppe hätten den abgebildeten Mann zwar als Reisegefährten wiedererkannt, seinen Namen jedoch nicht nennen können. Aber ein Murzick, Stefan, habe als Einzelreisender die bewußte «Balkan»-Maschine benutzt. Er schlägt vor, Murzick Frau Bachmann und Bernd Hansch gegenüberzustellen. Dann bestehe nicht mehr der leiseste Zweifel.

Dies gefällt Berger durchaus nicht.

«Wollen Sie seine Hintermänner warnen? Damit sie ‹toter Mann› spielen und unauffindbar werden? Nein! Er soll uns zu ihnen führen, er ist doch nur das letzte Glied einer offenbar gut getarnten Kette – und wahrscheinlich das schwächste. Ein Handlanger, der neue Aufträge erwarten und erhalten wird. Also ... Er soll observiert werden. Rund um die Uhr. Kontaktpersonen, Anlaufstellen und so weiter. Er muß sich sicher fühlen. Um so leichtsinniger wird er werden. Veranlassen Sie die Beobachtung ab sofort. Ich will laufend über jeden seiner Schritte unterrichtet sein.»

Kuhnert geht. Die Karteikarte nimmt er mit.

Berger wendet sich abermals dem Genossen vom Erkennungsdienst zu. Er vergewissert sich, daß alle Vorbereitungen für die Vorführung von Dr. Bachmanns Schmalfilmen getroffen sind. Dabei sollen Mitarbeiter zugegen sein, die erkannte «Darsteller» notieren und erkennungsdienstlich überprüfen können. Dafür ist gesorgt.

Sie sprechen noch über Einzelheiten, als die Sekretärin durchsagt, die Wache melde das Eintreffen des hergebetenen Reik Arnold. Der Bürger sei vom Empfang abgeholt worden und nun auf dem Wege zum Vorführraum.

Da legt Berger die Pfeife, die er gerade hat entzünden wollen, ungeraucht in seine Keramikschale und geht ebenfalls hinüber. Noch auf dem Gang trifft er Arnold und dankt ihm, daß er sich freigemacht hat. Reik erwidert, das verstehe sich erstens von selbst und sei zweitens von Professor Dr. Schill zuvorkommend begünstigt worden. Sie gehen hinein. Keiner der Wartenden, unter denen sich auch Ute Koch befindet, ist Arnold bekannt. Hände werden geschüttelt und Namen genannt, von denen kaum einer haften bleibt.

Der Raum mit holzgetäfelten Wänden ist nicht übermäßig groß. Ein paar Sesselreihen füllen ihn. Jedes der Sitzmöbel hat ein Schreibpult mit einer Art Leselampe vor sich. Sonst würden sich schwer Notizen machen lassen. Dominierend ist natürlich die Leinwand, vor der noch eine Reihe Fernsehmonitore steht. Reik schließt daraus, daß hier elektronische Fernseh- ebenso wie herkömmliche Filmaufnahmen vorgeführt werden können. Ein schneller Blick durch die Fenster des Projektorraums zeigt Projektoren sehr unterschiedlicher Art und Größe für die verschiedenen Filmformate und Abspielgeräte für Magnetfilme der Television, aber auch Diaprojektoren. Selbst ein Epidiaskop zur Projektion von Aufsichtbildern gibt es.

Nachdem Reik Platz genommen hat, beginnt die Vorführung. Es wird dunkel, aus dem Vorführraum greift ein Lichtstrahl zur Leinwand. Leuchtend und gleichsam sonnendurchglüht erscheinen Dr. Bachmanns farbige Urlaubsaufnahmen.

Das Bild flammend roter Oleanderblüten leitet sie ein. Dann sind von sattem Grün begrenzte Straßen zu sehen, neben denen aus Hecken und Baumreihen weiße Fassaden hervorschauen, buntes Gestühl von Freilichtcafés und Schaufenster. Die Straße herunter kommt auf den Betrachter zu ein Zug offener kleiner Wagen, von einer abenteuerlich anmutenden altertümlichen Lokomotive gezogen. Sie fährt ohne Schienen. Sichtbare Reifen lassen ahnen, daß hier eine Straßenzugmaschine lediglich phantasievoll verkleidet wurde.

«Das Zentrum von Slantschev Brjag», meint Reik erklären

zu müssen. «Solche ‹Schlangen› sind das Nahverkehrsmittel innerhalb der ausgedehnten Urlauberstadt. Als ‹Schlangen› hat sie Jenny Bachmann bezeichnet – und wir haben das übernommen.»

An einer Haltestelle stehen Wartende. Der Zug hält. Unter den Aussteigenden ist Jennifer. Ein Paar, das sich an ihr vorüber in den von ihr verlassenen Wagen drängt – eindeutig DDR-Touristen, die öffentliche Verkehrsmittel stets drängelnd besteigen –, grüßt. Jenny erwidert den Gruß.

«Horst Fischer aus dem Institut und seine Frau», sagt Arnold sofort. «Er bearbeitet bibliophile Quellen. Sie ist nicht bei uns tätig.»

Notate …

Auf der Leinwand ist Jennifer weitergegangen. Nun tritt sie an einen Souvenir-Pavillon. Unter den als Blickfang ausgehängten Lederarbeiten und Holzplastiken entdeckt sie einen Dudelsack. Dessen Anblick fasziniert sie. Sie betrachtet ihn neugierig. Und auf einmal dreht sie sich zur Kamera um und fängt an, ihrem Mann etwas vorzuspielen. Sie tut, als nehme sie den Dudelsack herunter und fülle den Blasebalg. Dann feuchtet sie mit der Zunge das gedachte Mundstück an und beginnt zu musizieren. Sie muß schon einmal einen Dudelsackspieler beobachtet haben, so genau ahmt sie seine Hantierungen nach. Das tut sie mit Feuereifer, mit Spaß und unbändiger Ausgelassenheit. Sie rückt nahe an den Zuschauer heran. Ihr strahlendes Gesicht, ihre lachenden Augen, ihre Hände, die nicht vorhandene Griffe betätigen …

Diese Filmsequenz berührt Albrecht Berger. Das ist eine so andere Jennifer Bachmann als die, welche er kennengelernt hat – eine glückliche, lebensprühende, übermütige. Eine wunderschöne junge Frau, die sich auf der Sonnenseite des Daseins weiß, und sie genießt … Alle Schatten sind weit weg.

Ihre lustige Pantomime lockt Zuschauer an. Vorübergehende bleiben stehen, schauen zu, lachen. Irgendwer ruft etwas, und Jennifer nimmt ihr «Mundstück» einen Moment heraus und antwortet.

«Wer ...?» fragt Berger.

Reik erwidert: «Unbekannt. Vielleicht jemand aus ihrer Reisegruppe.»

Ein Mitarbeiter, der eine Stoppuhr vor sich hat, sagt leise zu seinem Nachbarn: «Standbild. Film eins, nach zweihundertfünf Sekunden.»

Das heißt, daß aus der bezeichneten Filmstelle eine fotografische Kopie gezogen werden soll.

Es wird wieder hell. Eine fünfzehn Meter lange Superacht-Filmkassette läuft bei der üblichen Projektion mit sechzehn Bildern pro Sekunde in runden dreieinhalb Minuten ab.

«Wir fahren gleich mit der nächsten Kassette fort», wendet sich Berger zu Arnold. «Sobald sie eingelegt ist.» Dann legt er das bekannte Foto von Gerlich auf Arnolds Schreibplatte. «Würden Sie ihn wiedererkennen?»

Reik wirft nur einen kurzen Blick auf den Mann, der in Glenscheck an einem Luxuskabriolett fremder Bauart steht.

«Ein ‹Jaguar›», sagt er als erstes. «Schöner Wagen! Na ja, unter dem tut er's wohl nicht ...» Jetzt sieht er den Hauptmann an. «Natürlich erkenne ich Gerlich. Wir sind jahrelang in derselben Seminargruppe gewesen – er, Schorsch und ich. Er war immer zweihundertprozentig – wenn Sie verstehen, was ich meine.»

Das versteht Berger durchaus.

Reik spricht weiter. «Nach seinem Standortwechsel muß er nachgelassen haben, sonst hätte er nicht versucht, ausgerechnet Bachmann abzuwerben. Für Menschenkenntnis spricht das nicht. Schorsch war so – sauber, wissen Sie? Das ist das richtige Wort – sauber. Es war gut, ihn zum Freund zu haben. Er hat mir von der Sache mit Gerlich erzählt, mit philosophischem Anhang, sozusagen. Darüber, was Gerlich und er unter Freiheit verstanden. Für Schorsch war Freiheit

Einsicht in die Notwendigkeit bestimmten Handelns und die Bereitschaft dazu. Gerlichs ‹Freiheit›, nur an den eigenen Vorteil zu denken und der Selbstbefriedigung zu leben, erschien ihm verächtlich, weil der Mensch eben ein gesellschaftliches Wesen ist.»

Albrecht Berger gibt mit einem Nicken zu verstehen, daß ihm das Dargelegte nicht fremd ist. Danach erkundigt er sich, ob Arnold dem einstigen Kommilitonen nach dessen Republikflucht noch einmal begegnet sei.

«Ich habe ihn nicht wiedergesehen», antwortet Reik. «Obwohl ich ebenso wie Schorsch Dienstreisen ins kapitalistische Ausland bekommen habe. Das können Sie übrigens leicht nachprüfen. Gerlichs Name erscheint nicht in den Teilnehmerlisten derjenigen Symposien und Kolloquien, zu denen ich delegiert worden bin.» Er lächelt plötzlich. «Da hätte er sich die nächste Abfuhr geholt.»

Die Deckenlampe geht wieder aus. Ein neuerlicher Lichtfinger greift aus dem Projektorraum nach der Leinwand. Arnold erläutert, diese Straßenszenen seien in der Hafenstadt Burgas aufgenommen worden. Vornehmlich auf dem Boulevard, der auf den Platz mit dem Denkmal für Helden der Sowjetarmee mündet, die bei der Befreiung Bulgariens gefallen sind. Dieses Denkmal kommt einmal ganz ins Bild, aus großer Entfernung aufgenommen. Menschen, die es betrachten oder daran vorübergehen, erscheinen zu klein auf der Leinwand, um dem Betrachter vertraut wirken zu können. Im wesentlichen bildet die Szenerie nur das Tableau für einen Schaufensterbummel Jennys, das Denkmal einen Schlußpunkt. Auf dieser Kassette gibt es kein Gesicht, mit dem Arnold etwas anzufangen weiß.

Das ändert sich bei weiterer Vorführung wieder. Da gibt es auch Sequenzen, die die Familien Bachmann und Arnold gemeinsam beim Baden zeigen, am Heck eines Tragflächenschiffs vor breiter, schaumiger Kielwasserspur und in einem romantischen Gartenrestaurant. Dieses befinde sich in Sosopol, erläutert Reik, und als da plötzlich Georg Bachmann zu sehen ist, der mit seltsamer Versunkenheit etwas spricht, sagt er, hier habe Jenny einmal die Kamera genommen. Schorsch hätte es wahrscheinlich nicht einmal bemerkt. Antike Dichtung sei seine große Liebhaberei gewesen. In Sosopol wäre ein Boot mit dreieckigen Segeln Anlaß für ihn gewesen, aus der «Odyssee» zu rezitieren – umwerfend gut, übrigens! Als er endete, hätten die Leute ringsum applaudiert.

Als Arnold das erzählt, verliert seine Stimme sehr an Festigkeit. Er bricht schließlich mit einer gemurmelten Entschuldigung ab. Die Beschwörung des kurz zurückliegenden Urlaubs und das unvermittelte Wiedersehen mit dem toten Freund bewegen ihn stark.

Berger hält es für ratsam, eine Pause zu machen. Getränke werden hereingebracht, die ziemlich laut laufenden Klimaanlagen eingeschaltet. Es kann geraucht werden.

Als Arnold sich eine Zigarette anzündet, wirkt er fahrig und mitgenommen. Die Vorführung stellt eine Belastung dar, natürlich.

Kuhnert tritt an Berger heran und teilt besorgt mit, Harry Mahnau habe sich noch immer nicht gemeldet. Ob er mal nachsehen solle, ob im «Neuen Garten II» alles in Ordnung ist.

«Selbstverständlich nicht», erwidert der Hauptmann knapp. «Wollen Sie die Pferde scheu machen? Wenn etwas vorgefallen wäre, wüßten wir es. Wir haben doch gute Leute draußen! Mit Angreifern wären sie allemal fertig geworden. Daß sie schweigen, nehme ich als Beweis für ihre guten Nerven. Sie können warten. Und das sollen sie ja.»

Die Vorführung geht weiter.

Was jetzt mit dem Lichtstrahl des Projektors auf der Leinwand erscheint, hat mehr als die Qualität, die ein halbwegs versierter Amateur erreicht. Die neuen Sequenzen haben schon fast die Professionalität eines kenntnisreich, eines mit Entdeckerfreude und sicherem Gespür für Stimmungen liebevoll gedrehten Dokumentarfilms. Nunmehr kommt Jennifer zwar auch mit ins Bild, doch die Hauptrolle spielt jetzt die Kulisse des alten Stadtteils von Nessebar, der «Museumsstadt» auf der Halbinsel.

Da senkt ein ankommendes «Kometa»-Tragflächenschiff, während es seine Fahrtgeschwindigkeit verringert, den eben noch hochragenden Rumpf ins Wasser und steuert den Passagierkai des Hafens an. Inmitten anderer Passagiere, die über die Gangway kommen, geht Jennifer von Bord und auf die breite Treppe zu, die zu einem hervorstechenden Haus mit weißem Ober- auf steingrauem Untergeschoß hinaufführt – dem alten Zollgebäude, wie Arnold erklärt. Im Schutz der Mole, die sie entlang läuft, haben Privatyachten und Fischerboote festgemacht. Berger ist schon so vertraut mit Georg Bachmanns Neigungen, daß es ihm vollkommen logisch erscheint, den Lateinsegeln der Kutter viel Raum gewidmet zu sehen. Schorsch war in sie verliebt.

Eine schmiedeeiserne alte Laterne am vorspringenden Obergeschoß eines historischen Hauses … Das Bild erweitert sich zur Ansicht einer schmalen Straße, an der Jahrhunderte spurlos vorübergegangen zu sein scheinen … Die Kamera «läuft» durch ein offenes Tor in einen für die örtliche Baukunst typischen Innenhof, sieht Ziehbrunnen und Stalltüren und blickt über malerisch zum Trocknen aufgehängte Trachtenwäsche empor bis zum Dach. Auf dem haben sich Möwen – riesig im Vergleich mit denen auf Berliner Gewässern – niedergelassen, die «Sturmvögel» des Schwarzen Meeres. Gorki nannte sie so.

«Das ist das Ethnographische Museum in der Uliza Jana Laskova. Ich bin auch dort gewesen. Schorschs größter Kummer war, daß das Licht in den Innenräumen für Aufnahmen nicht ausgereicht hat», kommentiert Arnold. «Er hätte sie gern ‹mitgenommen›, wie er das nannte. Die Leute übrigens, mit denen Jenny im Hof spricht …»

Es hat sowohl auf der Mole als auch in der Straße Begegnungen gegeben, einschließlich des verpönten Winkens in die Kamera. Jedesmal wurde die Stoppuhr bemüht, ein Standbild gefordert. In den meisten Fällen ist Arnold nicht auskunftsfähig gewesen. Das halten die Genossen für normal. Immerhin – in dem einen oder anderen Falle erweist sich Reiks Anwesenheit als ergiebig.

Ein neues Sujet, das mehrmals wiederkehrt ... Eine junge Malerin hat auf der Staffelei ein Bild der Küste mit einem Riff davor. An diesem Tag weht ein leichter Wind. Wellen brechen sich an dem Felsen, zu dem die Kamera hinüberschwenkt. Sie rennen dagegen an, werfen Schaum auf und rinnen kraftlos zurück. Immer wieder.

Abermals die gleiche Szenerie, ohne die Malerin diesmal. Es muß ein anderer Tag sein, das Meer ist spiegelglatt. Sporttaucher sind da, die am Riff rasten. Ein Mädchen mit langem seidig-schwarz glänzendem Haar klettert hinauf und sitzt da wie eine Loreley mit Schnorchel und Schwimmflossen. Sie ist hübsch anzusehen und sich dessen bewußt.

Zum drittenmal erscheint das Riff bei der Projektion einer Kassette, die im wesentlichen vom Baden erzählt. Die tiefgebräunte Jennifer im weißen Bikini ... Sehr verliebt wurde sie aufgenommen. Mit erregter Zärtlichkeit. Dann Petra Arnold, die ihrer kleinen Alexandra einen Krebs zeigt, und Reik, der das Tier mit einem Fußtritt außer Reichweite befördert, als das Händchen des Kindes nach den Scheren greifen will. Da erschrickt sich Alexandra und weint. Petra wiegt sie besänftigend auf den Armen. Im Hintergrund das Riff, das die Gummilinse der Kamera noch einmal nahe heranzieht ...

«Petra und Jenny mögen sich auch», erklärt Arnold überflüssigerweise. «Erst recht, seit wir die Kleine haben. Petra glaubt, seither gehe Jenny mit dem Gedanken um, selbst ein Kind zu bekommen. Obwohl das bei ihr eine Operation voraussetzt, fragen Sie mich nicht, welche.» Er fügt noch hinzu: «Petra weiß es bestimmt ...»

Der letzte Filmstreifen, der aufgelegt wird, zeigt noch

einmal Nessebar, das Zentrum mit der alten Kirche hinter bunten Blumenrabatten und gegenüber das Café «Mesembria». So hieß die Stadt früher einmal. Flanierende Menschen, eine Verkaufsausstellung von Malern unter blauem Himmel, Jennifer, die ein Bild auswählt und kauft ... Als bleibende Erinnerung ... Der Blick über die Bucht hinweg nach Slantschev Brjag, diesseits des Wassers Häuser im alten Stil und aufs Ufer gezogene Boote, jenseits die Silhouette hochragender moderner Hotelbauten vor hügliger Landschaft ... Seltsamerweise fügen sich die Gegenstände harmonisch zusammen.

Als das Café auf der Leinwand erscheint, weist Reik darauf hin, daß dort seine letzte Begegnung mit Schorsch stattfand. Der sei so vergnügt gewesen, so voller Vorfreude auf seinen Tauchausflug, und er, Arnold, habe in Gedanken schon im Auto gesessen. Ihm hätte ja ein «ganz schöner Ritt» bevorgestanden, und obwohl er sich für einen guten Fahrer halte ... Natürlich, wenn er nur die leiseste Ahnung besessen haben würde, daß Schorsch in Gefahr war ...

Und zum vierten Male ist das Riff zu sehen, diesmal mit Lateinsegeln im Hintergrund. Es erscheint nur kurz – gerade so, als habe Bachmann einfach den Rest des Kassettenfilms herunterdrehen wollen.

Die Vorführung ist beendet. Die Mitarbeiter gehen hinaus. Nur Berger und Arnold bleiben.

«Ich habe Ihnen wohl nicht sehr helfen können», wirft Reik bedrückt hin. «Die wenigsten waren mir bekannt.»

«Aber immer noch mehr, als ich erwartet hatte. Ich bedanke mich», entgegnet der Hauptmann. «Dieser Felsen im Meer, den Herr Bachmann immer wieder aufgenommen hat, hatte es damit eine besondere Bewandtnis?»

Arnold schüttelt den Kopf. «Eigentlich nicht, Herr Berger. Für Schorsch ... Ich habe schon erzählt, daß er für antike Sagen schwärmte. Nun ja, und als er das Riff sah, da fiel ihm gleich der Felsen ein, auf dem die Sirenen saßen und so betörend sangen, daß die Seefahrer alle Vorsicht vergaßen und ihre Schiffe am Stein zerschellen ließen. Odysseus kam heil vorüber, weil er seine Gefährten zwang, sich die Ohren mit Wachs zu verstopfen. Sich selbst ließ er an den Mast fesseln. So konnte er die Sirenen hören, ohne ihrem Zauber zu erliegen.» Er seufzt und winkt ab. «Man konnte nicht mit Schorsch befreundet sein, ohne daß er einem derlei auftischte. Mich interessiert's nicht direkt, aber offenbar ist doch etwas hängengeblieben ... Was das Riff angeht: Das sehe so abenteuerlich aus, behauptete Schorsch, daß es wie eine Westentaschenausgabe des Sirenenfelsens anmute. Wenn er es nur geschickt genug aufnehme, werde jedermann es für das Original halten. Wie wir gesehen haben, hat er's versucht.»

Berger fragt, ob Herr Arnold ihm auf der Karte das Riff zeigen könne. Dazu ist Reik sofort bereit. Der Hauptmann breitet daraufhin ein Blatt aus und läßt seinem Gast Zeit, es zu betrachten. Es ist nicht die Spezialkarte mit den Einzeichnungen der Miliztaucher. Sie vorzulegen würde bedeuten, Dritten unerlaubt Einsicht in Beweismittel eines schwebenden Verfahrens zu gewähren. Außerdem ist fraglich, ob Reik das für den Laien verwirrende Bild seehydrographischer Erkenntnisse lesen könnte. Was Berger zeigt, ist eine gewöhnliche bunte, nicht übermäßig genaue, aber attraktive Touristenkarte. Wege, Straßen und Sehenswürdigkeiten sind hervorgehoben, Entfernungen der Einfachheit halber in Ziffern benannt worden. Zum Hausgebrauch orientieren kann man sich daran schon.

Ein Bildchen des Riffs – und anderer! – gibt es. «Sturmvögel» sitzen darauf. Wie bestellt.

Arnold tippt auf einen Felsen – ohne zu zögern, seiner Sache ganz sicher. Um jeden Zweifel auszuschließen, zeigt er den Weg dorthin. Von Slantschev Brjag und von der Halbinsel aus. Den kürzest möglichen. Damit auch den, welchen Dr. Bachmann aller Wahrscheinlichkeit nach gewählt hat. Und dann hebt Reik den Kopf und erkundigt sich leise: «Dort, nicht wahr? Ich hatte mich schon gewundert, daß Schorsch noch nicht hingeschwommen und hochgeklettert war. Das lag ja in der Luft. Als ich ihn am ‹Mesembria› traf und seine Unterwasserkamera sah, stand für mich fest, daß er zu seinem Sirenenfelsen wollte. Da also ...»

Berger faltet die Karte zusammen. Er sagt nur, der Leichnam wäre abgetrieben worden und weit entfernt an die Oberfläche gekommen. Eigentlich spreche alles dagegen, daß Bachmann seinen letzten Tauchgang an diesem «Sirenenfelsen» unternommen habe. Alles!

Reik schüttelt den Kopf, kaut auf den Lippen herum und weiß nicht weiter. Bergers Frage, ob er nach Hause oder ins Institut gefahren werden möchte, ist gegenstandslos. Arnold ist mit seinem «Lada» gekommen.

13.

Von früh an hat sich Jennifer im Garten zu schaffen gemacht. So gut alles wächst, das Unkraut wächst am besten. Jenny ist ihm zu Leibe gegangen und längst nicht fertig, obwohl der mitgenommene Korb schon überläuft. Aber die Koniferen hinter dem Zaun an der Straßenseite stehen wieder frei. Die anderen werden auch noch drankommen. Doch erst mal tut das Kreuz weh – nicht sehr, aber genug, um von Übertreibungen abzuraten. Jennifer richtet sich auf und reckt sich. Die Stunden im Freien haben ihr gut getan. So ungestört zu sein und Zeit für seine Gedanken zu haben, ist schön. Und zum erstenmal konnte sie wieder an Schorsch denken, ohne dabei ausschließlich den Strand und die schwarzen Männer mit ihren Atemgeräten vor Augen zu haben. Sie hat an vieles gedacht, was schön gewesen ist und was sie zusammen erlebt haben. Gerade in diesem Urlaub! Erst ganz zuletzt stand wieder der bärtige Hüne in Milizuniform vor ihrer Zimmertür. Heute kann sie ohne das blinde Entsetzen an ihn denken, das sein Erscheinen hervorgerufen hatte. Die Nachricht, die er bringen mußte, hat nichts von ihrer fürchterlichen Endgültigkeit verloren, aber jetzt mischt sich mit Jennifers Trauer mehr und mehr der Wunsch, das Rätsel lösen zu helfen.

Silke Wagner und Harry Mahnau haben die junge Frau mit Erleichterung aus dem Wochenendhaus treten sehen. So sicher sie waren, daß es in der abgewichenen Nacht niemand versucht hatte, Klingers Datsche illegal zu betreten – Jennifers unbefangenes Erscheinen und Hantieren bestätigte die Feststellung der Genossen auf beruhigende Weise. Der erwartete Angriff blieb noch aus. Das heißt nicht, daß er aufgegeben wurde. Weiterhin bleibt Aufmerksamkeit geboten.

Jenny wendet sich ins Haus und bleibt kurze Zeit darin. Als sie wieder erscheint, hat sie sich umgezogen und eine Einkaufstasche in der Hand. Heute wird sie sich etwas kochen, Frau Klingers Auftauchen mit den Kohlrouladen hat sie beschämt. Sie will sich nicht länger gehenlassen.

Silke Wagner hat sofort die Schlüssel des «Trabant» in der Hand und läuft los. Schon auf dem Gartenweg kommt sie auf gleiche Höhe mit Jennifer und ruft fröhlich hinüber: «Guten Morgen, Frau Bachmann. Gehen Sie einkaufen?»

Jenny grüßt zurück und bestätigt die Vermutung der Nachbarin mit den Katzenaugen. Da fragt Silke, ob sie sich anschließen dürfe. Sie müsse auch einiges besorgen, und da sie hier fremd und ortsunkundig sei ... Jennifer versichert, daß sie sich bestens auskenne und wisse, wo es was gibt. Natürlich wäre sie gern behilflich.

Vor den Gartenzäunen treffen sie sich auf der Straße. Dort deutet Silke auf den horizontgrauen kleinen Wagen und wirft hin, daß sie, wenn sie fahren, nachher nicht schwer tragen müßten. Sofern es Frau Bachmann recht sei, könnten sie einsteigen.

Der Vorschlag ist praktisch und gefällt Jenny. Sie wartet, bis Silke von innen die Beifahrertür geöffnet hat, und steigt zu.

Mahnau sieht dem abfahrenden «Trabant» nach und hat ein kleines, zufriedenes Lächeln. Ohne sich dessen bewußt zu werden, befindet sich Frau Bachmann in guter Obhut. Das hat Silke gekonnt arrangiert, unter genau dem richtigen, unverfänglichen Vorwand.

Die Datsche steht jetzt leer. Mahnau schlendert durch den Garten der Finnhütte vor zur Straße. Die liegt still und ein bißchen verschlafen im Sonnenglast. Die Hitze drückt bereits wieder. Ganz am Ende des Malvenwegs bemühen sich zwei Halbwüchsige in Badehosen, ein offenbar bockendes Mokick anzuschieben. Aber die Maschine gibt nur klägliche blubbernde Geräusche von sich. Endlich stellen die beiden sie hin und fangen an, am Vergaser herumzubasteln. Das ist ja eine der Lieblingsbeschäftigungen aller Zweiradfahrer – oder wenigstens eine häufig erforderliche.

Der alte Mann, den Harry jenseits der Datsche an den Kaninchenställen hat arbeiten sehen, geht spazieren. Hinter ihm her trottet mit grauer Schnauze der betagte Schäferhund. Er läuft nicht mehr gut, aber seine sehr hellen, fast farblosen Wolfsaugen sind noch lebhaft und aufmerksam. Der alte Mann bleibt stehen und fängt ein Gespräch über den Gartenzaun an. Daß erst alle gemeint hätten, eine Finnhütte passe gar nicht in ihre Siedlung, sagt er, daß sie nun aber darüber einig wären, Hinz' Bau stelle eine hübsche Auflockerung für die Reihe der meist flachen Häuschen dar. Man habe sich also daran gewöhnt. Ja, und dann spricht er von seinen Kaninchen und davon, wie begehrt ihr zartes Fleisch bei Feinschmeckern sei. Er, der Alte, beliefere vorwiegend eine Aufkaufstelle in der Stadt, doch wenn seine Nachbarn einen guten Braten suchten, sei er immer gern behilflich. Auch die Familie Hinz wende sich dieserhalb gelegentlich an ihn, betont er, und wenn den jungen Leuten während ihres Aufenthalts hier mal so wäre – ein Zuruf über den Zaun genüge ...

Mittags, als die Sonne am höchsten steht, ist Stefan Murzick abermals in der Grünauer Regattastraße. Um diese Zeit schließen die Privatgeschäfte für Stunden. HO und Konsum bleiben geöffnet und entlassen ihre Verkäuferinnen nur schubweise in die Kantinen. Die Zurückbleibenden haben heute wenig zu tun. An diesem Tag ist es so zunehmend schwül, daß jedem die Kleidung am Leibe klebt und vielen das Atmen schwerfällt. Wer wird da gerade jetzt einkaufen gehen, wo doch selbst der Asphalt der Straße weich zu werden scheint ...

Auf der Werft «Meyer» hat der Meister die Werkstatt abgeschlossen und sich Kartoffelpuffern zugewandt. Mittagspause ... Nach dem Essen pflegt er sich ein Stündchen aufs Ohr zu legen. Er ist ja alt. Manchmal überlegt er, endlich in Rente zu gehen. Aber stets, wenn er sich halb dazu durchgerungen hat, laufen ihm so viele Kunden «die Bude ein», daß er's wieder nicht fertigbringt.

Er und seine Frau, die Hilde, sind allein. Den Sohn, der die Werft einmal weiterführen sollte, hat ihnen Hitlers Krieg genommen. Der AFP, der Artillerie-Fährprahm der Nazimarine, auf dem Volker Maschinist war, liegt irgendwo im Mittelmeer. Keiner kennt die exakte Position, man weiß nur, daß das seltsame Fahrzeug die ganze Besatzung mit in die Tiefe genommen hat. Was blieb, ist ein Foto von Volker im Kieler Hemd und ein anderes, welches das aus Binnenschiffselementen zusammengeschusterte Behelfskriegsschiff mit seinen Vierlings-Flakgeschützen inmitten ringförmiger Splitterschutzwände aus dickem Beton zeigt. Damit meinten Hitlers Admirale die ihnen fehlenden Landungs- und Transportschiffe ersetzen zu können ...

Und Briefe sind da, aus denen zu erraten ist, daß der AFP, als er versenkt wurde, Geleitschutz für jene MFP – Marine-Fährprahme – fuhr, welche die Reste des geschlagenen Afrikakorps von Feldmarschall Rommel nach Italien bringen sollten. Über Gewässer, die von britischen Luftflotten beherrscht wurden ... Mit Volkers Artillerie-Fährprahm ist auch Meyers Hoffnung auf eine Zukunft der kleinen Werft in Familienbesitz untergegangen.

Hilde und er sprechen manchmal von Verkauf – und verwerfen den Gedanken, weil sie das Wohnhaus nicht aufgeben mögen, das auf dem Gelände steht. Und wenn sie einfach schließen – was soll aus Meyers Kunden und deren Booten werden? Viele davon hat er selbst gebaut. Sie sind ein Teil seines Lebens. Wie kann er sie im Stich lassen?

Gewöhnlich sucht Murzick mittags eine nahe Kneipe auf, die einige wenige handfeste Gerichte auf ihrer Speisekarte hat. Es sind stets dieselben vier, aber wenn man sie der Reihe nach zu sich nimmt, jeden Tag eines, kommt man mit nur einer Wiederholung über die Arbeitswoche. Der junge Mann mit dem Knautschhut verfährt so. Besonders wählerisch ist er in diesem Punkt auch nicht, ihm genügt's, satt zu werden. Das wird er immer.

Heute verzichtet Murzick auf das Eisbein, das planmäßig dran gewesen wäre, und den Liter Bier dazu. Der Verabredung mit Jansen wegen. Den hatte er früh gleich angerufen, aber es ergab sich lediglich ein ganz kurzes Gespräch, weil Jansen anscheinend nicht allein war und nicht reden konnte, wie er wollte. Eigentlich hat er nur gesagt, sie träfen sich am besten in der Mittagspause an der alten Stelle.

Da stehen sie einander nun gegenüber. Murzick hat bei dem Telefonat innerlich gekocht, und er kocht jetzt wieder. Wutschnaubend tischt er auf, daß er beinahe eine ganze Stunde am Bahnhof Grünau auf den «flinken Hirsch» gewartet und sich die Beine in den Bauch gestanden hätte. Dann habe er's satt gehabt und sich nach Hause bewegt. «So 'ne Verlade mit mir nur einmal!» braust er auf. «Erst das – und nun darf ich mir auch noch meine Mittagspause um die Ohren schlagen! Halten Sie mich für beknackt? Wenn das so weitergeht ...»

Jansen läßt das völlig kalt. Als Murzick eine Pause macht, weil er mal Luft holen muß, sagt er trocken: «Bleiben Sie auf dem Teppich, Mann! Wer denkt denn, daß Sie wie ein Idiot länger als eine Viertelstunde warten? Sie hätten doch längst begreifen müssen, daß was dazwischengekommen war.» Er nimmt seine Zigaretten heraus und hält sie dem Knautschhutträger hin: «Ich bin in dem Moment verständigt worden, in dem ich aufbrechen wollte. Gerade noch rechtzeitig. Es gibt 'ne neue Lage, Murzick. Die Filme sind nicht mehr in der Datsche. Für's erste kommen wir nicht an sie ran.»

Der andere ist ein gebranntes Kind, schon die Andeutung von Feuer erschreckt ihn. Seine Pupillen weiten sich, als er in Jansens Augen zu lesen versucht. «Dicke Luft?» fragt er besorgt.

Jansen entgeht seine Furcht nicht. Die muß er zu tilgen versuchen. Gelingt ihm das nicht, kann er den da abschreiben. Das will er nicht. Dazu, meint er, hat er bereits zuviel investiert. So winkt er ab und versichert, es müßten nur neue Dispositionen getroffen werden. Ganz überraschend habe Madame die Filmchen zum Entwickeln gegeben. Aber von denen, die sie zuerst sehen würden, könne mit Gewißheit keiner etwas aus ihnen herauslesen. Dazu sei, was gefährlich werden könnte, zu versteckt. Und weitere Ansichten würden sie – Murzick und er – zu verhindern wissen, sobald die «Schnürsenkel» wieder in Frau Bachmanns Händen seien. Es bestehe nicht der geringste Grund, die Flinte ins Korn zu werfen. Das bringt er glaubhaft und überzeugt vor. Murzick entnimmt seinen Worten, daß die Filme harmlos bleiben, bis sie in ganz bestimmte Hände gelangen. Welche, behält Jansen für sich. Und merkt befriedigt, daß die verabreichte Beruhigungspille wirkt. Obwohl ihre Zutaten frei erfunden sind …

Der junge Mann atmet jedenfalls auf. Er sagt sogar, Jansen möge nur wieder auf ihn zukommen, wenn die Zeit für eine Aktion gekommen sei. Ihm liege ja auch daran, daß die Sache aus der Welt geschafft werde – und verstehe jetzt, daß er gestern abend sitzen gelassen worden ist. Beim nächstenmal werde er natürlich nur eine Viertelstunde lang warten.

Auch heute ist der Verkehr in der Regattastraße gering. Kinder, die die Schule hinter sich haben, radeln zum Strandbad. Ein Motorradfahrer, der fast zeitgleich mit Murzicks Straßenbahn eintraf, ist zu einem der Häuser jenseits der Schienen gefahren und hineingegangen, ohne sich auch nur noch einmal umzudrehen. Daß er im Schutz einer Umfassungsmauer ein Sprechfunkgerät unter seiner Windjacke hervorbringt und seine Genossen informiert, bleibt außerhalb des Gesichtsfeldes der beiden Männer auf dem Parkplatz.

Ebensowenig ungewöhnlich mutet an, daß alsbald aus der Richtung der Straßenbahn Nummer 86 ein «Barkas»-Lieferwagen erscheint. Der fährt vorüber, ohne seine Geschwindigkeit zu vermindern. Ein Stück hin biegt er in die Straße 660 ein und hält. Ein Weißkittel steigt aus, nimmt ein Paket aus dem Laderaum und verschwindet hinter dem Fahrzeug mit der mäßigen Eile, die an so heißen Tagen gerade noch aufzubringen ist. Der Wagen bleibt stehen und wirkt menschenleer, verlassen.

Er ist es nicht. Eine Kamera, mit schwerem Teleobjektiv bestückt, richtet sich unsichtbar auf Stefan Murzick und den Mann, mit dem er spricht. Der Motoraufzug des Apparates läuft, der Verschluß klickt mehrfach und belichtet eine Serie von Bildern. Die starke Optik holt die Sprechenden groß auf den Kleinbildfilm.

Murzick macht die allseits bekannte Reibebewegung mit Daumen und Zeigefinger. «Und meine restlichen Kohlen?» sagt er dabei. «'s war ja nicht meine Schuld, daß Sie nicht kamen. Ich war jedenfalls pünktlich zur Stelle.»

Da grinst Jansen bloß und stellt trocken fest, ein «Blauer» entschädige hinlänglich für ein bißchen Warterei – und außerdem sei Aufenthalt an frischer Luft ungemein bekömmlich. Bargeld gebe es erst beim nächstenmal wieder. Aber dieserhalb könne Murzick ganz unbesorgt sein – er, Jansen, werde wieder an ihn herantreten. Möglicherweise sehr bald. Und außerdem rolle gerade die Straßenbahn heran.

Da rennt der junge Mann los. Die besagte Kneipe schließt ihre Küche um zwei Uhr. Wenn er mit dieser Bahn fährt, könnte er noch zu seinem Eisbein kommen. Schließlich ist er ja Stammgast und flapst immer mal wieder mit der Kellnerin herum. Die mag das, wie's aussieht. Sie wird nicht so sein.

Der Motorradfahrer scheint jetzt in dem Haus, in dem er verschwand, besorgt zu haben, was er besorgen wollte. Er kommt wieder heraus, tritt seine Maschine an und fährt ab, ohne nach rechts und links zu schauen. Er nimmt die Richtung, aus der er vorher gekommen ist, dieselbe, in die der «Knautschhut» mit der 86 fährt. Die überholt er. Es ist doch abzusehen, wohin Murzick will.

Jansen, der wieder sein Arbeitszeug anhat, kehrt zu seinem «Multicar» zurück. Abermals sichert er, bevor er einsteigt. Der verlassene «Barkas» läßt ihn gleichgültig. Autos parken überall. Jansen zündet sich eine neue Zigarette an, wirft das Feuerzeug hoch und fängt es auf, startet, setzt zurück und fährt in Richtung Köpenick.

Der «Barkas» bleibt stehen. Aber inzwischen haben die Genossen darin auch das weiße Fahrzeug, die Firmeninschrift an seinem Kofferaufbau und das polizeiliche Kennzeichen auf ihrem Film festgehalten. Sie geben all das gleich über Funk weiter, und ihre Durchsage bewirkt, daß ein Stück hin ein alltäglicher PKW «zufällig» die gleiche Strecke befährt wie der «Multicar». Nach einer Weile tritt ein anderer an seine Stelle – und so immer weiter.

Der Mann im hellen Overall und mit der Leinenmütze ist «aufgefaßt» worden. Er hat Schatten bekommen, die er nicht wahrnimmt und die ihm folgen. Leise, unaufdringlich und ohne Aufhebens.

Wenig später liegen die ersten Ergebnisse der Beobachtung Bergers Abteilung vor. Den Hauptmann selbst erreichen sie nicht sofort. Er hat Staatsanwalt Schulte aufgesucht und diesen über den Stand der Ermittlungen unterrichtet. Aber als er zurückkehrt, erstattet Rolf Kuhnert ihm Bericht. Festgestellt wurde, teilt er mit, daß sich Stefan Murzick mit dem Inhaber der Firma «Bären-Licht – *der* Spezialist für Leuchtreklamen» getroffen habe. Bei diesem handle es sich um den Elektroingenieur Karl-Heinz Jansen, der den Betrieb zwar nicht gegründet, aber vor einigen Jahren in ihn eingeheiratet habe. Über den Mann sei nichts Nachteiliges bekannt, bei der Handwerkskammer gelte er als tüchtig, das Finanzamt bescheinige ihm korrektes Geschäftsgebaren. Die Steuern zahle er pünktlich.

Alles klingt gut.

«Bis auf den Umstand, daß er Murzick kennt, der zeitgleich mit den Bachmanns in Nessebar war und in Schönefeld die Tasche des Doktors vertauschen wollte», sagt Albrecht Berger gedehnt. «Und bis auf den weiteren Umstand, daß sich die beiden – offenbar nach Verabredung – auf gewissermaßen konspirative Weise an einem neutralen Ort getroffen haben. Es erhebt sich natürlich die Frage, was dieses Muster eines biederen Leuchtreklamenbauers mit einem Burschen von Murzicks Vergangenheit verbindet. Berufliches wird es schwerlich sein, die Metiers der beiden liegen meilenweit auseinander. Dazu der Altersunterschied ...»

«Rein theoretisch», denkt Kuhnert laut und beugt mit seiner Einleitung dem Vorwurf vor, übereilte Schlüsse zu ziehen, «wäre ein Mann mit so makellos weißer Weste natürlich das, was der BND unter dem Idealtyp eines Agenten versteht. Ein wahrscheinlich langfristig aufgebauter und sorgsam vorbereiteter Mann, mit Akribie als normaler Bürger getarnt, der aus beruflichen Gründen eben viel unterwegs sein muß ... Das heißt: der aktionsfähig ist ... Der die Möglichkeit besitzt, unter geschäftlichem Vorwand an beliebigen Orten Treffs durchzuführen, Material entgegenzunehmen und weiterzugeben, Instruktionen zu erteilen und

Leute anzusprechen … Wie diesen Murzick. Wäre das unmöglich, Genosse Berger?»

«Unmöglich nicht», räumt der Hauptmann ein und zündet sich die Pfeife an. «Solche Agenten zu etablieren, hat die andere Seite ja immer wieder mal versucht. Beispiele gibt's genug …» Er wedelt das Streichholz aus, nickt seinem Mitarbeiter zu und fährt freundlich fort: «Wir wollen nur nicht vergessen, daß Ihre naheliegende Vermutung eine solche bleibt, bis Beweise dafür vorliegen, daß sie den Nagel auf den Kopf trifft. Daß sich Jansen in Grünau mit dem ‹Knautschhut› getroffen hat, besagt noch wenig. Es könnte auch einen simplen Grund für diese Begegnung geben. Was festzustellen wäre. Kümmern Sie sich mal darum! Berührungspunkte und so … Ich bin übrigens gespannt, welche Kontakte der beiden ihre Observation noch erhellen wird. Möglich, daß sie gar nichts bringt und daß Murzicks Austauschgeschichte vom Flughafen lediglich einen Rückfall darstellt, der mit dem anderen in keiner Beziehung steht. Auch nicht mit diesem Jansen. Obwohl …»

«… obwohl die Beharrlichkeit, mit welcher der Bursche der bewußten Tasche nachjagt, dagegen spricht», beendet Kuhnert den Satz. «Gelegenheitsdiebe hätten sich längst anderen Objekten zugewandt, schnell und leicht greifbaren. Aber dieser Aufwand um eine Kunstledertasche, in der mit Sicherheit nicht Diamanten im Wert von Millionen stekken …»

Berger lächelt und denkt, Kuhnert habe sich letzten Montag wohl denselben alten Kriminalfilm im Fernsehen angeschaut wie er. Darin ging es um dergleichen. Laut sagt er: «Genau das meine ich. Und weil es sich so verhält, bin ich überzeugt, daß wir jetzt das Ende des Wollfadens in der Hand halten, der durch das Labyrinth führt. Es kommt nun vor allem darauf an, daß wir ihn richtig aufspulen und nicht zerreißen lassen.»

14.

Abends bedeckt sich der Himmel. Tiefhängende Wolken ziehen am Horizont herauf und verdecken das lichte Blau. Es wird früher dunkel als an den vorangegangenen Tagen. Hinter den Fenstern flammen bald Lampen auf. Scheinwerfer werden eingeschaltet. Die lähmende Schwüle klingt nicht ab, sondern nimmt eher noch zu.

Und auf einmal grollen Donner über die Stadt. Sehr fern noch zucken Blitze. Ein Gewitter rückt heran. Sekundenlang hebt sich im Licht von Entladungen die Silhouette Berlins grell beleuchtet aus der plötzlich hereingebrochenen Nacht. Es sieht aus, als stoße der Fernsehturm mit seinen Antennen in die Wolken hinein. Dann kommt böiger Wind auf, fegt Papierfetzen und Staubschwaden über die ausgedörrten Straßen und heult durch Hohlräume zwischen Häuserwänden. Unversehens, von einem Augenblick auf den anderen, regnet es. Ein starkes, anhaltendes Rauschen liegt in der Luft. Es ist ein heftiger, wilder Regen, zuerst fast wie ein Wolkenbruch, der Wasser wie aus Eimern auf Dächer, Straßen, Grünanlagen und Fahrzeuge kippt.

Auf einmal bilden sich an den Gehwegkanten Rinnsale und stürzen auf Gullis zu, die mit ihnen gurgeln. Wer noch auf der Straße ist, fühlt sich im Handumdrehen durchweicht. Fahrzeuge schieben Bugwellen vor den Reifen her. Auf ihren Dächern tanzen Fontänen. Irgendwo kracht es auch gleich – einmal mehr haben Lenkradexperten die veränderten Fahrbahnverhältnisse unbeachtet gelassen. Die Sondersignale von Krankenfahrzeugen und Autos der Verkehrsunfallbereitschaft erzählen beredt davon. Aber in den Wohnhäusern treten Menschen auf überdachte Balkone und genießen die jähe Abkühlung, die mit dem Regen gekommen ist. Jetzt atmet es sich besser.

Es regnet anhaltend. Allmählich geht der Wolkenbruch in einen Landregen über. Es schüttet nicht mehr so wie vorhin. Der Aufprall der Tropfen auf Dächer und Weimarfenster klingt weniger hart, sanfter. Und das anfangs starke Rauschen wird leiser, monotoner, einschläfernder. Nun hat es Friedfertigkeit und ein bißchen den Charakter eines Schlummerliedchens.

Kurz nach Mitternacht heulen die Feuerwehrsirenen. Verstopfte Gullis bewirken, daß sich über ihnen flache, aber breite Seen bilden. Tiefliegende Durchfahrten unter S-Bahn-Brücken laufen so voll, daß hier über schnellen Fahrzeugen das Wasser zusammenschlägt – neben dem Bahnhof Grünau beispielsweise oder am Adlergestell am Abzweig nach Altglienicke. Die Wehren rücken aus.

Das durchdringende Jammern der Sirenen reißt Birgit Berger aus dem Schlaf. Noch immer verursacht ihr dieser Ton Herzklopfen. Das wird sie nicht los, obwohl es doch vierzig Jahre zurückliegt, daß solches Sirenengeheul von der Drahtfunkmeldung begleitet wurde: «Starke Feindverbände im Anflug auf die Reichshauptstadt!» Und immer begannen bald darauf die Flakbatterien zu schießen, griffen die steilen Lichtfinger ihrer Scheinwerfer nach den drohenden Motorengeräuschen am Himmel. Die kalkweißen Lichtbahnen hat Birgit gesehen, als ihre Mutter bei einer Rückkehr aus U-Bahn-Tiefen das Haus nicht wiederfand, in dem sie zu Hause waren. Das gab es nicht mehr, das hatte sich im Bombenhagel in einen Haufen rußiger Steine verwandelt.

Das hat sich tief eingegraben. Die Sirenen erinnern Birgit jedesmal daran, wenn sie, vor allem nachts, zu schreien beginnen. Und es nutzt nichts, zu wissen, daß ihre Signale die Wehren zum Einsatz gegen Feuer oder Wasser, zum Schutz von Leben und zur Bewahrung gefährdeten Gutes rufen, vier Jahrzehnte lang nun schon, die friedvoll waren. Das Herzklopfen kommt jedesmal wieder. Sie ist machtlos dagegen.

Birgit richtet sich ein wenig auf und sucht mit den Augen ihren Mann. Wenn er schläft, wird sie ihn nicht wecken und es bei der Feststellung bewenden lassen, daß er da, voller Ruhe und daß alles in Ordnung ist. Dann läßt das Herzklopfen nach, das ist immer so.

Aber das Bett neben ihrem erweist sich als leer. Das aufgeschlagene Bettzeug verrät, daß Albrecht irgendwann wieder aufgestanden ist. Da macht sie die Nachttischlampe an, angelt mit den Füßen nach ihren Latschen und geht ins Wohnzimmer.

Noch ehe sie Albrecht sieht, hört sie ihn. Schritte, die näherkommen und sich entfernen, ohne Hast, aber regelmäßig. Und das Wohnzimmer ist grau von Pfeifenrauch. Er geht auf und ab, wie das seine Art ist, kaut am Pfeifenstiel und hat ein verschlossenes, nachdenkliches Gesicht.

Birgit lehnt sich an den Türrahmen und schweigt. Es genügt ihr, daß sie ihn sieht, den Bademantel über dem Schlafanzug, bei einer vertrauten Verrichtung. Einmal mehr hat er seine dienstlichen Obliegenheiten nicht im Büro zurücklassen können, einmal mehr beschäftigen sie ihn weiter und werfen Fragen auf, auf die er Antworten sucht. Sein Leben säuberlich in Dienst und Freizeit zu teilen, ist ihm nicht gegeben. Er hat nur ein «Ich», nicht zwei. Dafür bringt Birgit Verständnis auf, ein ganzer Mensch ist ihr lieber als einer in zwei verschiedenen Hälften.

Nach einer Weile spürt er, daß sie im Zimmer ist. Er sieht sie an, lächelt und – macht das Fenster auf, damit der Rauch abziehe. Dann kommt er auf sie zu und legt ihr die Hände auf die Hüften. Birgit ist nicht kleiner als er. Sie hat gerade kräftige Schultern und wirkt auch sonst nicht eben zerbrechlich. Trotz ihres Herzklopfens geht aber viel Ruhe von ihr aus. Eine wie selbstverständliche Zuverlässigkeit teilt sich mit, und wer diesen Typ Frau mag, muß sie schön und begehrenswert finden. Albrecht mag ihn.

«Die Sirenen?» fragt er leise. «Es gibt gewiß Wassereinbrüche. Das gießt seit Stunden wie aus Kannen. Aber darauf warten vor allem die Kleingärtner schon wochenlang. Und die Bauern. Sie freuen sich jetzt. Na, und wie ...» Seine Hände gleiten über ihre nackten Schultern und Arme.

Birgits Haut ist sehr hell und glatt. Frau Berger steht still da und genießt die vertraute Liebkosung. Im tiefen Ausschnitt ihres Hemdchens heben und senken sich ihre Brüste ganz ruhig. Schatten liegt zwischen ihnen wie ein dunkler Graben. Jetzt hat der Sirenenklang seine Bedrohlichkeit verloren. Er ist immer noch da, aber weit weg. Auch in den Vororten wird wohl jetzt Alarm gegeben. Vor dem geöffneten Fenster rauscht der Landregen unvermindert stark.

«Du frierst, Biggi», sagt Berger. «Es hat sich schnell abgekühlt. Du kriegst 'ne Gänsehaut.»

Da lächelt sie, nimmt ihren Mann einen Augenblick lang fest in die Arme und läuft dann, ebenfalls den Bademantel überzuziehen. Als sie zurückkehrt, bleibt sie an der Küchentür stehen. Ihre Küche ist in das Wohnzimmer hineingebaut, fensterlos, aber mit einer verglasten Durchreiche ins Zimmer.

«Hättest du was gegen Kaffee?» fragt sie. «Und wenn du vorzeitig in die Dienststelle möchtest, weil's dich nach Unterlagen jiepert, die nicht mit nach Hause genommen werden dürfen – sag's! Ich könnte uns 'n schnelles Steak machen. Nichts als Rauch im Magen – das bringt nichts.»

Weder gegen Kaffee noch gegen ein Steak vom Elektrogrill hat er etwas. Er versucht auch gar nicht erst, ihre Vermutung als bloße Unterstellung zu brandmarken. Birgit kennt ihn viel zu gut, um sich täuschen zu lassen. Und sie hat den Nagel auf den Kopf getroffen. Tatsächlich verlangt es ihn nach den im Tresor seines Dienstzimmers verschlossenen bulgarischen Materialien, vor allem den Karten. Sie gedanklich zu rekonstruieren, ist nur die halbe Hochzeit. Ja, er möchte sie vor sich haben. Als Birgit Steaks und Kaffee fertig hat, ist Albrecht bereits rasiert und angezogen.

Sie frühstücken in der zweiten Morgenstunde und reden ein bißchen – über das Physikstudium der erwachsenen Tochter, über Probleme, mit denen Frau Berger alljährlich in der Urlaubszeit fertig werden muß, wenn sich das von ihr geleitete zentrale Schreibbüro eines Verlagshauses am

Alexanderplatz übermäßig leert, und über die bewundernswerte Einsatzbereitschaft vor allem der freiwilligen Feuerwehren, die heute eine unruhige Nacht haben. Von dem, was den Hauptmann beschäftigt, sprechen sie nicht. Schwebende Verfahren unterliegen der Schweigepflicht auch gegenüber den Angehörigen. Man kann nicht behaupten, daß dies das Zusammenleben erleichtere, im Gegenteil! Jeder erzählt gern mal, was ihn bewegt, und möchte sich über seine Probleme austauschen. Das ist Birgit natürlich klar. Aber sie will es ihrem Mann nicht schwerer machen, als es ohnehin ist. Deshalb vermeidet sie entsprechende Fragen. Dafür ist er ihr dankbar.

Nachher nimmt er eine steingraue Regenhaut, gürtet sie und zieht die Kapuze über den Kopf. Als er von der Straße aus noch einmal hochsieht, steht Birgit am offenen Fenster und winkt. Er grüßt zurück, bevor er sich auf den Weg macht. Über seine Plasthaut fließt das Wasser wie in Sturzbächen.

Sie tropft immer noch still vor sich hin und erzeugt eine Lache auf dem Fußboden, als morgens die Tür des Dienstzimmers aufgeht. In der Annahme, Kuhnert komme herein, sagt Berger ohne aufzublicken: «Kommen Sie mal her, Kuhnert! So weit entfernt ...»

«Ich bin's», erwidert Major Waldeck vom Eingang her. «Für deine Mitarbeiter ist's noch zu früh. Ich habe im Vorbeifahren das Licht gesehen und wollte mal nachschauen.» Dann schüttelt er den Kopf, schaltet den Ventilator an und öffnet das Fenster. «Willst du unbedingt ersticken? Eine Luft ist das hier wieder ...»

Der Hauptmann steht auf und will eine vorschriftsmäßige Meldung machen.

Doch Waldeck winkt gleich ab. «Geschenkt, Albrecht, wir sind ja allein. Warum bist du schon da? Geht's nicht voran?» Er setzt sich an den Konferenztisch und kommt gleich zur Sache. «Die Filme ...?»

«... geben keinen erkennbaren Hinweis auf eine bestimmte Aktion, Karl. Insofern war es ein Fehlschlag», steigt Berger sofort ein. «Andererseits müssen sie etwas verraten. Sonst wäre der Griff nach ihnen unerklärlich.»

«Und infolgedessen ...?»

«... infolgedessen habe ich Anweisung gegeben, mit starker Vergrößerung alle Übersichtsaufnahmen zu kopieren. Das heiße ‹alle Totalen›, behaupten sie bei Foto und Film. Na ja, sie müssen's wissen ... Immerhin bejahen sie die Möglichkeit, daß inmitten der abgebildeten größeren Menschengruppen etwas geschieht, was beim Betrachten des Laufbildes untergeht. Wir müssen die Standfotos Punkt für Punkt abklären.»

«Macht das», stimmt Waldeck zu. «Du vermutest ...?»

Dies ist seine Art, Fragen zu stellen. Die formuliert er immer so, daß der andere ohne Umschweife auf das kommen kann, was er, der Major, erfahren will.

«... daß Doktor Bachmann – dahingestellt, ob bewußt oder zufällig – etwas aufgenommen hat, was bei näherer Betrachtung die Kreise von Personen oder Institutionen stören würde, die dem Informatiker bekannt waren. Sofern dies das Mordmotiv liefert, muß es sich um eine gegen unser Land gerichtete Aktion gehandelt haben. Wie Bachmann dazu stand, war nach allem, was wir über ihn wissen, klar und bekannt. Ich neige übrigens zu der Ansicht, daß er die fragliche Aufnahme zufällig gemacht und nicht wahrgenommen hat, was da irgendwo im Gewühl einer Übersicht ...»

«Einer Totalen», verbessert Waldeck mit leichtem Spott.

«... vor sich ging», beendet Berger den Satz.

Der Major nickt, greift sich einen Kugelschreiber und einen Zettel und fängt an, Strichmännchen zu zeichnen. Stehende, laufende, kniende, springende, Purzelbäume schießende Strichmännchen, Strichmännchen auf Hexenbesen und Strichmännchen auf Fahrrädern. Wenn er damit beginnt, Strichmännchen zu entwerfen, ist er völlig bei der Sache. Alle, die ihn kennen, wissen das. «Absolut klar», pflichtet er jetzt bei. «Weil Doktor Bachmann eine so bedeutsame Entdeckung, hätte er sie bewußt gemacht, nicht verschwiegen und ihre Übermittlung nicht auf die lange Bank geschoben hätte. Nehmen wir mal an, daß er beim Filmen nichts gesehen hat, aber beobachtet worden ist. Es liegt nahe, daß die Aufgenommenen ihrerseits unterstellten, daß er bewußt und absichtlich handelte. Das bestimmte ihr Vorgehen – gegen Bachmann ebenso wie gegen sein Material. Und er wußte von nichts ...» Neue Strichmännchen einer-, wiederholtes Pfeifestopfen andererseits.

«Möglicherweise», fängt Albrecht Berger wieder an, «läuft in Sekunden ab, was nicht ruchbar werden soll. Es könnte so was wie ein Sichttreff zwischen Informant und Kontaktmann gewesen sein, ein Sich-einander-Zeigen an vereinbartem Ort zu verabredeter Zeit mit dem alleinigen Zweck, einander zu signalisieren, daß alles in Ordnung sei und einem ebenfalls festgelegten ‹richtigen› Treff nichts im Wege stehe. Zum Beispiel!»

«Zum Beispiel», echot Waldeck. «Und einer der Beteiligten – wenigstens einer von ihnen! – muß sich von Bachmann erkannt geglaubt haben. Entweder der Informant, womit du einen sehr konkreten Anhaltspunkt hättest, oder der Kontaktmann.»

Im zweiten Fall, äußert Berger, müsse es sich direkt um Christian Gerlich gehandelt haben, weil Bachmann nur mit diesem konfrontiert gewesen sei. Ihm wären zwar seinerzeit von Dr. Reichert Fotos weiterer «Secreta relata»-Leute – dort als «Researcher», als Forscher, geführt – vorgelegt worden, doch habe er keinen von denen zusammen mit Gerlich oder in anderem Zusammenhang jemals kennengelernt. Er, Berger, halte die andere Variante für wahrscheinlicher. Und werde den Sicherheitsbeauftragten des Instituts zur Auswertung der Vergrößerungen heranziehen. Dies nicht zuletzt, weil seitens der Täter offenbar befürchtet wurde, Bachmanns Aufnahmen könnten auch nach seinem Tode noch gefährlich sein, sofern sie jemand sehen würde, dem bestimmte Gesichter bekannt sind. Gesichter, die wohl auch für Reik Arnold im Gewühl untergingen ... Vielleicht sehe er auf den erwarteten Standkopierern mehr.

Das hält der Major ebenfalls für möglich.

Eine Pause entsteht. Waldeck bedeckt den Zettel weiter mit Strichmännchen. Nebenher läßt er wissen, er habe nichts dagegen, daß Albrecht umherlaufe. «Ick kenne dir, Hans Huckebein ...» Und Berger wandert.

In das entstehende Schweigen hinein fragt der Major unvermittelt, was Berger eigentlich zu Kuhnert habe sagen wollen, als er, Waldeck, eingetreten ist. Da habe er angesetzt und dann nicht weitergesprochen. Ob die Feststellung der Entfernung zwischen zwei bestimmten Punkten der Anlaß für Albrechts Erscheinen zu nachtschlafener Zeit gewesen sei ...

Da erzählt Berger zunächst vom auffällig häufigen Auftauchen des bewußten Riffs in Bachmanns Urlaubsaufnahmen. Von der Faszination des Doktors angesichts dieses Felsens. Davon, wie er ihn phantasievoll in eine der antiken Sagen einband, mit denen er sich in seiner Freizeit einen Gegenpol zu seiner beruflichen Arbeit schuf. Von Reik Arnolds Verwunderung, als er erfuhr, daß sein Freund nicht an diesem Riff, sondern andernorts Unterwasseraufnahmen gemacht hätte.

Dann legt er die Seekarte mit den Tauchereinzeichnungen vor Waldeck hin. «Hier», erläutert er, «befindet sich das Riff. Da, weiter nordöstlich, wurden die am Strand abgelegten Sachen gefunden. Dort, noch entfernter, sahen Urlauber den Leichnam im Wasser und sorgten für seine Bergung. Nun sieh dir mal diese Karte an! Selbst mir als Laien verrät sie, daß das Küstenvorfeld für einen Unterwasserfilmer eigentlich nur am Riff interessant sein könnte. Da hätte er Konturen gehabt, Strukturen und wohl auch Leben. Der

Felsen ist sicher bewachsen und bietet Fischen Nahrung und Schutz. Aber nein! Bachmann tauchte aller vorangegangenen Schwärmerei zum Trotz nicht hier, sondern an einer Stelle, die dieser Karte zufolge ausgesucht unattraktiv und gleichförmig sein muß. Warum?»

Das ist eine Frage von so rein rhetorischem Charakter, daß darauf eine Antwort weder erwartet noch gegeben wird. Berger fährt auch gleich fort: «Zu Kuhnert wollte ich sagen, daß die Stelle, an der Bachmann ins Wasser gegangen ist, und das Riff so weit gar nicht voneinander entfernt sind. Wenn er seinen ‹Sirenenfelsen› von dort aus aufs Korn genommen hätte – dafür könnten uns schon unsere Foto-Film-Leute eine Menge Gründe bringen. Sonnenstand, Lichteinfall und so ... Aber nein! Der Doktor schlug die entgegengesetzte Richtung ein. Wie sich's darstellt, ist er ‹ertrunken›, während er sich immer weiter vom Riff entfernt hat. Daß er im Todeskampf die Kamera hat fallen lassen, leuchtet ein. Daß sie verschwunden blieb, nicht. Im gesamten Bereich zwischen Felsen und Bergungsort gibt es keine Strömung, die sie hätte wegtragen können. Seltsam ...»

Der Major blickt von seinen Strichmännchen auf. Eben hat er eines Fußball spielen lassen. «Und deshalb nimmst du an ...?» Diesmal zögert Albrecht, wiegt den Kopf und scheint Hemmungen zu haben, sich mitzuteilen. Endlich erwidert er zurückhaltend: «... daß an der falschen Stelle nach dem Apparat gesucht worden ist. Ich kann keine andere Begründung geben für meine Annahme, daß Bachmann, allen Indizien zum Trotz, nirgendwo anders als am Felsen tauchte: Er *mußte* einfach dort filmen, glaube ich. Der ‹Odyssee› wegen! So verrückt das klingen mag.»

Neue Strichmännchen. Eines köpft den Fußball in ein Tor.

«Und dann?»

«Dann wurde er angegriffen, Karl. Ganz hingegeben an sein Hobby, bemerkte er die Annäherung des oder der Täter wahrscheinlich erst, als es zu spät war und sich die mörderische Schlinge an seinem Knöchel festzog. Er muß sofort unter Wasser gerissen und dort gehalten worden sein. Lange! So lange, heißt es im Obduktionsbericht, daß selbst die Lunge eines ehemaligen Leistungsschwimmers versagte.» Berger wandert wieder. «Natürlich hat er um sein Leben gekämpft. Selbstverständlich hat er versucht, sich von der Schlinge zu befreien. Um die Hände frei zu haben, hat er die Kamera fahrenlassen. Hätte er die Schlinge fassen können, hätte er eine Chance besessen. Er hatte sie aber nicht. Der außerordentliche Druck durch die Schlinge spricht dafür, daß Bachmann weggezogen worden ist – vielleicht mit dem Ziel, das Seil so straff wie möglich zu halten und es auch einem so trainierten Schwimmer unerreichbar werden zu lassen. Der oder die Täter schleppten ihn vom Riff weg, bis sie sicher sein konnten, daß der Tod eingetreten war. Sie legten eine ziemliche Strecke zurück, bevor sie ihre Schlinge abnahmen und den Leichnam dem Wasser überließen.»

Der Major beugt sich noch einmal über die Karte. «Und wie kamen seine Sachen hierher, wenn er näher am Felsen ins Wasser ging, was logischer gewesen wäre?»

«Es war sicherlich leichter, Bachmanns Habe dichter an die Stelle heranzubringen, an der er früher oder später geborgen werden mußte, als ein Rücktransport des Leichnams zum Riff gewesen wäre. Außerdem verschleierte es den Ereignisort. Es lenkte die Miliz von der Halbinsel ab und konzentrierte ihre Aufmerksamkeit auf eine Stelle, an der schwerlich jemand zu finden sein würde, der irgendeine zweckdienliche Beobachtung gemacht hatte.»

«Aber ob es sich so verhält oder ob das alles bloß Phantasie ist, kann uns nur der Film in der verschwundenen Kamera verraten. Der muß ja aussagen können, wo Bachmann zuletzt gedreht hat …», faßt Waldeck zusammen.

Darüber sind sie einer Meinung. Doch als Albrecht Berger vorschlägt, daß sie die bulgarischen Genossen mit einem Amtshilfeersuchen bitten, bestimmte, durch den Gewinn neuer Einsichten und Feststellungen notwendig gewordene neue Ermittlungen durchzuführen, mißfällt das dem Major. Er läßt Berger aufzählen, welche Schritte ihm vorschweben. Dabei kommt eine ganze Liste zustande – von neuerlicher Unterwassersuche nach der Kamera, diesmal aber am Riff, bis hin zu Erhebungen über Murzicks Umgang während seines Aufenthalts. Es muß ebenfalls versucht werden, Dr. Bachmanns Wege von dem Augenblick an minutiös zu rekonstruieren, da er gemeinsam mit Reik Arnold das Café «Mesembria» nach beider letzter Begegnung verlassen hat. Unter anderem! Er, Berger, habe in den vergangenen Stunden bereits angefangen, die zu erbittenden Recherchen aufzuschreiben. Nachher werde er das Papier vorlegen, damit Waldeck es billige und auf den Dienstweg bringe, schließt er.

Der Major knüllt das Blatt mit seinen Strichmännchen zusammen und wirft es zielsicher in den Papierkorb. Den Teufel gedenke er zu tun, sagt er nebenher. Er sei seit jeher dagegen gewesen, etwas Einfaches so umständlich wie nur möglich zu betreiben. «Nichts dagegen, daß du einen Ermittlungsplan für Bulgarien formulierst – darum möchte ich sogar gebeten haben. Aber eine kommissarische Untersuchung zu veranlassen ist Quatsch. Warum sollen sich die dortigen Genossen erst in eine Materie hineinwühlen, mit der du dich auskennst? Zeitverschwendung! Du packst dein Köfferchen und fliegst selbst hin. So wird ein Schuh daraus. Wir avisieren dich, und das genügt. Wir arbeiten ja nicht das erstemal mit den bulgarischen Genossen zusammen. Ich sage, da wirst du dich wie zu Hause fühlen, wie sich dortige Genossen bei uns wie zu Hause gefühlt haben.» Er nickt dem Hauptmann zu. «Was hier anliegt, übernehme ich einstweilen. Ich glaube, deine Sekretärin kommt gerade. Sie könnte uns erst mal einen Kaffee kochen, in dem der Löffel stehenbleibt.»

15.

Georg Bachmanns «Sirenenfelsen» wirkt, vom Strand aus betrachtet, wesentlich kleiner als auf der Leinwand. Die Kameraperspektive, die der Doktor gewählt hatte, ließ ihn größer und wuchtiger erscheinen. Sagenhafter eben ...

Das sind Albrecht Bergers erste Gedanken, als er das Riff sieht. Trotzig und wetterhart ragt es aus dem Meer. Von Stürmen und ständigem Wellenschlag gepeitscht, hat es in Jahrhunderten Risse und Einbuchtungen davongetragen, die wie Narben sind. Vor langer Zeit mag es einmal ganz anders ausgesehen haben, aber es ragte wohl schon hier auf, als das Schiff jener Argonauten vom Bosporus her vorüberfuhr, deren Ziel im Bereich des Goldenen Vlieses kennenzulernen, Bachmann nach den Worten seiner Frau für einen späteren Urlaub geplant hatte. Fünfzig Männer auf einem kleinen Schiff, an dessen Mast das Segel bei einer Windstille wie heute schlaff niederhing. Sie müssen vorwiegend gerudert sein, Schlag um Schlag in einem Takt, den der Steuermann mit Hammerschlägen auf ein Holzbrett angab ... Endlos ... Berger hat nachgeschlagen, was es mit der Argonautenfahrt auf sich hatte. Bachmanns Gedanken nachvollziehen zu können, erschien ihm wichtig.

Ein Kapitän Teodorow hat ihn am Flugplatz in Empfang und unter seine Fittiche genommen. Fremdheit kam gar nicht erst auf. Der bulgarische Genosse spricht nicht nur fließend Deutsch mit einem eigenartig harten Akzent, sondern erweist sich auch als guter Kenner der DDR-Hauptstadt. Er hat da Ermittlungen zu führen gehabt, erinnert sich gern des Zusammenwirkens mit Genossen an der Spree und ist nun seinerseits zu jeder möglichen Hilfeleistung bereit.

Daß sie jetzt dem Riff gegenüberstehen, ist schon ein Ergebnis eines langen ersten Gesprächs über Bergers Anliegen. Sie sind natürlich nicht hergefahren, um nach Touristenart Sehenswürdigkeiten zu besichtigen. Wenn sich das nebenbei ergibt – gut! Aber sie stehen da, weil Mitarbeiter des Kapitäns auf der Suche nach Zeugen für einen Tauchgang Bachmanns am Felsen überraschend schnell fündig wurden.

Ein alter Bauer ist dieser Zeuge, ein untersetzter, stämmiger Mann mit krausem weißem Bart und sonnverbranntem Greisengesicht unter einem formlosen, breitkrempigen Strohhut. Zwei blitzblank geputzte Esel führt er, hübsch und malerisch gezäumt und gesattelt. Einer trägt sogar einen Baldachin. Mit diesen Tieren, weiß Berger bereits, zieht der Alte jeden Nachmittag nach Slantschev Brjag hinüber und läßt für ein paar Stotinki Kinder straßauf und straßab reiten. Er mag Kinder, und er möchte am Lebensabend auch nicht ohne Tiere sein, weil sie ihn sein ganzes Leben lang als Arbeitskameraden begleitet haben. Ihm und den Kindern machen die Grauschimmel Freude, und er hat eine Aufgabe. Einfach die Hände in den Schoß legen, kann er nicht. Da würde er sich überflüssig vorkommen.

Teodorow, ein schlanker, großer Mann mit scharfgeschnittenem Gesicht, schwarzbraunen Augen und dunklem Haar, spricht mit ihm. Ein junger Genosse macht Notizen. Dann wendet sich der Kapitän Berger zu. «Er saß da drüben vor seiner Hoftür auf der Bank und wartete, daß es Zeit zum Aufbruch mit den Tieren werde, als sich am fraglichen Tage ein Mann hier, wo wir stehen, bis auf die Badehose entkleidete und ins Wasser ging, sagt er. Das sei ‹unter Mittag› gewesen, gibt er an. Eine genauere Zeitangabe vermag er nicht zu machen. Aber er erinnert sich gut, daß jener Mann ein ‹Ding› mit sich führte, wie es Unterwasserfotografen benutzen, ein kugelförmiges Gebilde mit kleinen Flügeln. Das habe er mitgenommen. Selbstverständlich hätte er eine große Brille und ein ‹Atemrohr›, einen Schnorchel also, sowie Flossen getragen. Aber so was brächten ja die meisten Sommergäste mit ans Meer. Nach dem vorgewiesenen Foto kann er Doktor Bachmann nicht identifizieren. So genau habe er nicht hingeschaut, sagt er. Für ihn sei der

Mann einer von vielen gewesen – und wer erwarte immer, daß etwas Böses geschehe ... Ich habe ihn weiter gefragt, ob er den Taucher vielleicht hat zurückkommen sehen. Das überlegt er sich gerade.»

Der Alte kämmt mit den Fingern seinen Bart, blickt auf seine Sandalen nieder und streichelt nebenbei eines seiner Tiere. Das scharrt mit dem Vorderhuf und stößt den Mann mit den Nüstern an. Es wird ihm wohl langweilig, hier zu stehen. Deshalb fordert es auf zu gehen.

Nun spricht der Bauer wieder, nachdenklich und daher etwas zögernd.

«Er sagt», dolmetscht Teodorow, «daß die Sachen noch hier lagen, als er die Esel satteln ging. Aber als er sich mit den Tieren auf den Weg gemacht habe, hätte jemand die Kleidungsstücke aufgehoben. Ob es derselbe war, wisse er nicht, doch sei ihm etwas an dem Manne aufgefallen: Mit den Kleidungsstücken überm Arm ging er in nordöstlicher Richtung davon. Aber die Kamera ‹mit den hübschen Flügelchen› war nicht zu sehen! Wo konnte sie der Mann denn gelassen haben, ein sicher teures und wertvolles Stück, auf das man doch Obacht gibt ...»

Sie wechseln einen schnellen Blick. Die Bedeutung dieser Aussage ist beiden sofort ohne alle Umstände klar. Ein Fremder, der Mörder wahrscheinlich, verlegte Bachmanns Habe, um den Ereignisort zu verschleiern, wie Berger hypothetisch annahm. Daß sich der Mann in nordöstlicher Richtung entfernte, auf den späteren Fundort zu, fügt sich nahtlos ein.

Bedauerlicherweise vermag der Zeuge keine brauchbare Personenbeschreibung zu geben. Es waren beiläufige Beobachtungen, die er machte, er sah Alltägliches – und Gewohnheit schleift die Aufmerksamkeit ab. Um den Alten nicht länger von den sicher schon wartenden Kindern fernzuhalten, entläßt ihn der Kapitän schließlich mit der Ankündigung, abends werde ein Mitarbeiter zu ihm kommen, damit er die Niederschrift seiner Angaben unterschreibe.

Da erwidert der Bärtige ruhig, er werde zu Hause sein, gibt allen freundlich die Hand und schnalzt mit der Zunge. Die Esel kennen das Zeichen und folgen, als ihr Herr sich in Bewegung setzt. Am Zügel führen muß er sie nicht. Sie laufen ihm nach, nickend, mit kleinen, eifrigen Schritten.

«Die Esel sind hier nicht so störrisch wie in nördlichen Ländern», merkt Teodorow lächelnd an. «Das hängt wohl irgendwie mit dem Klima zusammen.»

Berger geht darüber hinweg.

«Wenn Bachmann hier am Riff angegriffen wurde und im Todeskampf den Apparat fallen ließ», denkt er laut, «liegt er entweder dort oder die Angreifer haben sich seiner doch bemächtigt – vielleicht meinten sie, aufgenommen worden zu sein.»

«... und identifiziert werden zu können? Das glaube ich nicht. Wer erkennt ein Gesicht hinter einer Taucherbrille, mit 'ner Klemme auf der Nase und 'nem Schnorchelmundstück, das den Mund verschließt? Ich denke, der muß erst noch geboren werden», hält der Kapitän dagegen. «Und selbst wenn sie sich gefilmt wähnten – wer hinderte sie, die Kamera nachher an sich zu bringen und den Film durch einen anderen zu ersetzen? In der Fototasche befand sich doch Reservematerial! Ich bin ganz Ihrer ursprünglichen Meinung, daß die Kerle den Apparat – wenn sie seiner habhaft geworden wären! – so deponiert hätten, daß er gefunden werden mußte. Um das Bild vom Badeunfall perfekt zu machen. Meinerseits hege ich eine andere Vermutung.»

«Nämlich, Genosse Teodorow?»

Der bulgarische Hauptmann deutet mit einer Kopfbewegung wieder zum Felsen und erklärt: «Gesetzt den Fall, Doktor Bachmann befand sich unmittelbar am Riff, als der Überfall erfolgte ...»

«Was ich ja annehme!»

«Es verbreitert sich unter Wasser und ist dort größer, als seine herausragende Spitze verrät, Genosse Berger. Es stellt auch keinen Körper mit glatter Oberfläche dar. Unter Wasser weist es ebensolche Spalten und Schrunde auf wie oben – und die sind zum Teil wahre Schluchten von erheblicher Tiefe, tiefer jedenfalls als der Meeresboden. Wenn die Kamera da hineinrutschte, blieb sie für Taucher ohne spezielles Gerät unerreichbar. Und woher sollten sie das nehmen?»

Albrecht Berger schweigt, blickt ebenfalls hinüber und findet das Gehörte reichlich unwahrscheinlich.

Aber sein Begleiter lächelt, scheint Gedanken lesen zu können und fährt fort: «Das klingt abenteuerlich, wie? Ein bißchen nach Schatzsuche und Seeräuberromantik, ja? Halten Sie mir zugute, daß ich dieses Riff kenne. Ich bin hier aufgewachsen. Mein Vater ist Fischer. Er steuert immer noch einen Motorkutter der Genossenschaft. Und ich ... Als Jungs waren wir doch aus dem Wasser nicht herauszukriegen. Und sind mit einem hohlen Weidenrohr als Schnorchel tatsächlich auf Schatzsuche gegangen. Gefunden haben wir keine, um das gleich zu bekennen, aber es gibt sie im Schwarzen Meer. Gesunkene Schiffe aus Milet, dessen Seefahrer in alter Zeit viele der heutigen Küstenstädte gründeten und thrakisches Gold beförderten, Getreide und Wein in tönernen Amphoren, Waffen für ihre Söldner und Luxusgegenstände aus Griechenland für reich gewordene Kaufleute ...» Er winkt ab. «Dies ist eine geschichts- und geschichtenträchtige Gegend, lieber Genosse, und wenn wir, meine damaligen Freunde und ich, auch keine antiken Schätze heraufgeholt haben – die Taucherei, zu der unsere Phantasie uns anspornte, hat mir zumindest zu ziemlich genauer Kenntnis dieses Riffs verholfen.» Teodorow dreht sich zu einem seiner Mitarbeiter um und spricht mit ihm. Dann zu Berger gewandt: «Ich habe für morgen früh Taucher mit Spezialgerät zur Untersuchung von Riffspalten angefordert – und ein Fahrzeug, von dem aus wir die Arbeiten beobachten können. Recht so?» Dankesworte will er nicht hören. Als Berger dazu ansetzt, unterbricht er ihn mit einem: «Wir sitzen doch in einem

Boot – und morgen buchstäblich ...» Er regt an, jetzt zum Café «Mesembria» zu fahren.

Der Wagen ist ein Dienstfahrzeug, obwohl er ganz zivil anmutet. Er muß nicht vor dem alten Stadttor Nessebars auf dem Parkplatz abgestellt werden wie Autos ohne Sondergenehmigung. Der aufpassende Milizionär gibt den Weg frei, sobald der Fahrer flüchtig einen Ausweis vorgewiesen hat. So fahren sie zwischen meterdicken Mauerruinen hindurch auf den Platz vor dem Café zu und stellen den Wagen ab.

So kurz die Fahrt ist – Berger findet sogleich eine Menge dessen wieder, was Bachmanns Aufnahmen gezeigt haben. Die Straßenhändler, die mit einem Wedel Fliegen von ihrem türkischen Honig verscheuchen ... Das bunte Gewimmel leicht geschürzter Touristen mit mehr oder weniger ausgeprägtem Sonnenbrand ... Die Maler, die unter freiem Himmel Bilder ausstellen und verkaufen ... Die Kirche mit ihren ornamentartigen Bändern aus Stein ... Die riesigen Möwen ... Rechter Hand die großen, dem Platz zugewandten Fenster des Cafés an der Rückseite eines Hotels mit Front zum Schwarzen Meer ...

Auch hier ist vorgearbeitet worden. Der junge Genosse, der ihnen eine Dame im Kostüm des Empfangspersonals aus dem Hotel zuführt, lacht über das ganze Gesicht, als er Teodorow etwas erklärt. Der Kapitän schmunzelt jetzt auch. Amüsiert sagt er zu Berger: «Hier haben wir außer Geduld und gesunden Füßen mal noch das dritte ‹G›, das für unseren Beruf angeblich unerläßlich ist – Glück! Fräulein Shanna Iljewa macht als Hotelfachschülerin ein Praktikum im Hotel hinter uns. Im Café wurde sie aushilfsweise nur einmal zum Servieren eingesetzt – und das gerade an dem fraglichen Tage! Das heißt ...»

«... daß ihre Erinnerung an die Gäste, die sie hier bediente, nicht von Bildern anderer Cafébesucher überlagert sein kann. Das ist tatsächlich ein Geschenk», nimmt ihm Berger die Worte aus dem Mund und verbeugt sich verbindlich vor der schwarzgelockten Schönheit mit den Rehaugen. «Bitte, nehmen Sie doch Platz!»

Die Worte versteht sie nicht, wohl aber die Begleitgeste. Sie setzt sich sehr damenhaft mit eng geschlossenen Knien und seitlich gestellten Füßen. Dabei wendet sie sich an Teodorow mit einem Ton, der etwas Bedauerndes an sich hat.

«Sie sagt», übersetzt der Kapitän, «daß sie als Fremdsprachen Englisch und Französisch belegt habe und Sie also leider nicht verstehe. Ich habe sie beruhigt.» Er nimmt Fotos entgegen, die Berger aus seiner kognakfarbenen Umhängetasche zieht, und fächert sie vor der angehenden Empfangsdame auf den Tisch. Zum Teil sind das bereits Kopien von Aufnahmen Bachmanns, zum anderen – wie das von Gerlich – Archivmaterialien. Teodorow bittet, Fräulein Iljewa möge sich die Bilder in Ruhe anschauen und diejenigen heraussuchen, auf denen sie Personen erkenne, welche sie im Café bedient habe. Sie könne sich Zeit lassen. Nur das Ergebnis sei wichtig, nicht die Schnelligkeit der Antwort. Und bestellt, als richte er sich auf einen langen Aufenthalt ein, erst einmal Mokka für alle.

Die Praktikantin nickt und ist offensichtlich aufgeregt. Wenn sie's nicht wäre, wäre das viel ungewöhnlicher. Eifrig beugt sie sich über die Aufnahmen, fährt sich mehrmals mit einer flinken Zungenspitze über kirschrot geschminkte Lippen und legt eingangs halb verdeckte Fotos ganz frei. Erstaunlich rasch – der Mokka ist noch nicht serviert – sortiert sie eines aus und reicht es herüber.

«Diesen Herrn habe ich bedient», erklärt sie. «Er sprach ein so wundervolles Französisch, daß ich überzeugt war, er komme aus Paris. Aber er hat auf eine entsprechende Frage hin – in Paris wäre ich zu gern einmal – geantwortet, daß er in Berlin zu Hause sei. Deshalb ...»

«Das ist Fischer, ein Mitarbeiter aus dem Institut», unterrichtet Berger den Hauptmann, der hier Kapitän genannt wird. «Kann sie sich erinnern, wann der Mann hier war?»

Der Herr mit dem wundervollen Französisch sei einer ihrer letzten Gäste gewesen, das Café schon so gut wie leer, besinnt sie sich. Sonst hätte sie doch nicht soviel Zeit gehabt, ihre Sprachkenntnisse zu erproben. Die Dame, mit der zusammen er vor der ulkigen Stadtbahn mit der Lokomotive stehe, sei ebenfalls anwesend, jedoch schweigsam gewesen.

Als der Mokka auf dem Tisch steht, tippt Shanna Iljewa auf ein weiteres Foto. «Der auch, meine Herren! Ich glaube, er war an dem Tage mein erster Gast. Ich bin mittags für eine erkrankte Serviererin eingesprungen. Er redete englisch. Das verstehen die meisten. Er wollte nur 'n Gin-Tonic und zahlte gleich, als wäre er irgendwie in Eile. Sah auch dauernd auf die Uhr.»

Albrecht Berger verzieht keine Miene. Das überreichte Foto ist das von Gerlich, wie er gerade im Glenscheckanzug in den von Arnold bewunderten «Jaguar» steigen will. Also doch!

Teodorow schreibt etwas auf einen Zettel, den er aus seinem Taschenblock reißt und einem Mitarbeiter gibt. Dieser entfernt sich wortlos. Und gleichzeitig übersetzt der Kapitän die Frage, ob der abgebildete Mann allein oder in Gesellschaft hier gewesen wäre oder ob möglicherweise jemand zu ihm stieß.

Die Schöne denkt angestrengt nach. Das sieht bei ihr aus, als schmolle sie. Sie ist aber ganz bei der Sache. Endlich meint sie sicher zu sein, daß der Gast allein gekommen und allein gegangen wäre. Wahrscheinlich habe er anderswo eine Verabredung gehabt. So habe es gewirkt. Wohin, in welche Richtung er gegangen sei, könne sie nicht angeben.

Dann herrscht erst einmal Schweigen. Der Mokka wird getrunken, Zigaretten werden geraucht. Als Berger fragt, ob er sich eine Pfeife anzünden könne oder ob sie das störe, errötet die Praktikantin ein wenig. Das brauche er doch nicht zu fragen, erwidert sie fast verlegen, er sei schließlich

Gast. Aber daß er gefragt hat, gefällt ihr, weil's ihrer Weiblichkeit schmeichelt. Das ist unverkennbar.

Sie nimmt die Fotos einzeln auf, legt sie wieder weg, greift wieder danach und legt sie abermals auf den Tisch. Offenbar erinnert sie sich keines der abgebildeten Männer.

Als das offensichtlich wird, schiebt Kapitän Teodorow die Fotos wie ein Kartenspiel zusammen und läßt lediglich die Bilder von Bachmann und Arnold liegen.

«Besinnen Sie sich an diese Herren?» erkundigt er sich. «War einer von ihnen oder waren beide da, während Sie hier arbeiteten?»

«Sollte ich mich an sie erinnern?» fragt sie unsicher zurück. «Vielleicht sind sie hier gewesen, und es ist mir bloß entfallen ...» Aber dann hebt sie die Schultern. «Beim besten Willen ... Ich bin eigentlich sicher, daß ich sie nie gesehen habe.» Und schiebt auch diese Aufnahmen über den Tisch. «Tut mir leid.»

Auch die nachhelfende Bemerkung, die beiden Herren müßten ebenfalls – wenn überhaupt – in der Mittagsstunde erschienen sein, eines Eiskaffees wegen vielleicht, zeitigt kein Ergebnis. Als Gedächtnisstütze gedacht, verpufft sie. Sie weckt keine nur verschüttet gewesene Erinnerung.

Nein! Shanna Iljewa bleibt dabei, weder Georg Bachmann noch Reik Arnold hier im Café «Mesembria» gesehen und bedient zu haben. Angesichts der Sicherheit, mit der sie sich auf Gerlich und das Ehepaar Fischer besann, verblüfft das. Und stimmt den Hauptmann aus Berlin recht nachdenklich.

«Wir danken Ihnen für Ihre Hilfsbereitschaft, Fräulein Iljewa», sagt er unvermittelt. «Sie haben uns sehr geholfen. Alles Gute für Sie. Und viel Erfolg in der Ausbildung.»

Teodorow dolmetscht auch das.

Sie steht sofort auf und genießt ein bißchen, daß die Männer gleichfalls aufstehen, obwohl sie doch zum Personal gehört. Es gibt eben noch Kavaliere! Infolgedessen wünscht sie den Offizieren ebenfalls gutes Gelingen ihrer Arbeit und geht mit sanft wiegenden Hüften hinaus. Ihre wunderschönen schlanken Beine sind die reinste Augenweide.

Der Kapitän sieht die steile Kerbe über Bergers Nasenwurzel und daß er nervös auf den Pfeifenstiel beißt. Es ist nicht schwer, sich darauf einen Reim zu machen.

«Unzufrieden?»

«Befremdet», gibt Albrecht Berger zu. «Die junge Dame hat doch ein tadelloses Gedächtnis – und gerade in diesem Punkt setzt es aus …? Das ist wenig wahrscheinlich. Wie's aussieht, sind die beiden am fraglichen Tage nicht hier gewesen. Und ihr gemeinsames Kaffeetrinken gehört zu dem, was ich als feststehend betrachtet habe.»

«Ich würde nicht davon ausgehen, daß sich das Mädchen bei aller Hilfsbereitschaft absolut sicher jedes Gastes am fraglichen Tage erinnern kann», erwidert Teodorow. «Wie viele sind das? Sie haben ja das Gewimmel draußen gesehen … Auf diesen Fischer besinnt sie sich, weil er mit ihr französisch parlierte und ihr damit einen Gefallen tat, an Gerlich, weil er auf die Uhr sah und eine Verabredung zu haben schien. Auf Besonderheiten! Die prägten sich ein. Aber was war Besonderes an zwei Männern, die hereinkamen, sich hinsetzten, Eiskaffee nahmen und sich unterhielten? Ich möchte nicht wissen, wieviel Eiskaffee hier an einem Nachmittag bestellt wird. Die Schönheitskönigin hat die beiden nicht beachtet, weil es keinen Grund dazu gegeben hat. Anders würde ich's nicht sehen. So bedauerlich es bleibt, daß wir den genauen Zeitpunkt des Aufbruchs der Freunde nicht erfahren haben. Na ja, wir besitzen wenigstens die Angabe des Bürgers mit den Eseln.» Er drückt seine Zigarette aus und fährt fort: «Die Meldestellen suchen jetzt in ihren Registraturen danach, wo Gerlich sich einquartiert hatte. Daß er noch in Bulgarien weilt, ist wenig wahrscheinlich. Vermutlich ist er nach Doktor Bachmanns ‹Unfall› schleunigst ausgereist, um über Griechenland oder die Türkei zu verschwinden. Von Istanbul aus konnte er seinen BND wohl am mühelosesten kontaktieren.»

Anschließend fahren sie noch in den Küstenort, in dem Stefan Murzick Urlaub gemacht hat. Da hat der Mann mit dem Knautschhut bei einem Versicherungsvertreter gewohnt. Dieser vermietet Jahr für Jahr ein Zimmer seiner Wohnung an ausländische Touristen, immer vierzehn Tage lang, den ganzen Sommer hindurch. Auf Wunsch auch mit Frühstück. Seine Frau ist mit einem Matrosen durchgebrannt. Nun führt ihm seine Mutter die Wirtschaft und versorgt auch die Gäste. Was die zahlen, bessert die bescheidenen Einnahmen des Versicherungsvertreters angenehm auf. Und Zimmer am Schwarzen Meer sind begehrt. Er hat noch nie um Mieter buhlen müssen. Die einmal da waren, empfehlen ihn weiter. Die Papiere, die Interessenten für ein Visum benötigen, besorgt er. Mit Formularen kann er umgehen. Kein Wort zuviel und keines zu wenig …

Der Wohnungsinhaber und seine Mutter sind bereits befragt worden. Sie haben angegeben, daß Herr Murzick zum erstenmal bei ihnen weilte. Ein früherer Gast hätte das vermittelt, sagten sie, ein Herr Jansen aus Berlin. Der sei vor Jahren einmal gekommen und dann nicht wieder, erklärten sie. Aber es habe ihm wohl gefallen, denn seither vermittle er immer mal wieder Freunden einen Aufenthalt bei ihnen. Von den Namen, die sie nannten, ist Berger nur der jenes Bertram bekannt, den Dr. Reichert mit Bachmanns Hilfe der Agententätigkeit überführen konnte. Sein Aufenthalt hier liegt Jahre zurück. Es erscheint möglich, daß er die Quartierbeschaffung durch Jansen als Gefälligkeit auffaßte, hier seitens der «Secreta relata» angesprochen wurde und überhaupt nie erfuhr, daß er Gerlich oder einem anderen von der Bande regelrecht zugespielt wurde. Jedenfalls erwähnte er Jansen nie. Hätte er es vor den Untersuchungsorganen oder im Prozeß getan, würde der Chef von «Bären-Licht» nicht mehr als unbeschriebenes Blatt gelten. Vielleicht sind sie nie wieder zusammengetroffen. Möglicherweise hat Bertram sein Material in einen sogenannten «toten Briefkasten» gegeben und auf demselben Wege seinen Judaslohn erhalten – ohne zu ahnen, wer diesen eingelegt und jenes entnommen hat. Überhaupt scheint er Bulgarien mit keiner Silbe erwähnt zu haben. Wer weiß denn, welche Versprechungen ihm für den Fall eines «Auffliegens» gemacht worden sind – unter der Voraussetzung, daß er über bestimmte Punkte der «Zusammenarbeit» festgelegte und nicht nachprüfbare Falschaussagen mache? Zuwendungen an die Familie, Hilfe bei späterer Ausreise aus der DDR, ein gut bezahlter Job ... Das war ja üblich. Und Bertram nicht der erste, der darauf hereinfiel ...

Was die Vermieter über Murzick zu sagen wußten, war unbefriedigend gewesen. Für sie stellte er einen netten, zahlungsfähigen jungen Mann dar, der abends Tanzgaststätten besuchte und nachts manchmal ein Mädchen anschleppte, das wieder weg war, wenn es hell wurde. Darüber hatte es keine Debatten gegeben, weil am nächsten Morgen zehn Lewa auf der Kommode im Flur zu liegen pflegten. Und man war doch kein Unmensch, junge Leute brauchten das eben ... Tagsüber, hatte es weiter geheißen, wäre Murzick nicht da und sicher am Strand gewesen. Männer seien weder in die Wohnung gekommen, noch hätten sie den Jungen mal abgeholt, wurde versichert. Ein einziges Mal habe er sich – gleich am ersten Tag müsse das gewesen sein – nach einer Adresse und der günstigsten Fahrverbindung dorthin erkundigt, aber um welche Adresse es sich gehandelt habe ...? Man erinnerte sich nicht. Was kümmerte es den Versicherungsvertreter und seine Mutter, welche Bekannten ihre Feriengäste aufsuchen wollten? Neugierig seien sie nicht, hatten sie beleidigt betont.

Mehr kam bei diesen Nachforschungen nicht heraus. Dennoch ist Berger recht zufrieden. Eine Linie beginnt sich abzuzeichnen.

16.

«Gerlich, Christian, ist natürlich nirgendwo gemeldet gewesen», teilt Kapitän Teodorow gleich mit, als Berger zu ihm in den Wagen steigt. «Das heißt, er war unter einem anderen Namen hier. Nun ja, die ‹Secreta relata› ist eben keine normale Auskunftei mit einem gewissen Zwang zur Legalität. Und so verfügt sie auch über falsche Papiere für ihre Leute.» Er weist den Fahrer an, zum Strand am Riff zu steuern, und schließt: «Wir versuchen jetzt, ihn anhand des Fotos durch Vermieter und Hotelpersonal aufzuspüren und festzustellen, wo er sich aufgehalten hat. Das dauert etwas länger.»

Dem heute benutzten Fahrzeug, einem geländegängigen «Niwa» mit Allradantrieb, bereitet die Strandfahrt keine Schwierigkeiten. Dem Mann am Steuer macht sie sogar Spaß, er braust dahin wie die Feuerwehr.

Es ist früh am Morgen, das Ufer noch still. Die Touristen sitzen um diese Zeit beim Frühstücken, sofern sie überhaupt schon aus den Betten sind. Im Urlaub übertreibt kaum einer das Frühaufstehen. Auf dem Meer nähern sich Fischereifahrzeuge ihren Anlegestellen. Die Boote kehren vom Fang zurück.

Neben dem Riff liegt ein großes, seegehendes und knallgelbes Schlauchboot – eigenartig anzuschauen mit seinem steilen Spritzdeck vor einer Art Steuerstand. Der Außenbordmotor am Spiegelheck, über das zu beiden Seiten Schlauchwülste hinausragen, schweigt. Ein Anker ist geworfen. An einem Mast, der eher eine ausgezogene Teleskopangel zu sein scheint, wehen Fähnchen. Teodorow kennt ihre Bedeutung. Sie signalisieren, daß das Fahrzeug Taucherarbeiten dient und ihretwegen manövrierbehindert ist. Ordnung muß sein. Die Zeichensetzung fordert Schiffsführer auf, den Arbeitsbereich weiträumig zu umfahren.

Männer in Neoprenanzügen bereiten Geräte zum Einsatz vor und haben damit alle Hände voll zu tun.

Ein zweites Schlauchboot wartet am Ufer darauf, Berger und Teodorow aufzunehmen. Der Bootsführer erstattet dem Kapitän auf militärische Weise Meldung. Ebenso wie ein zweiter Mann an Bord trägt er Marineuniform. Eine Tauchermannschaft der Flotte, Froschmänner ... Sobald die Offiziere zugestiegen sind, knattert der Außenbordmotor los. Das Schlauchboot geht längsseits des anderen. Teodorow ruft etwas hinüber und erhält wie von einem Chor Antwort. Einen guten Morgen hat er gewünscht – und Erfolg. Sie können beginnen.

Der Bootsführer ist offensichtlich vergattert worden, den sachunkundigen «Landeiern» zu erklären, was geschieht. Darum bemüht er sich.

Der Kapitän übersetzt, was er sagt. Die Genossen Matrosen würden, erläutert er Berger nun seinerseits, in zwei Gruppen die Suche beginnen. Dabei falle der einen die Aufgabe zu, die Umgebung des Felsens und diesen selbst unter die Lupe zu nehmen, so weit das durch Augenschein möglich ist.

Diese Männer lassen sich eben rückwärts vom Schlauchboot ins Wasser gleiten, Atemgeräte tragend und mit Bleigürteln beschwert. Nachgereicht werden Unterwasserscheinwerfer.

Die zweite Gruppe, fährt Teodorow zu dolmetschen fort, werde sich den schon erwähnten tiefen Felsspalten von unterschiedlicher Breite und Länge zuwenden. Da sie in der Mehrzahl zu schmal sind, einen Menschen einzulassen, müßten sie mittels einer hineinzusenkenden Sonde untersucht werden. Diese Sonde trage, bestimmten medizinischen Diagnosegeräten ähnlich, an der Spitze eine miniaturisierte Industriefernsehkamera, deren Bild im Schlauchboot auf einem Monitor erscheine. Der Genosse, der das Bild beobachte, stehe über Kabel in Sprechverbindung mit dem Sondenführer. Selbstverständlich müßten die Riffspalten ausgeleuchtet werden.

Die stabartige Sonde wird ins Wasser gereicht, ein daumendickes Kabel spult sich von einer Rolle. Hinter dem Spritzdeck des Einsatzfahrzeugs springt ein Motor an, eine Lichtmaschine läuft. Ihr monotones, aber nicht eben leises Rattern wird anhalten, solange die Aktion läuft. Und nochmals Handscheinwerfer ... Das alles geht ohne Hast, aber zügig vonstatten. Die Hantierungen sprechen von Übung und Sachkenntnis. Unsicherheiten treten nicht auf. Albrecht Berger gewinnt den Eindruck, daß das Unternehmen in guten, in den richtigen Händen liegt.

Die Unterwasserarbeiten am Monitor mitzuverfolgen ist unmöglich. Den schützt eine Lichtblende vor dem Auftreffen von Sonnenstrahlen, und die Augenmuschel dieser Blende gestattet nur einer Person Einsicht. Aber auch daran ist gedacht. Der Bootsführer bringt ein Ding außenbords, das einer hochrandigen Holzkiste mit einem Glasboden gleicht. Als es schwimmt, hat es mehr als eine Handbreit Tiefgang. Dann wird ein schwarzes Tuch gereicht.

«Das», sagt Teodorow und lächelt, «ist wohl eine der ältesten Erfindungen zur Beobachtung von unterseeischen Vorgängen. Aber dieser Sichtkasten tut immer noch gute Dienste. Wenn wir uns darüber beugen und unter das Tuch kriechen wie weiland Fotografen, die ihr Bild auf der Mattscheibe prüften, können wir zusehen. Die Genossen müssen geahnt haben, daß wir von Hause aus neugierig sind und ihnen zuschauen wollen. Versuchen wir's?»

Abgeschirmt gegen auftreffendes Licht, durch ihren Tiefgang gefeit gegen störende Reflexe des immer bewegten Oberflächenwassers und zugleich innig mit dem Meer verbunden, bietet die Glasscheibe ein erstaunlich klares, ruhiges und überschaubares Bild, sobald sich die Augen des Betrachters auf die andere Helligkeit unter Wasser eingestellt haben. Übermäßig tief ist das Meer um das Riff herum nicht. Der Grund bleibt deutlich zu erkennen. Lichtwellen fließen darüber hin als getreue Widerspiegelung des Verlaufs der Wasserbewegung oben.

Seltsame Szenerie der Umgebung des dunklen Riffs ...

Getroffen vom Licht der Scheinwerfer, leuchtet es, wo es bewachsen ist, plötzlich grün. Die Scharten und Risse, deren sich Teodorow aus Kinderjahren erinnert hat, klaffen auf. Felsnasen werfen verzerrte Schatten. Und Schwärme kleiner Fische schießen teils aufgeschreckt hin und her oder verharren teils, als wunderten sie sich über die plötzliche Helligkeit, die sie nicht deuten können. Die Taucher scheinen sie als ihresgleichen anzusehen und umkreisen sie ohne Furcht.

Eigentümlich auch, wie mühelos sich die schwarzen Männer dort unten bewegen. Wenigstens entsteht dieser Eindruck. Es mutet an, als glitten sie in einer Art Zeitlupe dahin, mit ausgeglichenen, fließenden Körperbewegungen.

Eine Erhebung im Meeresboden findet Aufmerksamkeit. Natürlich kann aufgewirbelter Sand auf die Kamera niedergesunken sein und sie zugeschüttet haben. Er wird mit den Händen und mit einer Art Schaber entfernt. Berger kann nicht erkennen, was unter ihm zum Vorschein kommt, aber es muß belanglos sein, denn die Männer verlassen es. Später werden sie von einer geborstenen gläsernen Hohlkugel berichten, die einmal einem Fischernetz als Auftriebskörper gedient hat.

«Ich habe Befehl gegeben, Gerlichs Foto auch auf den Flughäfen, Bahnhöfen und Ausgangsstationen von Bus- und Schiffsausflügen vorzulegen, die Istanbul zum Ziel haben. Gerlich, im Besitz eines Passes aus dem kapitalistischen Ausland und im Besitz von konvertierbarer Währung, hätte das Land auf diesen Wegen verlassen können. Nicht, um ‹die Sonne ins Goldene Horn sinken zu sehen›, wie es so blumig in der Reklame heißt, sondern aus Selbsterhaltungstrieb», sagt Kapitän Teodorow unter dem Tuch. «Er muß doch als ehemaliger DDR-Bürger ohnehin jedesmal ein mulmiges Gefühl haben, wenn er in ein sozialistisches Land reist – gleichgültig, unter welchem Namen.»

«Ihm wird schwerlich eine andere Wahl bleiben», antwortet Berger ebenso. «Bei den hochqualifizierten Spezialisten, an die Hintermänner der ‹Secreta relata› heran wollen, hat von vornherein nur eine Chance, wer ihr Metier beherrscht und ihre Sprache spricht. Das schafft am ehesten Vertrauen. Und Gerlich beherrscht ihre Termini und kennt ihr Arbeitsgebiet besser als etwa ein Informatiker, der in der Bundesrepublik ausgebildet wurde. Ich bin unterrichtet worden, daß der Begriff hüben und drüben etwas unterschiedlich definiert wird. Dort dominiert mehr die Frage des Einsatzes moderner technischer Mittel für die Informationsverarbeitung, habe ich gehört, während innerhalb unserer Staatengemeinschaft Informationswissenschaft als Gesamtheit der Methodik, Technik und Organisation von Informationserfassung und -verarbeitung verstanden wird – komplexer. Nämlich als Instrument zur Leitung und Planung der gesellschaftlichen Entwicklung ... Gerlich hat bei uns studiert und übersieht die Möglichkeiten unserer Wissenschaftler. Das macht ihn für den BND wertvoll und zum bevorzugten Werber. Würde er sich sträuben, wäre er wahrscheinlich von einem Tag auf den anderen uninteressant für die ‹Secreta relata› und könnte fallengelassen werden. Informatiker vom landesüblichen Zuschnitt gibt's drüben genug und sicher auch bessere als diesen. Aber er hängt an seinem hohen Gehalt und muß einen ‹Jaguar› fahren – was bleibt ihm da übrig? Die ‹Freiheit›, die er zu finden meinte, hat sich in Daumenschrauben verwandelt.»

«Wie gehabt», stimmt Teodorow zu.

Sie kennen Dutzende solcher Fälle. Die wiederholen sich auf erschreckend monotone Art und Weise immer wieder. Und sind auf nicht minder erschreckende Art und Weise stets neu.

Die Suche an Meeresboden und Riff ist langwierig und zieht sich hin. Mittlerweile hat sich der Strand belebt. Neugierige sammeln sich und starren herüber. Die ungewöhnlichen Schlauchboote locken sie an, die Marineuniformen und das eigentümliche Tuch mit zwei Höckern über dem

Wasser. Es dauert eine Weile, bis erkannt wird, daß darunter zwei Köpfe stecken. Gerüchte laufen um, was hier wohl geschehe. Sehr schnell ist wieder Schatzsuche im Gespräch und wird von einem antiken Schiff gemunkelt, das einst am Riff zerschellt sein soll – obwohl dieses nicht den Felsen der Sirenen darstellt. Aber den Vergleich zieht auch keiner, den anzustellen blieb Georg Bachmann vorbehalten. Um so mehr sind Funde in Erinnerung, die durch die Presse gingen oder von denen Museen, in Sosopol beispielsweise, Zeugnis ablegen. Gefäße mit kostbarem Inhalt, Münzen und Schmuck ... Der Phantasie sind keine Grenzen gesetzt. Zwei Milizionäre am Strand haben Mühe, wenigstens zu verhindern, daß Sensationshungrige mit Luftmatratzen und Badebooten dicht an die Einsatzfahrzeuge heranrücken. Die das versuchen, können die Signalflaggen nicht deuten – wie sollten sie auch? Nur Winken und Brüllen verstehen sie. Sie weichen zurück und fühlen sich um eine erstklassige Show betrogen. Immer wenn mal was los ist, wird man zurückgedrängt ... Sogar im teuer erkauften Urlaub!

«Jetzt», sagen die beiden Offiziere fast gleichzeitig. Beider Stimmen klingen auf einmal erregt.

Unten geschieht zunächst nichts weiter, als daß der Sondenführer sein Gerät nicht wieder aus einer Spalte herauszieht, wie er es schon mehrmals tat. Vielmehr gibt er durch Handzeichen zu verstehen, daß er mehr Licht brauche. Die Genossen, die mit ihren Scheinwerfern im Umfeld des Riffs arbeiten, kommen heran. Doch auch die Mehrzahl aller Taucher zieht sich an dem einen Punkt zusammen. Eine Unruhe entsteht, die eine Entdeckung zu verheißen scheint.

Dicht am Tuch teilt der Bootsführer etwas mit. Auch seine vorherige Sachlichkeit ist wie weggeblasen. Jagdfieber klingt an.

«Er sagt, der Beobachter habe einen Gegenstand auf dem Monitor, bei dem es sich um den gesuchten handeln könne. Er liege aber so tief, daß das Licht kaum hinabreiche. Die

Kamera sehe nur vage Umrisse. Doch lasse sich erkennen, daß das Ding rund sei und etwas Ähnliches wie Fühler besitze.»

«Ja, das Unterwassergehäuse mit seinen Stabilisierungsflügeln», sagt Berger.

Einer der Taucher, ihr Einsatzleiter vermutlich, kommt an die Oberfläche. Als sein Kopf sichtbar wird, applaudieren die Leute am Strand – kein Mensch weiß, warum. Vielleicht nur der Abwechslung wegen ...

«Sie wollen versuchen», kommentiert der Kapitän einen Wortwechsel im anderen Schlauchboot, «eine brennende Magnesiumfackel in den Riß hinabzulassen. Ihre Scheinwerfer seien zu voluminös und würden steckenbleiben, meint der Fähnrich. Fackeln sind da. Ein Seil ebenfalls.»

Es ist ein phantastisches Bild, den Einsatzleiter mit der zuckend brennenden Fackel wieder hinabstoßen zu sehen. Die Flamme, die das Wasser nicht löschen kann, lodert in der Tiefe gleißend hell. Auf Berger, der ja keine Tauchererfahrungen besitzt, wirkt dies, als stellten sie da unten Naturgesetze auf den Kopf. Er sieht, wie die Fackel am Seil im Spalt verschwindet – tiefer und tiefer, bis ihr Feuerschein als kaum noch mehr als eine Ahnung von Licht wahrzunehmen ist. Sekundenlang erstarrt die Szenerie unten, und die Männer über dem Sichtkasten halten den Atem an. Über dem Spalt regt sich nichts. Die Blasenspuren aus den Atemgeräten der Taucher zerflattern nicht mehr, sondern steigen senkrecht empor. Ein paar herumschwimmende Fischchen stören.

Aber dann! Jetzt muß der Beobachter am Monitor seiner Sache sicher sein und das durchgesagt haben; denn der Sondenführer dreht sich zu seinen Kameraden um und zeigt mit großer Geste die Faust mit erhobenem Daumen.

Ja! In dieser Spalte liegt Bachmanns verlorene Kamera. Sie haben es geschafft! Fürs erste nur! Der Suche folgt als nächster Schritt die Bergung. Dazu wird wieder neues Gerät an Bord des Einsatzfahrzeugs vorbereitet, während die

Taucher ausruhend Kraft für die nächste Runde sammeln. Atemflaschen werden ausgewechselt, Trinkflaschen geleert. Manche liegen lang im Boot. Andere sitzen auf dessen prallen Schläuchen, blinzeln in die Sonne und atmen tief. Frische Luft ist etwas anderes als Atemgas. Schließlich gleiten sie wieder ins Wasser. Die ganze Zeit über zeigt der Kontrollmonitor unverändert das Bild der festgemachten Kamera, die Ansicht des nach dem Erlöschen der Fackel kaum mehr erkennbaren Unterwassergehäuses.

Der Kapitän hat mit dem Fähnrich, der die Tauchgruppe führt, und dem Bildschirmbeobachter gesprochen. Nun wendet er sich an Berger: «Es wird noch einmal schwierig, meinen sie. Der Spalt verjüngt sich nach unten zu. Das Gehäuse klemmt darin. Es hat sich beim Fall so gedreht, daß das Fenster vorn nach oben zeigt. Die Flügel liegen parallel zum Spalt und sind völlig frei, ihre Frontkanten sind aufwärts gerichtet. Die Genossen hoffen, mit einem Greifarm die seitlich angebrachten Haltegriffe der Apparatur fassen zu können. Sie befinden sich hinter den Flügeln. Das kompliziert alles, weil ja eine Beschädigung der Frontscheibe vermieden werden muß. Im übrigen gilt es, weitere Fackeln hinunterzulassen, damit die Greiferbedienung sieht, was sie faßt.»

Der Greifer mutet wie ein zusammengeschobenes schmales Scherengitter an. Am einen Ende gibt es ein zangenartiges Instrument, am anderen außer Haltegriffen verschiedene Drehkränze und Zugschalter. Mit ihrer Hilfe wird das Gerät manipuliert, eingestellt. Wieder unterm Tuch über den Sichtkasten gebeugt, sieht Berger, wie es senkrecht in den Spalt tastet, in den ihm Fackeln vorangegangen sind. Das zusammengeschobene «Scherengitter» streckt sich und wird noch immer weiter ausgefahren. Aus seinen anfänglich zweieinhalb Meter Länge mögen vier oder schon fast fünf geworden sein, als der Manipulator aufhört, es weiter zu dehnen. Jetzt trägt er das Sprechgerät des Sondenführers. Auf dem Einsatzfahrzeug spricht der Beobachter ununterbrochen. Das Kamerabild vor sich, dirigiert er wohl die Richtung der Greiferbewegung. Von oben ist das Gerät nicht mehr zu erblicken. Drei, vier Froschmänner decken es ab, die es gemeinsam halten und bedienen. Das Fackellicht, welches sie von unten erreicht, läßt ihre Rücken wie scharf konturierte Scherenschnitte aussehen. Magnesiumfackeln werden wiederum hinuntergelassen. Eine Weile tut sich nichts weiter, bis sich der Manipulator umwendet und den erhobenen Daumen zeigt.

«Sie haben es», übersetzt Teodorow überflüssigerweise die Worte des Bootsführers. «Die Zange hat gefaßt. Vier Meter dreißig unter der Öffnung. Die Matrosen sagten ‹zwei ein Drittel Faden›, aber das läuft auf das gleiche hinaus. Mein Vater hat mich diese alten Maße gelehrt ... Sie werden jetzt anfangen, den Greiferarm einzuziehen und den Apparat hochzubringen. Der kritischste Moment ist der erste. Wenn sich das Gehäuse verkeilt hat, kann die Zange vom Haltegriff abrutschen. Das würde bedeuten ... Aber die Kamera kommt, wahrhaftig, sie kommt! Sie kommt!»

«Vier Meter dreißig – und der Spalt zu schmal, um eindringen zu können ...», sagt Albrecht Berger vor sich hin. «Ja, da ist sie für Bachmanns Mörder unerreichbar gewesen.»

Nun läßt die stundenlange Spannung, die er empfunden hat, nach. Jetzt kann er gelassen zuschauen, wie die verkleinerte Maschinerie vorsichtig aus der steinernen Schlucht gehoben wird. Im Licht der Handscheinwerfer erscheint Bachmanns Unterwasserfilmausrüstung. Das eigentliche Kameragehäuse hat einen stumpfen, metallischen Glanz, die Stabilisierungsfühler sind flammend rot und weitaus besser wahrnehmbar als die druckfeste Kugel.

Unten zuckt Blitzlicht, Fundort und Fund müssen dokumentiert werden. Der Fähnrich hat den Fotoapparat in einer Art Gummisack mit Fenster, einem sogenannten Barrakudagehäuse, vorhin gleich mitgenommen und wohl nicht einen Augenblick an glücklichem Gelingen gezweifelt.

Als das Bergungsgut zur Wasseroberfläche gebracht wird, haben sich die Zuschauer am Strand verlaufen. Sie fingen wahrscheinlich an, sich zu langweilen. Es ist doch nichts geschehen! Nur die beiden Milizionäre stehen noch da.

Soweit sich das mit bloßem Auge feststellen läßt, ist Bachmanns Gehäuse nebst Inhalt unversehrt geblieben. Die Kugel zeigt ein paar oberflächliche Schrammen, mehr nicht. Auf die Glasscheibe gestellt, bleibt diese trocken. Das heißt, daß kein Salzwasser eingedrungen sein kann. Der Film in der Kamera muß unversehrt sein.

Albrecht Berger fällt ein Stein vom Herzen.

Teodorow nimmt den Fund in einem Plastesack entgegen, empfängt den Kleinbildfilm mit den Unterwasseraufnahmen des Fähnrichs und dankt den Marineangehörigen in Bergers und seinem Namen herzlich für ihren Einsatz. Der offizielle Dank seiner Dienststelle wird sie über das zuständige Flottenkommando erreichen. Händedruck. Militärisches Grüßen. Das Schlauchboot bringt die Offiziere an den Strand zurück. Als er aussteigt, weiß Berger, daß er sich einen gediegenen Sonnenbrand geholt hat. Aber das gehört eben dazu. Sie sind den ganzen Vormittag über auf dem Wasser gewesen, am Himmel gibt es kein Wölkchen, und die Sommersonne tut ihr Bestes.

Neben dem «Niwa» stehen der Fahrer und ein hinzugekommener Genosse. Er meldet kurz und bündig, laut Auskunft im Büro der Passagierschiffahrtsgesellschaft «Navigation Maritim Bulgare» und an Bord der «Kometa» Nummer 007 sei der anhand des Gerlich-Fotos identifizierte Mann am Tage nach dem fraglichen mit dem genannten Schiff als Ausflügler nach Istanbul gefahren und nicht zur Rückfahrt erschienen, obwohl man übergebührlich lange auf ihn gewartet habe. Der Passagierliste zufolge, fährt er fort, müsse «die angefragte männliche Person» sich mit Papieren auf den Namen Braun, Jakob, aus Aachen ausgewiesen haben. Von der Dienststelle sei veranlaßt worden, daß der bulgarische Aufenthaltsort des «Touristen» Braun alias Gerlich festgestellt wird.

«Haben Sie sich erkundigt, ob Gerlichs Istanbulfahrt voraus- oder ob sie auf die Schnelle gebucht worden ist?» will Berger wissen.

Die Antwort entspricht seinen Erwartungen. Angestellte der «Navigation Maritim Bulgare» hatten aus ihren Unterlagen ersehen, daß «Herr Braun» am Nachmittag vor dem Ausflug erschienen war, um ein Teilnehmerticket zu kaufen. An Ad-hoc-Entscheidungen von Feriengästen gewöhnt und häufig genug mit spontanen Entschlüssen konfrontiert, hatten die Damen den Vorgang als normal betrachtet und ihn insgeheim sogar begrüßt, weil das Tragflächenschiff noch nicht ausgebucht war.

Das Quartier Brauns zu finden werde leichter sein, als das eines offiziell niemals eingereisten Gerlich aufzuspüren, bemerkt der Kapitän befriedigt. Und dann bleibe nur zu hoffen, daß Nachforschungen dort ergiebiger seien als solche in Murzicks hiesigem Umfeld. Wobei es gleich zu bedenken gelte, daß Gerlich dem jungen Burschen ein Vielfaches an Intelligenz und konspirativer Erfahrung voraushabe ...

Aber man werde ja sehen.

17.

Das Licht im Vorführraum geht wieder an. Zunächst schweigen alle, die Georg Bachmanns letzte Aufnahmen gesehen haben: Waldeck, Berger, Kuhnert, Silke Wagner und Mahnau. Letztere verließen die Laubenkolonie «Neuer Garten II» verabredungsgemäß, bevor gestern die Sommerferien der Schulen begannen. Die Finnhütte ist nun von den Besitzern, dem Ehepaar Hinz und seiner üppig gerundeten Tochter sowie seinem jüngeren spillrigen Sohn belegt. Dafür weilt schräg gegenüber neuer Sommerbesuch. Nun heißt es in der Siedlung, deren Erholungswert spreche sich offenbar herum. Manchen gefällt das. Anderen, denen ihre Ruhe teuer ist, nicht. Aber auch die Genossen, die Silke und Mahnau abgelöst haben, sind bereits über die Vorzüge von Kaninchenbraten und dessen bequeme Bezugsmöglichkeit unterrichtet worden.

Major Waldeck äußert sich als erster zum Gesehenen. «Hut ab vor dem Mann», sagt er leise und bewegt. «Er muß doch gesehen haben, daß er sich in Gefahr begab. Und dennoch ...»

Albrecht Berger räuspert sich, weil er meint, ihm stecke ebenfalls ein Kloß in der Kehle. Dann erläutert er, daß Bachmann die Überwasseraufnahmen am Anfang des Films zweifellos gemacht habe, nachdem sich die Kamera bereits im Gehäuse befand. Die Genossen aus der Foto-Film-Abteilung, führt er aus, betrachteten die Lichtreflexe und -blitze, die sich mehrfach sehr störend bemerkbar machen, als Sonnenspiegelungen im Frontfenster des Gehäuses. Überhaupt müsse bei diesen Bildern das Fehlen der fast professionellen Perfektion anderer Aufnahmen Bachmanns als Zeichen seiner Erregung gewertet werden – und seines spontanen Entschlusses, den Vorgang festzuhalten. Nur darauf sei es ihm offensichtlich angekommen. Hier war nur noch wichtig gewesen, das Gesehene zu dokumentieren und den einmaligen Augenblick zu fixieren. Gleichgültig, ob es dabei störende Reflexe gab oder nicht. Entscheidend war bloß, daß ein Teil der Bilder gelang. Und diese Rechnung ist aufgegangen.

Der über Wasser belichtete Anfang des Filmstreifens aus einer 15-Meter-Kassette besitzt Beweiskraft.

Silke Wagner nennt es unbegreiflich, daß sich den in Erregung gedrehten Überwasser- die Unterwasseraufnahmen der submarinen Szenerie am Riff anschließen. Diese verraten wieder Bemühen um eine künstlerische Sicht – bis zu dem Moment, in dem für Sekunden die beiden angreifenden Taucher ins Bild kommen. Warum hat Bachmann nicht sofort nach seiner Entdeckung Schritte unternommen?

«Er war zu verwirrt», sucht Harry Mahnau eine Erklärung. «Und er hat Gerlich und dessen Informanten aufs Meer hinausfahren sehen. Das dürfte ihn zu dem Trugschluß veranlaßt haben, angesichts dieser Flucht drohe ihm keine Gefahr. Dann, denke ich mir, hat er versucht, ruhig über das nachzudenken, was er wahrgenommen hat, und sich über die zu unternehmenden Schritte klar zu werden. Möglicherweise hat er sogar erwogen, den Informanten zur Rede zu stellen und ihn zu überzeugen, gemeinsam unsere Genossen aufzusuchen, damit Gerlich das Handwerk gelegt werde. Ich halte das nicht für ausgeschlossen. Der Informant war ja kein Fremder für ihn, sie trafen sich täglich im Institut. Er durfte sich zutrauen, ihn beeinflussen zu können. Aber im Augenblick war der andere ja unerreichbar. Er würde erst nach Stunden wieder greifbar sein. Vielleicht ging Bachmann, während er grübelte, unbewußt weiter auf sein ursprüngliches Ziel zu – sozusagen mechanisch, oder vielleicht wollte er sich ablenken. Jeder kennt das. Als das Riff dann vor ihm lag und er sich klar geworden war, daß ihm fürs erste Zeit blieb ... Wir haben alle gesehen, wie sehr ihn der Felsen faszinierte. Nun stand er davor und hatte die Kamera in der Hand ...» Mahnau hebt die Schultern. «Daß seine Mörder mittlerweile schon unterwegs waren, ahnte er nicht.»

«Ja», nimmt Rolf Kuhnert den Faden lebhaft auf. «Wir haben gesehen, daß Bachmanns Filmen nicht unbemerkt geblieben war. Die anderen kannten ihn gut genug, um zu begreifen, was folgen würde. Daß der Informant in Panik verfallen ist, liegt auf der Hand. Gerlich muß augenblicklich erkannt haben, daß sein ungutes Spiel als Jakob Braun beendet sein würde, wenn Bachmann Zeit bliebe, seine Entdekkung weiterzutragen. Da hat er – auch er geschockt vom plötzlichen Auftreten des Doktors – nur eine Möglichkeit gesehen, seine kostbare Haut zu retten: die nackte Gewalt.

Wahrscheinlich ließ er das Boot wieder zum Strand steuern, sobald es außerhalb des Gesichtskreises von Bachmann war, und jagte seine taucherfahrenen Spießgesellen los.»

Als er verstummt, spricht Albrecht Berger weiter. «Sie stellten Georg Bachmann unmittelbar am Riff. Ich bin jetzt überzeugt, daß sie ursprünglich auch darauf abzielten, die Kamera in ihren Besitz zu bringen und ihr den gefährlichen Film zu entnehmen. Doch der losgelassene Apparat fiel so, daß er für die Angreifer unerreichbar wurde. Ebendies dürfte sie erst motiviert haben, den tatsächlichen Ereignisort zu verschleiern und Abstand zwischen ihn und den Entdeckungsort zu bringen. Sie verlegten Bachmanns am Strand zurückgelassene Habe in aller Eile an eine Stelle, an der die Kamera selbst bei gründlichster Suche nicht gefunden werden konnte. Und das Riff würde unbeachtet bleiben.» Berger legt die Fäuste vor sich auf die Schreibplatte und fährt mit Nachdruck fort: «Aber der Apparat mußte im Meer sein! Bachmanns Mörder konnten sich ausrechnen, daß ein Verschwinden der Kamera schlecht in das Bild vom ‹Badeunfall› paßte, den sie vortäuschen wollten. Hätten sie ihrer habhaft werden können, wäre sie der Miliz in die Hände gefallen.» Der Hauptmann öffnet die Fäuste wieder. Ganz sachlich schließt er: «Die vielen Aufnahmen vom Felsen und die Geschichte, die Bachmann an ihn knüpfte, brachten mich auf ihre Spur. Den Rest tat Arnolds Verblüffung darüber, daß Bachmann nicht am Riff getaucht sein sollte. Für ihn hatte außer Frage gestanden, daß der Doktor an seinem ‹Sirenenfelsen› filmte, als es geschah.»

Alles spreche dafür, daß die eben gehörte Rekonstruktion der Vorgänge in und vor Nessebar stimmig sei, urteilt Waldeck nach einer Denkpause. Berger habe recht gehabt, sagt er, dem Verschwinden des Apparates aus den genannten Gründen von Anfang an so große Bedeutung beizumessen. Er beglückwünscht den Hauptmann zur beharrlichen Verfolgung dieser Spur.

Zu Silke gewandt, betont er, Mahnau habe durchaus

recht damit, der Verwirrung Bachmanns und daraus resultierenden Verhaltensweisen einen hohen Stellenwert zu geben – der Informatiker sei persönlich mutig und einsatzbereit gewesen, aber doch kein geschulter Mitarbeiter. Dann fragt er Berger unvermittelt, ob es inzwischen eine Erklärung für Murzicks Jagd auf Bachmanns übriges Filmmaterial gebe.

Ehe er antwortet, zieht Hauptmann Berger einen großen Umschlag aus seiner Tasche. Daraus entnimmt er Fotos. Diese reicht er Waldeck mit einem Hinweis auf die «Totalen» und die Abblendeffekte bei der Aufnahme. Letztere, fügt er trocken hinzu, hätten auch die außerordentliche Tiefenschärfe der Bilder bewirkt, welche extrem starke Ausschnittvergrößerungen möglich machte. Auf denen trete zwar nun die Materialstruktur des Negativs überdeutlich mit in Erscheinung, aber man wolle die Bilder ja nicht ausstellen – und als Beweismittel seien sie aussagestark.

Dem stimmt der Major zu. «Der Sichttreff, der jener ‹zufällig› wirkenden Begegnung am Motorboot vorausging», stellt er zufrieden fest. «Dieselben Leute an anderem Ort. Bachmann bemerkte sie nicht, während er selbst gesehen wurde. Eindeutig! Und daraufhin, Genosse Berger ...»

«... wurde Stefan Murzick beauftragt, die Filme zu entwenden. Was allerdings beim ersten Anlauf mißlang und weitere Bemühungen zur Folge hatte», antwortet der Hauptmann auf gewohnte Weise. «Wir haben Grund zu der Annahme, daß Jansen diesen Murzick als Kurier einsetzte, nachdem er ihn zum Beispiel unter dem Vorwand einer Bootsreparatur in ein Abhängigkeitsverhältnis gebracht hatte. Dafür spricht, daß Jansen ihm dasselbe Urlaubsquartier vermittelte wie seinerzeit schon Bertram. Ich habe mir die Akte des derzeit Einsitzenden kommen lassen. Bertram war geständig, in jenem Urlaub von ‹Zufallsbekannten› angeworben worden zu sein, die ihm wie üblich das Blaue vom Himmel versprachen, viel Geld flüssig machten und hernach die Daumenschrauben ansetzten. Bertram wußte nicht, wer den später von ihm beschickten ‹toten Briefkasten› leerte. Dessen Lage hat er genau beschrieben. Seine Überwachung unsererseits führte zu keinem Ergebnis. Ich muß hinzufügen, daß Bertram weder seine Abwerbung durch Dritte noch den besagten Briefkasten irgendwie mit Jansen in Verbindung gebracht hat. Der hat seinen Weg nicht wieder gekreuzt. Deshalb ist der Name Jansen weder in der Voruntersuchung noch im Prozeß auch nur ein einziges Mal gefallen.

Worauf will ich hinaus? Wie's aussieht, stand der Empfänger der ‹Kurierpost›, nach dessen leider nicht mehr erinnerbarer Adresse sich Murzick bei seinen Wirtsleuten erkundigte, in direkter Verbindung zu Gerlich alias Braun. Und Murzick erschien diesem Kreis als der richtige Mann, die verräterische Aufnahme an sich zu bringen.»

Waldeck gibt die Vergrößerungen zurück. «Gute Arbeit», anerkennt er knapp. «Im Augenblick handeln Jansen und Murzick ...?»

«... nach der Vogel-Strauß-Methode. Sie stecken die Köpfe in den Sand und stellen sich erst mal tot. Wir observieren sie. Früher oder später werden sie ja von ihren Auftraggebern reaktiviert werden und uns zu Kontaktpersonen führen, die wir noch nicht kennen. Dann fassen wir zu und ziehen die ganze Bande hoch. Es kann eine Weile dauern, aber ...» Berger bricht ab und lächelt.

«... aber an Atemnot hat unser Haus noch nie gelitten», beendet diesmal der Major einen angefangenen Satz. «Wir können den richtigen Moment abwarten.» Dann erkundigt er sich nach dem Bulgarienaufenthalt von Gerlich alias Braun.

Die Nachforschungen der bulgarischen Genossen haben ergeben, berichtet der Hauptmann daraufhin, daß der als Jakob Braun reisende Agent des Bundesnachrichtendienstes in der Volksrepublik Bulgarien weite Strecken zurückgelegt hat. Das geht aus den zu Abrechnungszwecken notierten Tachometerangaben der Wagen hervor, die Gerlich alias

Braun immer wieder von einem Rent-a-car-Service gemietet hat. Das hat er als Selbstfahrer getan, versteht sich, und stets landesübliche Fahrzeugtypen genommen – Automobile, die nirgendwo auffallen. Seine langen Fahrten deuten darauf hin, daß er außer dem in Nessebar gefilmten Treff mit Vorspiel in Burgas entweder noch weitere durchgeführt oder bemüht gewesen ist, neue Opfer aus verschiedener Herren Ländern auszuspähen. Gelegentlich hatte man ihn zusammen mit anderen Touristen aus der BRD gesehen. Einer von ihnen, ein Herr Schubert, war am fraglichen Tage in Nessebar bei einem Bootsverleih als Mieter eines Motorbootes in Erscheinung getreten.

Da denken alle an das Fahrzeug, mit dem sie eben auf der Leinwand Gerlich und seinen Informanten sowie weitere Personen haben in See stechen sehen.

Es erübrige sich fast zu sagen, fährt Berger fort, daß Fotos der Bootsinsassen aus dem Film gezogen und Kapitän Teodorow zugestellt werden.

«Alles in allem», faßt Waldeck schließlich zusammen, «liegen brauchbare Ergebnisse vor – auch wenn uns Doktor Bachmanns letzter Film eine unerwartete Überraschung beschert. Oder, Genosse Berger?»

Die Klimaanlage läuft. Es kann geraucht werden. Der Hauptmann ist gerade dabei, eine seiner Pfeifen zu stopfen. Nun schüttelt er ruhig den Kopf. «Daß es diese Aufnahmen gibt, ist überraschend – der Fakt selbst nicht», stellt er in seiner sorgfältigen mecklenburgischen Sprechweise richtig. «Zum ersten hat Reik Arnold, wahrscheinlich, ohne sich dessen bewußt zu werden, bereits einmal einen Hinweis auf die Möglichkeit dieser Lösung des Rätsels gegeben. Zum zweiten erhielt der dadurch aufgetauchte Verdacht neue Nahrung durch die Angaben einer Hotelpraktikantin in Nessebar. Dieses rehäugige Mädchen besaß ein bewundernswert präzises Erinnerungsvermögen. Sicherlich wären wir ohne die Filmbilder noch etwas weiter von der Aufklärung des Vorgangs entfernt, aber grundsätzlich ...» Er schüttelt wiederum gelassen den Kopf und schweigt, weil das Telefon läutet.

Waldeck nimmt den Hörer ab, bestätigt eine Meldung und legt wieder auf. Dann läßt er den Hauptmann wissen, daß die von diesem angeordnete Überprüfung des Institutsmitarbeiters Fischer abgeschlossen sei und das Material für ihn bereitliege. Berger dankt und murmelt mit einer Bewegung zur Leinwand, jene Überprüfung habe sich inzwischen wohl erübrigt. Alles sei jetzt klar.

«Wie wollen Sie vorgehen?» will Waldeck wissen.

«Ich möchte Reik Arnold auch diesen Streifen vorführen», erhält er sofort Antwort. «Und Frau Bachmann hinzuziehen. Darauf hat sie einen Anspruch, glaube ich, und sich auch schon bereit erklärt.»

«Ich bin einverstanden», stimmt der Major zu. «Veranlassen Sie das! Danke, Genossen!» Er verläßt den Vorführraum.

Die anderen bleiben noch stehen.

«Schade», sagt Kuhnert plötzlich, «daß der Film stumm ist! Wenn man wüßte, was die beiden im Boot geredet haben ... Vielleicht wäre das ganz aufschlußreich.»

Silke Wagner denkt, Rolf schieße mal wieder übers Ziel hinaus. Ein Wunder, daß er nicht noch das Fehlen von Begleitmusik beanstandet! Als ob die Bilder nicht deutlich genug sprechen würden ...

Seltsamerweise findet Harry Mahnau den hingeworfenen Seufzer Kuhnerts weit weniger absurd. Im Gegenteil! Draußen auf dem Flur deutet er plötzlich zögernd an, es bestehe vielleicht doch die Möglichkeit, zumindest einen Teil dessen zu *hören,* was die Menschen auf den stummen Filmbildern sprechen – dort nämlich, wo Doktor Bachmann sie mittels seiner Gummilinse greifbar nahe herangeholt habe.

Mit einem scheinbaren Gedankensprung, der in Wahrheit keiner ist, fängt er dann an, von seiner Verlobten zu sprechen. Kuhnert und Silke Wagner haben sie bereits kennengelernt, Berger weiß durch's Hörensagen von ihr. Diese Pamela, die still und zurückhaltend, ja, beinahe scheu auf Mahnaus Genossen gewirkt und über die Kuhnert einmal zu Silke gesagt hat, es gehe unfaßbar viel gütige Entschlossenheit von ihr aus, ist Lehrerin. Harry Mahnau erzählt, Pamela nehme gerade ein Zusatzstudium auf. Dessen Abschluß wäre die Vorraussetzung für die Erfüllung von Pamelas lang gehegtem Wunsch, an einer Sonderschule Kinder zu unterrichten, deren Weg ins Leben schwerer ist als der anderer: behinderte Kinder. Darin sehe sie eine große, eine wunderbare Aufgabe. Ja, und durch seine Verlobte wisse er, Mahnau, auch von besonderen Fähigkeiten, die Pädagogen ausbilden müßten, um bestimmte Schüler unterrichten zu können, Fähigkeiten zur Kommunikation auf außergewöhnliche und nicht alltägliche Art. Er meine auf alle Fälle ...

Albrecht Berger hört ihm mit wachsender Aufmerksamkeit zu. Dann unterbricht er die Erklärungsversuche seines Mitarbeiters mit der Bemerkung, das sei kein Thema für eine Unterhaltung zwischen Tür und Angel, Mahnau solle mit in sein Dienstzimmer kommen und dort in aller Ruhe noch einmal von vorn beginnen. Und vielleicht könne er Pamela gleich mal anrufen und einige ergänzende Informationen von ihr erbitten.

18.

«Noch einmal?» hat Reik Arnold gefragt und alles andere als begeistert ausgesehen. «Können die sich nicht vorstellen, daß mich schon jene erste Vorführung fix und fertig gemacht hat? Begreifen Sie doch, Herr Doktor Reichert: Was für diese Offiziere wahrscheinlich nur eine bloße Routinearbeit darstellt, berührt mich persönlich. Würde es nicht so pompös klingen, könnte ich sagen, daß Schorsch ein Teil meines Lebens gewesen ist. Er war mein Freund, wenn Sie verstehen, was ich meine. Die Filme zu sehen, ist für mich furchtbar.»

«Natürlich. Das kann Ihnen jeder nachfühlen», antwortete der Sicherheitsbeauftragte. «Aber, bitte, haben Sie Ihrerseits Verständnis dafür, daß Sie als Bachmanns Freund und genauer Kenner seines Umgangs ein Zeuge von entscheidender Wichtigkeit sind.» Er fügte hinzu: «Ich denke, die Genossen haben vor, Ihnen ein paar Fragen zu Aufnahmedetails zu stellen, die beim ersten Ansehen mehr oder weniger unbeachtet geblieben sind. Vielleicht, daß bei einer zweiten Vorführung ...»

Reik Arnold hatte geseufzt, auf unaufschiebbare und termingebundene Arbeiten verwiesen und dann doch seinen Personalcomputer abgeschaltet. Widerwillig zwar und offensichtlich voller Furcht vor einer neuerlichen Begegnung mit schmerzlichen Erinnerungen, aber einsichtig war er zusammen mit Reichert ins Auto gestiegen und zur Dienststelle gefahren. Nun betritt er zum wiederholten Male den Vorführraum.

Ihm will scheinen, daß der anwesende Personenkreis heute ein größerer als neulich ist. Dem schenkt er jedoch keine Aufmerksamkeit, weil er Jennifer Bachmann mit Berger zusammenstehen sieht. Er geht sofort auf sie zu und blickt sie erschrocken an, ehe er in einem aus Mitgefühl und Hilflosigkeit gemischten Tonfall hervorbringt: «Jenny, du? Mein Gott, konnten sie dir diese Tortur nicht ersparen? Nun wird alles wieder aufgewühlt!»

«Ich habe dabeisein wollen», antwortet sie. Es klingt spröde, fast abweisend.

Reik nimmt dies als Zeichen, daß es sie Mühe kostet, beherrscht und ruhig zu wirken. Jennifer haßt es, sich eine Blöße zu geben. Innerlich mag sie vor Erregung zittern, zeigen wird sie das nie. «Bist du sicher, daß du genug Kraft aufbringst ...?» will sich Arnold noch vergewissern.

Doch da bittet Berger bereits, Platz zu nehmen. Wie beiläufig nimmt Silke Wagner Jennifer am Arm und dirigiert sie zu einem Platz, der von Reiks etwas entfernt ist. Natürlich – er, Arnold, soll sich allein auf den Film konzentrieren.

«Wir beginnen noch einmal mit den Aufnahmen aus Burgas», sagt Hauptmann Berger ruhig. «Bitte!»

Wieder zeigt die Leinwand Jennifers Einkaufsbummel auf dem baumbeschatteten Boulevard, der in gerader Linie zum Platz mit dem Heldendenkmal führt. Als dieses im Bild ist, läßt der Hauptmann den Film stoppen. Die Aufnahme bleibt auf der Perlwand stehen wie ein projiziertes Diapositiv.

«Hier erkennen Sie niemand, Herr Arnold?» fragt Berger.

«Am Denkmal? Nein. Wie sollte ich denn? Die Menschen da sind so weit weg, daß ...», klingt es sofort zurück.

«Ist Ihnen hier jemand bekannt, Frau Bachmann?»

Jennifer sieht den Film zum erstenmal. Sie läßt sich Zeit zu genauer Betrachtung. Dann verneint auch sie. Verlegen weist sie darauf hin, daß zu viele fremde Gesichter auf sie einstürmten.

«Das ist uns bei der ersten Ansicht allen so gegangen», räumt Berger ein. «Es hat uns veranlaßt, diese und andere Totalen so zu behandeln, daß Wesentliches in den Vordergrund rückt. Dabei ist hier ein Detail erkennbar geworden, das im Film selbst untergeht. Darf ich mal bitten ...»

Das Projektionsbild aus dem Filmvorführgerät erlischt. Dafür erscheint ein anderes, welches das Epidiaskop von einer fotografischen Vergrößerung abnimmt. Es zeigt vor dem Denkmal einen Mann in einem olivgrünen Hemdanzug, einen Mann, der einen ungewöhnlich geformten Fotoapparat in den Händen hält und offensichtlich das Denkmal aufzunehmen gedenkt.

«Und jetzt, Herr Arnold?»

«Gerlich», sagt Reik gepreßt in die Dunkelheit. «Ja, wahrhaftig, das ist Christian Gerlich – ein bißchen älter geworden, aber unverkennbar! Das heißt, er war ebenfalls in Bulgarien!»

«Wie sich zeigt», bestätigt Albrecht Berger trocken. «Und mit Sicherheit ist er nicht nach Burgas gefahren, um mit dieser Sofortbildkamera da Denkmale zu fotografieren. Sehen sie weiter!»

Eine ganze Serie von Vergrößerungen erscheint Bild für Bild auf der Perlwand. Sie gibt Phasen eines Bewegungsablaufs wieder, den der Film fließend aufgezeichnet hat.

Von rechts her, vermutlich aus einer Nebenstraße, bewegt sich ein weiterer Mann auf das Denkmal zu. Er bleibt einen Moment stehen, als interessiere ihn das Monument ebenfalls. Für einen Augenblick sehen sich Gerlich und er an. Im laufenden Film wäre das kaum bemerkbar. Das Standfoto macht den Vorgang eindeutig. Nun läuft der Hinzugekommene weiter und scheint in den Boulevard einbiegen zu wollen. Da stutzt er, wendet sich plötzlich scharf nach links und verschwindet dort in einer Seitenstraße. Jetzt läuft er nicht mehr. Er rennt fast. Eine gewisse Bewegungsunschärfe der Aufnahme macht es erkennbar. Gerlich steht immer noch vor dem Denkmal.

«Der zweite Mann ist Reik Arnold», sagt auf einmal Jennifer Bachmann hart und laut in den Raum. «Bist du deshalb abends bei uns aufgetaucht und hast gefragt, wie's in Burgas gewesen sei und ob's was Besonderes gegeben habe? Es muß dich sehr erleichtert haben, Schorsch und mich ganz ahnungslos zu finden. Bist du dir da sehr großartig vorgekommen?»

Sie müsse schon auf das Kommende vorbereitet gewesen sein, als er die Vorführung betrat, denkt Reik in dieser Sekunde als erstes. Deshalb ihre Sprödigkeit, ihre Zurückhaltung ... Und jetzt der abgrundtiefe Haß in ihren Worten und, was ihn mehr trifft, ihre Verachtung ... Es ist, als schüttle sie sich aus Ekel vor ihm. Das bestimmt seine Antwort.

«Mir ist ein Stein vom Herzen gefallen», verteidigt er sich

leise. «Wenn ihr nichts gesehen hattet, war alles gut. Du hast keine Ahnung, wie hoch mir das Wasser am Halse stand! Ich mußte *das* tun – und es war mir natürlich klar, daß Georg dies niemals eingesehen hätte! Dazu war er ja viel zu verbohrt, zu programmiert und zu uneinsichtig. Ich konnte mit niemand darüber sprechen – und mit euch am wenigsten. Du bist doch nicht anders als er. Hätte er mich in Burgas mit Gerlich gesehen ...»

«... hättest du ihn gleich ermorden lassen, ja?» fällt ihm Jennifer mit schneidender Schärfe ins Wort. Die Beherrschung fällt ihr schwer.

«Damit habe ich nichts zu tun! Damit nicht!» schreit er auf. «Ich gebe zu, daß ich Gerlich von seiner Filmerei in Burgas erzählt habe, aber ich habe ihn auch wissen lassen, daß weder er noch ich erkannt worden sind.»

«Und darauf sagte Gerlich – oder ‹Herr Jakob Braun›, wie er sich diesmal zu nennen beliebte ...?» will Berger wissen.

«Er sagte, dann bestehe fürs erste keine Gefahr, und bevor Georg seine Filme zum Entwickeln geben könne, würden sie in sicheren Händen sein. Ich möge mich dieserhalb bei dem Mann vergewissern, der mir in Berlin als Vertreter Gerlichs bekannt sei.»

«Haben Sie sich vergewissert?»

Arnold nickt.

«Und?»

«Er vertröstete mich von einemmal aufs andere. Und versicherte, es könne gar nichts geschehen.»

«Weil Doktor Bachmann nicht mehr lebte ...»

«Das hat er nicht gesagt. Aber ich dachte es mir, nachdem ich von Jenny ..., von Frau Bachmann erfahren hatte, daß Schorsch beim Baden ertrunken wäre. Ich habe vorher nichts davon gewußt, das schwöre ich.»

«Wie heißt der Kontaktmann hier?»

Arnold zögert. Da schaltet der Hauptmann die Pultlampe ein und legt ein Foto vor Reik hin. Es zeigt einen Mann im

Overall und mit Leinenmütze neben einem «Multicar», an dessen weißem Kofferaufbau und an der linken Tür «Bären-Licht» steht.

«Ist es dieser?»

Da bequemt sich Arnold zu einem Nicken und einem kaum verständlichen: «Karl-Heinz Jansen, ja.» Und ruft zu Jennifer, ganz hastig: «Ich wollte Schorsch nichts Böses tun. Wie er und ich zueinander standen, bei all seiner Kompromißlosigkeit …»

«Das gute Verhältnis, auf das Sie sich jetzt berufen», läßt sich wieder Albrecht Berger vernehmen, «hat Sie aber nicht gehindert, Jansen wissen zu lassen, wo er die Filme nach Frau Bachmanns einsamer Rückkehr zu suchen hatte. Und ebensowenig daran, ihn zurückzupfeifen, als das Material nicht mehr in der Datsche war.»

Das sei eine Unterstellung, gegen die er sich verwahre, braust Reik auf. Nachdem er den ersten Schreck über seine Enttarnung verkraftet hat, fängt er an, sich zu wehren. Er wird nichts weiter zugeben als das, dessen er sich überführt sieht, und alles in Abrede stellen, was ihm nicht unwiderlegbar nachgewiesen werden kann.

Darauf sind die Offiziere gefaßt und vorbereitet. Den Vorwurf einer Unterstellung weist Berger gelassen mit den Worten zurück: «Ich kann bis drei zählen, Herr Arnold. Erstens haben Sie zugegeben, daß Jansen von den Filmen wußte. Zweitens kannten sie Frau Bachmanns Verbleib nach ihrer Landung in Schönefeld als erster. Drittens haben weder Frau Bachmann noch ich Außenstehenden von der Aushändigung der Filme an mich erzählt. Nur Ihnen gegenüber habe ich selbst gesagt, daß Sie sich die Aufnahmen ansehen sollten – und prompt unterblieb der erwartete Griff nach der Fototasche. Es kann Sie nicht wundern, daß ich Sie seither im Visier habe.»

«Es waren doch noch andere im Zimmer, als Sie davon sprachen.»

«… und hielten Sie genauso wie ich wirklich für einen

Freund des Toten. Falls Sie das sagen wollten, haben Sie recht.»

Arnold beißt sich auf die Lippen. Er hat die Lider niedergeschlagen und sieht niemand an. Wahrscheinlich überlegt er fieberhaft, was er zu seiner Entlastung vorbringen könnte.

«Ich stelle Ihnen anheim, zu dem Sichttreff in Burgas eine Erklärung abzugeben, Herr Arnold», sagt in das knisternde Schweigen hinein Staatsanwalt Schulte, der den bisherigen Verlauf der Vorführung aufmerksam verfolgt hat. Er stellt sich auch vor. Dazu ist er als Vertreter der bei Strafverfolgungen aufsichtführenden Justizbehörde verpflichtet. «Wünschen Sie, über dessen Zustandekommen auszusagen?»

Reik zögert etwas. Dann, als habe er plötzlich Eile, ein Geständnis abzulegen, beginnt er zu sprechen. Es hätte ja wohl keinen Sinn mehr, alles abzustreiten, fängt er an und erklärt, Gerlich habe ihn angesprochen, als er an einem Symposium im Ausland, in Bornholm, um genau zu sein, teilgenommen hat.

«Das habe ich vermutet», wirft Albrecht Berger trocken hin, «seit Sie mir versicherten, Gerlichs Name erscheine in keiner Teilnehmerliste einer der wissenschaftlichen Veranstaltungen, zu denen das Institut Sie delegierte. Das war ein wenig zu dick aufgetragen. Es hat sich schon herumgesprochen, daß es Hotelbars und andere unverfängliche Kontaktstellen gibt. Der ‹Beweis›, den Sie mir anboten, war unter Ihrem Niveau. Deshalb machte er stutzig.»

Darauf geht Arnold nicht ein. Er bejaht nur, daß Gerlich ihn wirklich im Hotel angesprochen habe. Da seien sie sich zufällig im Fahrstuhl begegnet, der ehemalige Kommilitone habe darauf bestanden, ihn zu einem Drink einzuladen, und angesichts anderer Hotelgäste wäre ihm, Reik, eine Zurückweisung peinlich gewesen. Also hätte er angenommen, Gerlich sei mit ihm in ein Weinrestaurant gefahren, und es wäre zu einer längeren Unterhaltung gekommen. Nein, er,

Arnold, habe dabei durchaus nicht vergessen, was er von Schorsch Bachmann über den Mann mit dem schönen «Jaguar» wußte, er habe diesem sogar deutlich gesagt, daß Gerlich seine Zeit verschwende, wenn er ihn vor seinen Karren zu spannen versuche.

Nach Reiks Schilderung hatte der andere diese Erklärung wie einen Witz belacht. Er war auch nicht weiter in seinen Gast gedrungen. Statt dessen erzählte er von der «Secreta relata» und daß er dort mittlerweile zum «Researcher in chief» aufgestiegen sei, zum Leiter einer Forschungsgruppe mit hochinteressanten Aufgaben. Die Arbeit an deren Lösung tangiere im übrigen das vom Symposium behandelte Problem der interpersonellen Kommunikation zur Ergänzung von Informationen aus mehr oder minder offiziellen Quellen. Arnold könne sich gewiß vorstellen, daß die Erkundung vor Ort für eine privatwirtschaftlich arbeitende Auskunftei eine weit größere Rolle spiele als für ein Institut mit fester Einbindung in die sozialistische Volkswirtschaft, ja, für die «Secreta relata» beispielsweise geradezu lebenswichtig sei. Aus diesem Grunde weile er, Gerlich, in Bornholm und verfolge den Verlauf der Veranstaltungen sehr aufmerksam. Leider wäre er dabei vorwiegend auf Presseberichte angewiesen, da selbst nicht Teilnehmer. Erst, nachdem sie stundenlang geredet und getrunken hatten, war Gerlich mit der Bitte herausgekommen, Reik möge ihm aus alter Freundschaft den von ihm vorbereiteten Diskussionsbeitrag zur Einsichtnahme überlassen – der werde aufschlußreicher sein als das von keinerlei Sachkenntnis getrübte Zeitungsgewäsch. Und außerdem handle es sich ja um kein vertrauliches Material des Instituts, sondern sozusagen um ein ohnehin für die Öffentlichkeit bestimmtes.

Arnold betont, daß er dies glatt und rundheraus abgelehnt habe. «Am nächsten Tag», fährt er fort, «sah ich Gerlich nicht wieder. Der übernächste bot Gelegenheit zu einem Stadtbummel und dem Einkauf von Mitbringseln für die Familie. Ich muß Ihnen ja wohl nicht sagen, daß jeder

Dienstreisende aus dem Koffer lebt, um seine Spesen für ein paar Kleinigkeiten zur Verfügung zu haben. Ja, und da, in einem Kaufhaus, in dem ich etwas für Petra suchte ... Urplötzlich faßte mich ein Mann am Arm und sagte auf Englisch, das ich einigermaßen gut verstehe, ich solle kein Aufsehen machen und ihm ins Büro folgen. Er sei einer der Kaufhofdetektive, und ich wäre beim Einstecken von Ware beobachtet worden. Natürlich protestierte ich und war mir keiner Schuld bewußt. Aber er ließ nicht locker und drohte, wenn ich einen Skandal wolle, könne er auch Gewalt anwenden. Die Etage war voller Menschen. Ich ging mit, in der Überzeugung, das Ganze werde sich schnell als Irrtum erweisen. Erst viel später, als ich ruhiger darüber nachdenken konnte, wurde mir klar, daß man ein abgekartetes Spiel mit mir trieb. Der Hausdetektiv hatte mich sofort auf englisch angesprochen, obwohl er nicht wissen konnte, daß ich Ausländer und der Landessprache nicht mächtig war. Ich hatte das Kaufhaus ja eben erst betreten. Aber als ich das begriff, war es schon zu spät und ich in eine Verstrickung geraten, aus der ich mich sowieso nicht mehr hätte befreien können.»

«Da lief Ihnen Gerlich zum zweitenmal über den Weg ...», stellt Berger fest. Es klingt, als äußere er keine Vermutung, sondern greife eine geläufige Geschichte auf.

«So war es», bestätigt Reik. «Er hatte jemand bei sich, der den Hausdetektiv zu kennen schien. Sie redeten miteinander – wiederum englisch, was seltsam war, mir in meiner Verwirrung aber nicht auffiel. Dann gingen sie mit mir ins Treppenhaus. Das lag menschenleer da, weil ja alle Welt die Fahrstühle benutzte und die Rolltreppen. Hier öffneten sie meine Tasche. Ob Sie es glauben oder nicht: Es steckte eine Menge Plunder darin, den ich nicht hineingetan hatte und an dem noch die Preisschilder hingen. Zeug übrigens, das ich niemals eingekauft hätte! Aber schlimmer als das war, daß sie in meiner Brieftasche eine Quittung fanden, auf der ich zu meiner Verblüffung bescheinigt hatte, für geliefertes Material eine ziemlich hohe Summe erhalten zu haben.

Mit Erlaubnis seines Begleiters nahm mich Gerlich daraufhin zur Seite und sagte sehr ernst, die Sache sehe schlimm für mich aus und ich solle dem Himmel danken, daß der Kaufhausdirektor ein guter Bekannter von ihm sei. Natürlich könne er nicht verhindern, daß jener meine Personalien aufnehme und mir ein Hausverbot ausspreche. Aber er werde aus alter Freundschaft versuchen, den Mann zu überzeugen, daß er auf die übliche Verständigung der Polizei verzichten solle. Eine solche hätte für mich schwerwiegende Folgen. Die Polizeiunterlagen würden auf dem Dienstwege nach Berlin gelangen, ich hätte zu Hause ein Verfahren am Halse, und abgesehen davon, daß diese dann die letzte Dienstreise gewesen sein dürfte, zu der mich das Institut delegierte, sei vermutlich auch meine berufliche Karriere beendet. Weil ich fortan den Makel kriminellen Handelns mit mir herumtragen müßte. Dann redeten sie wieder. Der andere schien auf Gerlichs Zureden erst gar nicht, und dann nur unter Vorbehalten eingehen zu wollen. Ich sah, wie der Hausdetektiv den Kaufpreis für die angeblich von mir entwendeten Waren ausrechnete und wie Gerlich bezahlte. Die Ware wurde natürlich einbehalten, das ist wohl so üblich.

Dann saßen wir wieder in diesem ‹Jaguar›. Und nun ließ Gerlich hören, eine Liebe sei ja wohl die andere wert, und seine Zukunftsaussichten seien auch nicht die besten, wenn er erfolglos arbeite. Er schlage mir einen klaren Handel vor: Ich sollte ihm gewünschte Informationen geben, und er würde als Gegenleistung verhindern, daß sein Freund doch noch die Polizei unterrichte und diese die bewußten Angaben samt der einbehaltenen Quittung zur Weiterbehandlung nach Berlin gebe. Mehr könne ich wohl kaum erwarten. Natürlich war's eine Erpressung, doch er hatte mich in der Hand. Also ...»

«Quatsch», unterbricht ihn Berger. «Sie hätten zu uns

kommen sollen. Lesen Sie nie Zeitung, daß Sie nicht wissen, wie abgedroschen das Verfahren ist, mit dem man Sie kirre gemacht hat? Es ist so oft geschildert worden, daß es jedes Schulkind bei uns kennen könnte. Ist Ihnen nicht wenigstens aufgefallen, daß das vorwiegend in der Bundesrepublik praktizierte Manöver in Bornholm sehr unrealistisch ausgeführt worden ist? Daß die daran beteiligten Personen die Landessprache so wenig beherrschten wie Sie? Daß man nicht in einem Büro, sondern auf der Treppe mit Ihnen verhandelte? Und hat sich dieser vermeintliche Hausdetektiv Ihnen gegenüber legitimiert?»

Reik Arnold schüttelt den Kopf.

«Später ist mir das auch aufgefallen», sagt er kaum hörbar. «Aber da war es schon zu spät. Ich hatte bereits an Gerlich weitergegeben, was er haben wollte. Über diesen Jansen.»

«Ist dir nie eingefallen, dich Schorsch anzuvertrauen, statt ihm vorzumachen, du wärst noch der alte?» fragt Jennifer plötzlich.

Da senkt Arnold tief den Kopf. «Er hätte es nicht verstanden», erwidert er leise. «Wie er reagiert hätte ... Davor habe ich mich gefürchtet. Und mich auch geschämt.» Nach einer Pause atmet er tief durch und richtet sich auf. «Das war es dann wohl. Nun wissen Sie alles.»

Für ihn scheint die Vorführung damit beendet zu sein. Für Albrecht Berger ist sie es nicht. «Glauben Sie im Ernst, mit diesem billigen Halbgeständnis kämen Sie davon?» erkundigt er sich so ruhig, daß alle seine Mitarbeiter sofort wissen, wie empört, zornig und voller Verachtung ihr Chef jetzt ist, und gewiß sind, daß er nun den entscheidenden Beweis antritt. Tatsächlich sagt Berger: «Ich will Ihnen noch etwas zeigen, Herr Arnold – Aufnahmen Bachmanns, die Sie noch nicht kennen.» Und nach hinten: «Fahren Sie den letzten Film ab!»

Neuerlich läuft der Projektor an. Durchleuchtetes Vorspannband taucht die Leinwand in sattes Grün. Dann ...

Es gibt einen förmlichen Sprung auf zwei Männer zu, die

an einem Motorboot stehen und reden. Ein dritter hält sich an Bord auf, ein vierter beugt sich, als wolle er die Festmacherleinen lösen, weil das Gespräch neben ihm endet. Die beiden Letztgenannten sind nicht so wichtig, die Gummilinse verdrängt sie aus dem Bild. Wichtig ist ein Mann in olivgrünem Hemdanzug, trotz gewaltiger Sonnenbrille unschwer als Christian Gerlich zu erkennen. Der, mit dem er spricht, wendet den Zuschauern im Vorführraum den Rükken zu, bis …

Der Eindruck entsteht, der Kerl an der Festmacherleine habe etwas gerufen. So plötzlich wenden sich Gerlich und sein Gesprächspartner zur Kamera. Der Mann bei ihm ist Reik Arnold. Der erschrickt. Er starrt sekundenlang fassungslos herüber. Dann drängt er auf Gerlich zu, als wolle er bei ihm Schutz suchen, mit aufflatternden Händen und fahrigen Gesten. Gerlich nickt. Plötzlich springen beide ins Motorboot, gefolgt von jenem Manne, der den filmenden Georg Bachmann offenbar als erster wahrnahm. Gleich darauf springt über der Schraube des Fahrzeugs gischtender Schaum auf, und es schießt davon.

Wiederum scheint der Aufnahmeapparat einen Sprung zu tun. Noch einmal ist Gerlich groß zu sehen. Er schaut zu Bachmann, während er etwas zu Arnold sagt. Dieser vermeidet es, sich umzudrehen. Er bietet der Kamera lediglich Hinterkopf und Rücken dar. Zu dem, was er hört, nickt er Zustimmung.

Das Motorboot entfernt sich rasch. Die Gummilinse war bereits voll ausgefahren. Sie kann nicht mehr folgen. Die Aufnahme bricht ab.

Mit in der Erregung unruhig gehaltener, gleichsam tanzender Kamera gedreht, durch harte und übermäßig schnelle Veränderungen der Brennweite und aufgrund gleißend hell einfallender Lichter eine Marter für die Augen, bilden diese filmischen Schnappschüsse zu den folgenden einen Kontrast, wie er krasser nicht denkbar ist. Denn nun erscheint übergangslos die Szenerie am Fuße des Riffs auf der Leinwand, die friedvoll wirkende submarine Landschaft mit den Schatten am Felsen, mit einem Schwarm kleiner Fische und mit Sonnenkringeln, die ein Spiegelbild von Wasserbewegungen an der Oberfläche darstellen. Ruhige, mit Zärtlichkeit aufgenommene Filmsequenzen von großer Schönheit sind das.

Aber auf einmal tanzt das Bild wieder. Der Kameramann scheint sich herumzuwerfen. Für Augenblicke sind zwei nahe herankommende Männer mit Taucherbrillen zu erkennen. Dann erlischt das Bild. Nur noch unbelichtetes Material und das rote Abspannband durchlaufen den Projektor.

«Damit habe ich nichts zu tun», erklärt Reik Arnold sofort. «Gerlich hat mich nach dem Gespräch an Land gebracht, und ich bin abgefahren. Wenn er seinen Leuten nachher befohlen hat, Doktor Bachmann umzubringen ... Davon habe ich nichts gewußt. Zu mir sagte er nur, er würde schon Wege finden, Schorsch zum Stillschweigen zu veranlassen. Daß ich einen Treff mit Gerlich hatte, habe ich bereits gestanden.»

«Das heißt», greift Berger sofort nach, «daß Sie dieser Begegnung wegen nach Nessebar gekommen sind und daß jene mit Doktor Bachmann niemals stattgefunden hat, von der Sie seiner Frau und uns erzählt haben?»

«Ich erfand sie», gibt Arnold zu. «Es hätte ja sein können, daß sich jemand auf der Halbinsel an mich erinnerte – und dann wäre eine ebenso glaubhafte Erklärung schwer noch zu haben gewesen. Nachdem ich Schorsch entdeckt hatte, war diese die unverfänglichste. Sie wurde mir ja auch abgenommen. Bereitwillig. Von jedem.» Er spricht gleich weiter: «Wäre mir Bachmann vorher über den Weg gelaufen, hättc ich den Treff natürlich nicht wahrgenommen. Aber wir fühlten uns sicher. Alle Welt hielt Siesta. Bachmanns pflegten das auch so zu halten. Das wußte ich von ihnen selbst. Welcher vernünftige Mensch konnte erwarten, daß Schorsch ausgerechnet an diesem Tage und bei drückendster Mittagshitze von der Regel abweichen würde?» Und noch einmal: «Den Treff gebe ich zu. Es hätte wohl auch keinen Sinn, die Aussage der Bilder zu bestreiten. Aber mit dem Mord habe ich nichts zu tun. Möglicherweise verabschiedeten wir uns gerade im Hotel ‹Dunav›, als er begangen wurde. Das wurde sicher von Ihnen überprüft.»

«In der Tat», bestätigt der Hauptmann. «Es verhielt sich so. Und ich nehme an, daß Ihnen Gerlich nahegelegt hat, umgehend Ihre Heimreise anzutreten und sich in den nächsten Stunden vor Zeugen abseits von Nessebar sehen zu lassen. Sagte er das?»

«Daran erinnere ich mich nicht.»

Albrecht Berger nickt, als habe er keine andere Antwort erwartet.

«Sobald der Genosse im Vorführraum so weit ist», setzt er neu an, «werde ich Ihnen Doktor Bachmanns Aufnahmen von Ihrer beider letzter Begegnung noch einmal zeigen. Und dabei beweisen, daß Sie Mitschuld an dem Tode Ihres ‹Freundes› tragen, ja, diesen unmittelbar und direkt initiierten. Es hat keinen Zweck weiterzulügen. *Sie* wollten den Mord – und Gerlich alias Braun zog dann mit Ihnen gleich.»

Reik Arnold schluckt. Für einen Moment ist er fassungslos. Nachher bäumt er sich auf. «Ich? Wie ich jahrelang zu Schorsch gestanden habe?» entrüstet er sich. «Das ist ja lachhaft! Diese Behauptung glaubt Ihnen niemand!»

«Ich behaupte nichts. Ich beweise», weist ihn Berger beinahe gelassen zurecht. «Ich habe zu unserer Vorführung auch einen Bürger eingeladen, der Lehrer an einer Sonderschule für sprachgestörte Kinder ist. Zu den Besonderheiten seines Berufs gehört es, daß er tonlos geformte Worte von den Lippen seiner Schüler lesen muß. Der Herr Oberstudienrat hat sich bereit erklärt, das gleiche vor stummen Filmbildern zu tun.» Er wendet sich nach hinten: «Wenn Sie so weit sind – bitte!»

Noch einmal läuft Bachmanns letzter Film durch den

Projektor. Und als in der Nahaufnahme vom abfahrenden Motorboot Christian Gerlich, der Kamera zugewandt, mit Arnold spricht, ist auf einmal eine Stimme in der Stille des Vorführraums. Eine freundliche, verhaltene Stimme formt Worte und Sätze nach, zu deren hastiger Härte ihr Klang so gar nicht zu passen scheint.

«Völlig deiner Meinung, Reik», wiederholt sie, was Gerlich auf der Leinwand unhörbar hervorstößt. «Er darf keine Möglichkeit mehr haben, seine Entdeckung an die große Glocke zu hängen. Deinetwegen und unserer Zusammenarbeit halber nicht – aber auch nicht um meinetwegen. Ich hab' keine Lust, die nächsten fünfzehn Jahre hinter Gittern zu leben. – Jetzt sagt der andere etwas, den ich nicht sehe. Nun wieder der erste: Sei unbesorgt! Es wird wie ein simpler Unfall aussehen. Verlaß dich auf mich! Du fährst sofort los und weißt einfach von nichts. – Nun sind sie zu weit weg. Ich sehe nicht mehr, was sie sprechen. Tut mir leid.»

Es gibt einen gurgelnden, unartikulierten Laut, der wie der Ansatz zu einem Schrei klingt. Gleichzeitig ist Arnold hochgefahren und mit einem Satz an der Tür, durch die er zu fliehen sucht. Aber er kommt nicht hinaus. Kuhnert und Mahnau fangen ihn ab und halten ihn. Den Versuch, sich loszureißen, gibt er gleich wieder auf. Er hat keine Chance. Plötzlich läßt er den Kopf hängen und schluchzt. Tränen laufen ihm über die Wangen, und er zittert. Es sieht erbärmlich aus.

«Lump», sagt Jennifer da. Sonst nichts. Aber in diesem einen Wort liegt alles, was sie in dieser Minute empfindet. Einschließlich ihrer Genugtuung darüber, daß das Verbrechen an ihrem Mann aufgeklärt ist. Nur das zählt. Sie sieht Reik an, wie man einen Fremden betrachtet. Es verbindet sie nichts mehr. Das Vertrauen, das Georg und sie diesem Manne jahrelang entgegengebracht haben, ist so jäh getilgt, als hätte es nie bestanden.

Albrecht Berger hat keine Miene verzogen, als Arnold aufgesprungen ist. Er sah ihm auch kaum nach. Für ihn bestand kein Grund zur Aufregung, nahe der Tür waren ja seine «jungen Leute». Nun wendet er sich an den Lehrer: «Danke, Herr Oberstudienrat. Ich muß Sie fragen, ob Sie bereit sind, die Richtigkeit der eben vorgenommenen ‹Übersetzung› zu beeiden.»

Der Sonderschullehrer lächelt flüchtig und rückt seine Hornbrille zurecht. Wieder durchdringt seine freundliche Stimme den Raum: «Selbstverständlich! Wort für Wort. Es ist eine verhältnismäßig leichte Aufgabe gewesen, Herr Berger. Meine Kinder machen es mir oft schwerer.»

Daß er «meine Kinder» sagt, berührt alle.

«Es genügt», stellt Staatsanwalt Schulte fest.

Die vorgeschriebene Verhaftungsformel wird gesprochen, Reik Arnold abgeführt. Der Vorführraum leert sich.

Schließlich bleiben Jennifer Bachmann und Albrecht Berger allein zurück.

«Danke», sagt Jenny lediglich. «Es wird nicht leichter dadurch, aber ich werde ruhiger schlafen.»

Berger nickt. Dann erklärt er, er rufe jetzt den Wagen, der Frau Bachmann auf schnellstem Wege zur Datsche zurückbringen soll.

Zu seiner Verwunderung schüttelt sie den Kopf, zögert einen Moment und fragt: «Kann ich die Filme alle noch einmal sehen? Jetzt möchte ich das.»

«Natürlich», erwidert er, als habe sie die selbstverständlichste Bitte der Welt geäußert. «Ich sage Bescheid. Und nachher wartet das Auto auf Sie.»

Damit läßt er sie allein.

Das Licht im Vorführraum geht wieder aus. Der Strahlenfinger des Projektors greift neuerlich nach der Perlwand.

Das Bild flammend roter Oleanderblüten erscheint. Dann sind von sattem Grün begrenzte Straßen zu sehen, durch die ein Zug offener kleiner Wagen rollt, von einer altertümlichen Lokomotive auf Gummirädern gezogen. Fischers stehen da und grüßen, und schließlich spielt eine ausgelassene und frohe Jenny mit leeren Händen Dudelsack. Wie lange ist das her?

Während die bunten Szenen erscheinen und verschwinden, löst sich die starre Selbstbeherrschung, zu der sich Jennifer vorhin gezwungen hat. Sie besitzt wieder Tränen und schämt sich derer nicht. Aber es ist gut, weinen zu können.

Nachher kommt Silke Wagner herein, sitzt eine Weile still neben ihr und fährt sie dann nach Hause.

Demnächst erscheint im Militärverlag der DDR

Otto Bonhoff

Ein Scheiterhaufen für die Hexe

Nachstehend eine Leseprobe:

Die Tränen sind versiegt. Das Mädchen hat die Augen offen und starrt versteinten Gesichts zur Decke, die Lippen zusammengepreßt. Trotz und Widerspruch stehen in ihrem schmalen Gesicht. Das scheint noch älter geworden zu sein, seit sie erwachte. Seinen Ausdruck deutet Heinrich Bernstein als Zeichen inneren Aufbegehrens gegen Schmerz und Schwäche und als Kampfansage an den eben noch drohenden Sensenmann, den Tod. Das ist gut so. Der Wille zum Leben bei seinen Patienten ist seit jeher des Arztes bester Verbündeter.

Sie liegt ganz still. Nur ihre kleinen, kräftigen Hände sind in dauernder unsteter Bewegung. Sie gleiten ohne erkennbares Ziel über die billige Bettdecke, betasten behutsam die angelegten Verbände und kehren zurück zu ihrer Wanderung über das Gewebe aus Nesselfasern, einfaches Zeug.

»Durch den Blutverlust ist sie schwach«, sagt Bernstein beim Handschlag mit Giscard. Sie kennen einander; Geburten und Todesfälle führen sie häufig zusammen. »Aber zum Glück besitzt sie eine robuste Natur. Sie wird durchkommen; sie ist zäh. Ich bin zuversichtlich.«

Erfreut zieht sich Giscard den einzigen Schemel im Raum ans Bett und setzt sich. Er mag nicht aus Standhöhe auf Liegende niederblicken, zumal er so groß ist. Sitzend kann er sich leichter dem Mädchen nähern. Er beugt sich zu ihr und spricht sie freundlich an: »Guten Tag, Demoiselle. Ich bin Pfarrer Giscard; ich würde Ihr gern helfen, wenn ich kann. Wie fühlt Sie sich jetzt?«

Tatsächlich löst sie den Blick von der Landschaft aus Rissen und Schrunden an der Kammerdecke und wendet ihn dem Eingetretenen zu. Aber dessen Anteilnahme an ihr zeitigt ein vollkommen unerwartetes, ein erstaunliches Ergebnis. Das sind nicht die Tränen, die plötzlich wieder hervorbrechen, und auch das Schluchzen ist es nicht. Es sind die Worte, die sie mit ebenso viel Verzweiflung wie Haß herausstößt: »Ich will keine Hilfe; ich will überhaupt nichts mehr! Warum laßt Ihr mich denn nicht sterben? Ich will bloß Ruhe. Endlich Ruhe!« Sie zischt es förmlich. Das ist das erste, was sie seit ihrer Wiedererweckung durch den Physikus sagt – ein einziger bitterer Vorwurf.

Er berührt Bernstein nicht. Der nickt bloß und erklärt dem Pfarrer gelassen: »Der Schock, Hochwürden!«

Giscard greift nach der Hand des Mädchens. Die zuckt erst zurück, bleibt dann jedoch willenlos in der seinen. Aber sie schmiegt sich nicht an; heiß und unbewegt ist sie einfach da. Sie bleibt abweisend, fremd.

Dessenungeachtet spricht der Mann in Schwarz weiter. »Sie hat Böses erlebt, wir wissen es. Wir begreifen auch, daß Sie das quält und beschäftigt. Käme Sie mit einem Atemzug darüber hinweg, wäre das wunderlich. Sie fühlt und empfindet doch; es muß Sie bewegen. Aber jetzt darf Sie nicht dem Schrecken und der Furcht allein Raum geben, nicht nur der Sehnsucht nach Flucht. Es ist doch nicht alles böse, was Ihr in der Nacht und danach widerfuhr. Sehe Sie einmal auch das: Eine hilfreiche Frau hat Sie auf ihr eigenes Lager gebettet, der Physikus hier mit Kunst und Geduld Stunde um Stunde um Ihr Leben gerungen – und draußen mühen sich Polizeioffizianten, jenes Subjekt zu greifen, das Ihr wehtat. Das …«

Sie unterbricht ihn schroff: »Die sollen weggehen! Schikken Sie die fort, Hochwürden! Was wollen sie hier?«

»Ihr Gerechtigkeit schaffen«, erwidert der Pfarrer verwundert. »Das ist ihres Amtes.«

Er führt, und darin stimmt Bernstein mit ihm überein, ihre Abneigung gegen Mouchards auf die gewöhnliche, verständliche Scheu der Vagabundin vor Vertretern der vollstreckenden Gewalt zurück – vor Landjägern und Nachtwächtern, Feldhütern und schloßgesessenen Gerichtsherrn, die für Nichtseßhafte schnell Abarbeitung willkürlich eingeschätzten Flurschadens verfügen und bloßen Mundraub zum Anlaß für die Überführung in städtische Arbeitshäuser nehmen. Durch Gitter »gesiebte« Luft, spartanische Kost und wie in Spandau bis zu vierzehn Stunden täglich spinnen, spinnen, spinnen – das mag die Kleine alles schon kennen. Schwer, ihr klarzumachen, daß die Männer draußen heute nicht ihre Feinde sind, sondern im Gegenteil …

Aber die beiden akademisch gebildeten Herren in Tüxlers armer Kammer deuten des Mädchens Auslassungen falsch. Sie beharrt: »Ich brauche keine Gerechtigkeit außer vom lieben Gott. Er soll mich richten – und was ich getan habe.«

»Das wird er auch tun, wenn Sie dereinst vor seinem Thron steht«, erwidert Giscard mit ruhiger Überzeugung. Er fährt jedoch gleich eindringlich fort: »Aber noch gehört Sie dieser Welt an, Demoiselle, und die ist uns gegeben, damit wir sie bewohnen. Sie bewohnbar zu halten heißt auch, Sicherheit des Leibes für alle Glieder der Gemeinde zu schaffen. Die Männer draußen stehen in dieser Pflicht. Sie muß mit ihnen sprechen. Sie kann ja nicht wollen, daß morgen oder übermorgen ein anderes Frauenzimmerchen ebenso daliegt wie heute Sie!«

Eindringliche Worte! Daß sich die Verletzte deren Logik verschließen kann, steht kaum zu vermuten. Deshalb erhebt sich Heinrich Bernstein, nicht unbemerkt, aber unbeachtet von dem Mädchen, und öffnet die Kammertür. In der

Küche sieht Röhrich sofort herüber. Pawlick ist schon wieder gegangen. So plötzlich, wie es zu regnen begann, hat es aufgehört. Hier und da bricht die Sonne durch die Wolken. Sie macht die nasse Straße glänzen und gibt ihr einen trügerischen Schimmer von Pracht. Rinnsale gurgeln zwischen den Pflastersteinen dahin und sammeln sich in einer Senke zu einem kleinen See. Dort ist der Boden gesackt, und nach endlosen Beschwerden von Fuhrleuten haben sich die Stadträte nun bewogen gesehen, die Straße ausbessern zu lassen. Steine sind bereits gebracht und zu Haufen geschüttet worden; die Erde für ihr künftiges Bett wird noch angefahren werden.

Ein Wink mit dem Finger genügt, und Röhrich steht in der Kammer. Er kommt gerade zurecht, das Mädchen leise sagen zu hören: »Ich tue keinem etwas, Hochwürden. Das könnte ich gar nicht. Ich habe es ja nicht einmal geschafft, mich selbst ...« Sie schlägt die Hände vors Gesicht und klagt: »Warum bloß nicht? Es wäre so schön gewesen ...«

Die Männer wechseln einen raschen, erregten Blick und schauen dann alle wieder zum Bett. Was sie denken, spricht Giscard ungläubig mit seiner Frage aus: »Heißt das, daß Sie sich diese schrecklichen Wunden selbst zugefügt hat? Um Himmels willen, Kind ...«

Darauf antwortet sie nicht. Es ist sehr still. In das schaudervolle Schweigen hinein bemerkt der Arzt mit angestrengter Sachlichkeit: »Gesetzt den Fall, daß sie nicht Linkshänder ist – und solche sind selten –, kann sie die Wahrheit sagen. Alle Stiche verlaufen mehr oder weniger entsprechend, aber keiner so, daß es unmöglich wäre. Der Stoß, der ihr zweifellos das Bewußtsein raubte, müßte unter dieser Prämisse der letzte gewesen sein.«

»Glauben Sie denn, daß ein so junges Ding, ein Kind fast noch, so furchtbar Hand an sich legen kann?« zweifelt Giscard.

»Sie ist kein Kind mehr, sondern längst eine erwachsene Frau. Rein physisch zumindest«, stellt Bernstein richtig.

»Würde sie verheiratet sein und ihrem Mann Kinder gebären wie andere ihres Alters und Jüngere, und wenn sie ein besseres Kleid tragen würde – sie wäre eine Madame und unserer Verbeugungen sicher, Hochwürden. Um Ihre Frage zu beantworten: Die Kraft der Verzweiflung ist ungeheuer. Wenn sie etwas erzwingen will, spottet sie jedes Schmerzes. Mir erscheint es glaubhaft.«

»… und niemand hat Schreie gehört und keiner Dritte gesehen«, meldet sich Röhrich zu Wort. »Es paßt alles zusammen.«

Die Tränen versiegen. Die kleinen, kräftigen Hände sinken auf die Decke zurück. Wieder starrt das Mädchen nach oben.

Giscard rückt näher an sie heran. Leise und traurig fragt er: »Warum hat Sie das getan? Uns allen ist nur ein Erdenleben gegeben. Was wir aus diesem nicht machen, können wir nie nachholen. Es bleibt ewig ungetan. Deshalb ist es so kostbar. Warum wollte Sie ihm so jung entsagen? Und dennoch Milde vom Herrn erhoffen? Weiß Sie nicht, daß Paulus seine Forderung an uns im Galater-Brief in die Worte faßt: ›Lasset uns aber Gutes tun und nicht müde werden‹? Was hat Sie vor der Zeit so müde gemacht?«

Röhrich schiebt seinen Griffel in die Halteschlaufe der Schreibtafel und klappt deren Lederdeckel zu. Halb befriedigt und halb enttäuscht wendet er sich zum Physikus und stellt fest: »Wir haben das unsere getan. Aber dieser Casus geht Hochwürden an und nicht uns.« Doch er bleibt noch stehen und ist neugierig, was das Mädchen erwidern wird. Er hat eine Tochter etwa in ihrem Alter, eine sorgsam erzogene und streng behütete Tochter natürlich. Manchmal versteht er sie nicht und wüßte doch gern, was in Mädchenköpfen und -träumen vorgeht. Es ist ihm rätselhaft.

Die Verletzte versucht auf einmal, sich aufzusetzen. Sie sinkt sogleich mit einem Wehlaut zurück. Da sucht sie den Pfarrer mit den Augen und flüstert: »ER wäre mir gnädig gewesen! Ich habe es doch nur getan, um vom Teufel loszukommen! ER hätte den Satanspakt zerrissen kraft seiner Macht und Herrlichkeit. Ich wäre erlöst gewesen. Aber nun ...« Plötzlich schreit sie, und ihre Stimme überschlägt sich dabei: »Euch alle hat der Teufel geschickt, damit ihr mich rettet! Ich soll dem Verfluchten nicht entfliehen!«

Mit einem Schlage ist es totenstill. Erst nach langer Pause würgt Karl Giscard heraus: »Sie spricht im Fieber.«

Bernstein legt dem Mädchen die Hand auf die Stirn. Er muß sich räuspern, um sagen zu können: »Nein. Sie ist klar und weiß, was sie redet.« Das auszusprechen fällt ihm nicht leicht. Aber die Wahrheit muß an den Tag, obwohl sie zu ebendem führen wird, dessen Vorstellung auch den Pfarrer erschrecken ließ. Naheliegend, zu glauben, nur ein Fiebernder könne sich dem ohne Zwang selbst aussetzen! Aber das Mädchen ist hellwach.

Röhrich hat die Schreibtafel wieder aufgeschlagen. Mit Schärfe stellt er hart und sehr amtlich fest: »Messieurs! Sie sind meine Zeugen, daß die hier anwesende weibliche Person sich aus freien Stücken des crimen magiae angezeigt hat, des Verbrechens der Hexerei.«

Da ist es heraus. Die Scheiterhaufen lodern jetzt seltener, viel seltener als noch vor ein, zwei Menschenaltern, aber doch immer wieder.

»Aus freien Stücken, Messieurs«, wiederholt der Offiziant noch einmal.

»Es war nicht zu überhören«, murmelt Bernstein. Jäh wirkt er ganz mutlos und bedrückt. Da hat er ein Leben gerettet, und nun ... Auch Giscard mag offenbar nicht glauben, was er gehört hat. Als erscheine ihm diese folgenschwere Selbstbezichtigung unfaßbar und trotz der Beteuerung des Arztes unsinnig, fragt er: »Wen nennt Sie den Teufel, Demoiselle? Es ist ein Mensch, der Sie quält, nicht wahr? Er wirkt auf Sie wie der Böse selbst, ist es nicht so?«

Doch sie schüttelt den Kopf. Eifrig und überstürzt, ja, mit einem seltsamen Ton des Triumphes beharrt sie: »Nein! Es ist Satan selbst! Ein Mensch kann nicht vor einem stehen, wie aus dem Boden gewachsen. Er kann das! Als er mir zum erstenmal erschien, kamen gerade ein paar dicke Marktweiber gelaufen. Einen Menschen hätten sie umgerannt. Doch durch ihn gingen sie hindurch, als wäre er nicht da.«

»Und Sie?«

»Ich stand wie gelähmt. Fort konnte ich nicht; es war, als sei ich gebannt. Dann redete er mit mir, ein bißchen heiser, aber ganz freundlich. Was, weiß ich so genau nicht mehr. Ich erinnere mich nur noch, daß er gesagt hat, wenn ich ihm diente, würde es mir gutgehen, und Hunger brauchte ich nicht mehr zu leiden«, erzählt sie bereitwillig weiter. »Ich hatte zwei Tage nichts zu essen gehabt, und es sollte ein leichter Dienst sein, Hochwürden. Da habe ich eingewilligt.«

»Dabei blieb es?«

Sie schüttelt wieder den Kopf. Während sie spricht, kehrt in ihr hübsches Gesicht Farbe zurück und belebt sie zusehends. Die Worte sprudeln ihr förmlich von den Lippen. Es ist, als habe sie Angst, unterbrochen zu werden, bevor sie alles gesagt hat. Es sei gewesen, als hätte sie sich von einer Last befreien wollen, die schwer auf ihr lag, wird es später in dem Protokoll heißen, das der Physikus nachher am Molkenmarkt einem Schreiber in die Feder diktiert. Er besitzt Erfahrung mit der Abfassung von derlei Papieren. In diesem wird für das Mädchen sprechen, daß ihr der Arzt rückhaltlose Offenheit bescheinigt.

Sie fährt fort: »Dann kam der Pakt. Er nahm meine Hand, Hochwürden. Schnell wie der Blitz drückte er mit seinem Fingernagel darauf, und der war scharf wie ein Messer. Es kam gleich Blut heraus. Er drückte es auf ein Papier und führte meine Hand darüber hin. Nachher sagte er, er würde mir wieder erscheinen. Er werde mich zu finden wissen, wo ich auch sei. So plötzlich, wie er gekommen war, verschwand er schließlich.«

»Und Sie hungerte weiter?« fragt der Pfarrer gespannt. Sein offenes Gesicht verrät wache Aufmerksamkeit. Niemand entgeht das. Röhrich verspürt neuerlich das Unbehagen, das sich seiner am frühen Morgen auf dem Dachboden des Lampertschen Hauses in der Brüderstraße bemächtigte. Auch hier in Tüxlers Kammer dünkt ihn, daß ihn ein fremder, geheimnisvoller Atem aus einer anderen Welt anweht – hier aber beklemmender und furchteinflößender, eine mit Hohn und Spott gewürzte Drohung, welche schaudern macht. Die drei weißen Tauben waren eine strenge, doch gerechtfertigte Mahnung, während dies hier ... Aber das muß bekämpft werden. So empfindet es Röhrich.

»Wer sagt denn, daß ich weiter hungern mußte?« trumpft das Mädchen auf. »Kurz vorher hatte ich einen Fuhrmann angebettelt, mich für ein paar Pfennige beim Abladen helfen zu lassen. Er schnauzte mich nur an und schickte mich weg. Viel fehlte nicht, und er hätte seinen Hund auf mich gehetzt, einen großen Spitz. So einen haben ja alle, aber der sieht besonders gefährlich aus. Fahlgelb ist er und hat einen schwarzen Kopf, ganz auffällig. Nun auf einmal ... Der Fuhrmann winkte. Ich ging hin. Da sagte er, er hätte es sich anders überlegt und doch Arbeit für mich. Aber erst einmal solle ich mich richtig satt essen; er habe genug dabei und keinen Hunger. Er gab mir Brot und Räucherfisch und auch von seinem Branntwein; es war ein feines Mahl. Ich mußte seither nie so darben wie vorher. Irgendwas hatte ich immer.«

»Und sah Sie den Bösen wieder?«

Das Mädchen nickt. »Immer wieder! Er tauchte auf und verschwand auf dieselbe Weise wie beim erstenmal. Wo ich auch sein mochte! Mit der Zeit begriff ich, daß meine arme Seele in Ewigkeit verdammt wäre, wenn ich nicht von ihm loskäme. Ich habe das Papier mit dem Blut zurückhaben wollen. Da hat er nur gelacht und gesagt, durch diesen Pakt wäre ich unlösbar. Deshalb, Hochwürden! Aber er muß das Messer verzaubert haben, so daß es nicht töten konnte. Ich entkomme ihm nicht.«